THE LOGIC OF
EDUCATIONAL RESEARCH

教育研究的逻辑

金生鈜 / 著

教育科学出版社
· 北 京 ·

谨以此书献给我故去的恩师黄济先生

思之学之知之行之教之诲之千古流芳

真者诚者仁者德者贤者尊者人间典范

学者须是务实，不要近名方是。有意近名，则为伪也。大本要失，更学何事？为名与为利，清浊虽不同，然其利心则一也。

——《近思录》卷二第六十二条

我不想教诲，我只想引导，只想表明和描述我所看到的东西。我将尽我的知识和良心首先面对我自己但同样也面对大家来讲话。

——埃德蒙德·胡塞尔：《欧洲科学危机和超验现象学》

序

困惑是我写这本书的动力。

教育研究是怎样的？我对这个问题越来越感到困惑。困惑的原因之一是越来越多的教育学者不再相信认知意义上的对错，不再相信研究的结论有真假，不再相信存在真理，也不再相信可能的美善，不再相信理论和思想的力量，不再相信规范探究的可能性和必要性。原因之二是教育研究者越来越多，发表的“成果”越来越多，但深邃、清晰、准确、真实的思想和理论贡献却越来越贫乏。当然，还有很多其他的原因。我常常反思自己：我真的是在进行教育研究吗？我试图引导学生去做的事情称得上教育研究吗？

大量的教育研究的过程和言说不再讲究逻辑，不再认同研究所追求的普遍知识。我认为，基于研究的探究性，研究是一种认识过程，因此进行的是关于知识的工作。如果是这样，学术，就必须承担认识的义务，并符合认识的规范。

逻辑是认识的规范。逻辑不是限制认识，而是引导认识，使认识更好地探寻真理。合乎逻辑就是要合乎道理，正确推理的意义在于发现道理。或者说，逻辑是我们针对问题进行理性思维的方式，关涉我们思想的正确性和有效性。逻辑涉及辩理或推理，是知识证成所不可或缺的。本书就是基于这样的意义，使用“逻辑”这个概念，探问或解释怎样才算得上是合乎理性的研究。

就如卡西尔的《人文科学的逻辑》不谈逻辑学一样，本书取名《教育研究的逻辑》，严格意义上并不是专门阐述逻辑学，也不单纯是批判性思维的内容。我的逻辑学学得不好，本书仅仅是讲一些教育研究的普遍性道理和致知可能性。我认为，逻辑没有灰色地带，正确与错误、真实与荒谬，都是分明的，因为逻辑是思想的原则或原理。当然，生活事实具有灰色，生活也具有情感的领域，但对真理或事实的认识不以情感为转移，情感的事情以情感来对待，而认识的事情则以理智来对待。逻辑是理智的表现，作为对思想的思考，逻辑对于区分正确与荒谬具有意义。逻辑不取代对生活的认识，但认识不能没有逻辑。

如果研究是一项关于知识的事业，心灵就必须适应逻辑，也要适应世界。因为适应逻辑，心灵才能真正地思考；因为适应世界，心灵才能形成关于世界的知识。不适应逻辑，认识就可能是混乱的、含糊的，就可能是可击败的；不适应世界，信念就可能是不真实的、无法证成的、无法解释的，就可能是没有道理的。

在本书中，我力图把证明与指明结合起来。或者说，我做的更多的是指明的工作——试图指明学术研究展开的各种可能性。仅仅是指明，并不期望有什么启示，但我确实期望我所做的指明工作是明了的，能够给那些真正想开展教育研究的年轻朋友一些触动。如果本书能够使他们觉得当下我们的教育研究确实存在大问题，那我就心满意足了。

研究和写书是对话，既是与值得感恩的先贤对话，又是与需要反思的自我对话，这些对话有隐形的听众。我在写作的时候，心中总是出现亲密的朋友，好像在与他们聊天，说给他们听。本书不是为我自己所写的，如果是为自己，我就只在心里说给自己听，而不用花三年的时间研究并写了出来。尽管写了出来，希望给年轻的朋友们讲述自己的经验，但是，任何学术的工作都是不完美的，总是包含这样或那样自己还没有意识到的错误。作为作者，我要感谢各位读者，因为你们的阅读，才使得错误被揭露出来。

感谢所有支持我的朋友，感谢所有我所参考和引用的文献的作者们。感谢浙江师范大学以及教育学院宽松自由的学术氛围，感谢教育科学出版社的支持，特别感谢何艺老师认真、精彩、卓越的工作，她的辛苦付出使本书在文字和内容上得到了极大的提升。感谢隐性激励我写作的真诚致力于教育学的未来学子们。

金生鈜

2015年11月于金华望峰居

目　　录

1

辩理精神

哲学家寻找结构，来说明事物是如何被关联并建构起来的。在简单的问题中发现复杂性，又从复杂的问题中挖掘简单性。哲学家对事物的理解是结构性的，其方法是清晰的思想和逻辑推理。

——罗伯特·诺齐克：《苏格拉底的困惑》

1.1 作为论证的研究

学术研究之所以是研究，在于要进行新的探索，以论证辩理的方式提出新的合理性观点，对问题做出理性回答或解释，形成新知识、新观念或新思想。所以，研究是提出问题，并针对问题提出更富有解释力、说明力或指导力的新观点。因为有新道理、新意义或新解释，观点才具有更新、更强的解释力、说明力或指导力。这种新的观点，须通过研究的分析、证明、证实等论证辩理方式，检验其真实性和正确性，才能表达新的理论意义、产生新的思想价值，才能扩展信念与知识。任何一项教育研究皆应如此，它只有提出富有解释力、说明力或指导力的新观点，才称得上是研究。一项研究如果不是在知识和思想传统基础上拓展认识、经验、意义、道理、思想、知识，那么就是无意义的。

研究通过提供证据、理据对某些论题进行论证辩理，形成新主张、新思想、新理论，也就是说，研究以论证的方式提出新的合理性观点。论证的方式，包括经验研究中的证实或证伪，也包括规范研究中的证明或诠释。不论是验证性的经验研究的描述或说明，还是辩证性的规范研究的明证或诠释，都需要建立在合理性的证据或理据之上，因为研究只有把新观点、新主张、新思想建立在充足的理由之上，才能保证其真实性和正确性。①

研究是一种辩理、论证的活动。通过论证形成合理性的论点，就是形成思想、观念、知识或理论。研究本身运用各种方法，在证据、数据、理据（道理）等基础上提出主张或结论，这一过程，从根本上讲，就是论证的。简明地说，论证就是发现、建立我们的观点与理由

---

① 学术研究是公器，属于公共交流和公共知识，但研究本身以追求真理为目的。学术研究提出任何观点和信念，都须在研究中运用理性和经验审查其合理性。因为，我们总是倾向于按照自己觉得有道理的观念而行动，我们总是倾向于相信有道理的、真实的信念。

之间的意义关系（即证据或理据与主张之间的根本关系），使我们的观点具有真实性或正确性。

研究是说理的，提出主张就要辩理。因为仅仅有主张还不行，主张必须有理由。主张就是论点或思想，而理由就是合理性的证据或理据，没有合理性的理由，就不是理由，没有理由的主张就站不住脚。冯友兰说过，无论哲学科学，皆系写出或说出之道理，皆必以严格的理智态度表现出研究的特性，研究不是叙述经验，而在成立道理。（参见冯友兰，2007）

研究的过程，也可以说是以论证辩理的方式建立理性认识的过程。合理性的结论，能够解释或回答研究提出的问题。如果这种解释或回答在论证的过程中经确证为真，那么，研究就形成了理性认识，我们可以把这种理性认识称作理论。从这个意义上说，研究的过程也是一种理论化的过程。

理论化的方式和类型可能有很多种，这里不一一列举。研究建构的理论可能试图把某个教育现象的各种可能性条件揭示出来，形成一种系统化的解释或说明。如，把知识学习的各种可能性条件建构出来，发现学习活动与这些条件的本质联系，就是对学习活动进行理论化的认识。当然，学习活动的理论化不止这一种，规范性地考察和阐释学习的本质，也是一种理论化。如，休谟的《人类理解研究》为了规定人类理解的本质，提出了关于人类理解的规范性理论。我们也可能通过经验研究，建立一种经验事实性的科学理论。总之，我们可以建构各种关于经验事实和规范价值的理论。当然，我们对研究的理论化本身的反思或审查，也是我们建立合理性的理论所必需的。

研究提出的观点可能是规范、原则、价值标准或理念。这也是理论的组成部分。教育研究论证辩理的内容之一，就是明证事情本身应当如何进行的理由、原则或规范，明证我们评价教育事务好坏的价值标准或价值理由，提出指示教育行动的原则。教育是伦理性的理性实践，教育实践的各个方面都需要建立在合乎理性的正当理由之上，须经得起价值评价。我们要选择或做出合乎理性的教育行动、教育行为，选择合理的教育内容，创造合理的教育制度，提出合理的教育观念，必须理论性地明确何为合理、为什么合理。我们需要解释、检验或评价教育实践的各种行动、各种观念的道理，说明各种规范性的目的、价值、原则、标准的理由，即各种事实的或可能的做法和想法的理由。因为，我们没有理由坚持一种没有理据的教育观点，我们也没有理由从事一项没有理由的教育行动。柏拉图说过，所谓认识了善的人，不仅是明了事情道理的人，而且是行动符合事情道理的人。

所以，教育研究要提出真正有价值、有意义的观点，关键就在于论证观点的合理性。研究必须把观点及其道理加以明述，即清晰准确地引述证据或理据，证明所叙述的道理是站得住脚的，证明观点所依赖的理由是可靠的。不管研究什么问题，不管以什么方式来研究，研究总归是以理论的形式说出有道理的观点来。即使一项研究发现了新的现象，揭示了新的知识，提出了新的理论，那也一定是建立在合理的证据之上的。即使一项规范性的研究提出了“应然”的原则，那也是基于普遍的理由，即建立在道理之上的。研究不是日常生活中的闲聊，不能仅仅表达自己的看法或意见，不能不在乎是否合理，而是认真严肃地论证观点的真正合理性，系统性地建构理论。

不论是量化研究验证某个假设，还是质性研究在材料基础上总结或综合出某种结论，抑或是规范研究提出某项行动的价值原则，研究的结论或观点总归要建立在理由之上，要有完整的道理，即要符合理性。研究要说出有道理的新观点、建构合理的新理论，这是研究的根本特征。所以，研究就是把观点的道理通过论证辩理清晰地表达出来，或者是以理论的方式把普遍的道理显现和表达出来，并和他人一起确证观点、共享道理、共享思想。

发表意见与表达思想是不一样的。意见仅仅是自己的看法，它可能来自个人的偏好或特殊的立场，而没有经过理性的系统检验。虽然有时候意见持有者也试图说明自己意见的合理性，但是他所谓的合理都是在自己的立场上提出的，而不是在一个普遍理性的立场上对自己的想法和意见进行辩理。如果他站在普遍理性的立场，运用理性公开地质疑、辩理，寻找意见何以正确的普遍理由，那么他就不是在表达意见，而是在表达思想。我们教育界表达意见的占据多数，表达思想的是少数，这是我们教育学界的遗憾。

如此，我们明确了研究就是追求真理的方式。它面向未知，以追寻证据或考察理据的论证方式为基础，提出具有普遍道理的思想观点。在这个意义上，任何研究都是对事物、事情之“理”的追问，对思想、观念、行动、价值的“道理”的追寻。研究追寻道理，就是运用理性，即运用理性寻找思想、观点、观念之所以正确或真实的理由。

1.2 研究说理

教育研究提出问题，不是简单地运用某种方法收集材料回答问题，更重要的是通过思考而以说理、释理、辩理的方式回答问题，或者说，通过回答问题而揭示问题所蕴含的道理。所以，一项新的研究是为了说明新的道理，即说出关于这个问题的其他研究所没有说出的道理，这个新道理包含了新的主张或新的观点。

说理的英文单词是“dianoesis”，这个单词的意思是心智活动、深思，或者就是辩证法。辩证法不是说把事情一分为二，而是意味着通过对话进行辩理。按照陈嘉映的解释，辩理就是“discursive thinking”，即依据道理而层层递进，使得深层的道理显露出来，这本身就是心智活动进行审思的表现。(参见陈嘉映，2011a)[22]研究虽然多种多样，问题虽然层出不穷，但是，既然是研究，总要提出新主张，总要对新的主张进行辩理性的审思，总要让人认识新道理。所以，研究不仅仅是表达某个主张，研究必须找出主张可以立足的道理！辩理对于研究的理论化特别重要。

很多人说教育研究是发现教育的客观规律，我觉得，这个说法没有道理，因为这个客观规律不是康德所说的由实践理性自我立法的道德律那样的规范，而是像自然规律那样不以人的认识为转移的规律。当然，后现代主义教育研究不怎么提教育规律了。在这一点上，后现代主义也许是正确的。教育研究不能简单地说是通过实证研究发现教育过程的自然规律，因为教育是人的给予性实践，是生成性的实践。由于人的意志与行动的存在，由于人的认识或观念的参与，教育实践不可能像自然界的物质变化那样，按照某种固定的规律运行。

规律说明了自然物本来是如何存在的，我们只能通过从外部认知自然物而获得认识。而理由、意义、道理显明了事物与我们的理性观念和行动的关系，解释了我们人应当如何存在，指示了诸如教育实践这样的实践应当是怎样的。我们在自然世界中生存，我们当然需要了解自然规律，那样我们才能依据自然世界的“道”而对待自然世界。同时，我们当然需要明白人间世界的道理，那样我们才能合情合理地生活，才能给自己提出普遍的道德律，才能为我们所选择的行动或主张的观念找到正当的理由。教育的观念、价值、主张、方式、标准、形式都是我们提出的，教育的现实状况也是我们的观念或行动造成的。有问题吗？理由何在？符合情理吗？道理在哪里？什么是我们行动应当遵循的原则？……我们提出的所有的教育问题都需要说明理由，这是因为我们行动的目的与理由是否合乎道理，是我们的行动正当、正确、合理的根本标准之一。

当然，教育实践有其存在与进行的价值理由。我们需要按照教育实践本身去认识这种价值理由。现实中的教育制度或行动的选择、发展、进行，都建立在人的观念和行动之上，而人的观念或行动的发生也具有某种理由。因此，教育研究一方面要探明教育事情本身的道理（如内在目的），另一方面要评价现实中我们的教育观念和教育行动的理由，评价具体的教育事实或现实状态。教育研究也需要证明我们为什么应当这样行动而不那样行动的道理，说明为了什么观念而行动的理由，提出我们进行教育实践的原则，从而把我们的教育观念、教育行动落实在真实而合理的理由之上，使它们经得起理性的检验。

教育研究一定要分清楚研究的问题属于什么范畴。探寻事实机制的问题与追问行动理由的问题是不同的，将二者相混淆可能导致研究发生错误。有些事情是客观自然的，那就要探明事实机制，从而了解过程动因，以便按照这种机制来复制这样的过程。不过教育研究中这样的事情并不是很多，教育心理学可能探讨一些事实机制的问题，涉及儿童身体状态的研究可能探讨一些身体的自然机能与规律的问题。教育中的大多数事情是人的意向行动，因此涉及行动目的、价值、原则的理由就是重要的。

教育研究要揭示教育实践各个方面的根本道理，而不是半拉子道理（half-truth）。我们常常以为我们提出的道理是根本的道理，我们发现的原因是根本的原因，但其实有时候我们没有把道理、原因说透彻，我们研究的结果经不住进一步的追问。那些似是而非的观点，那些表面上看似有大道理的观点，可能忽视了某些条件，仅仅是半拉子道理。只显明了半拉子道理的研究不是一个好的研究，因为还有道理没有被辨明。

经验研究要努力揭示本质原因和事实的真相或真实状况。规范研究要辨明或揭示根本的普遍理由，说明我们提出的目的、价值、原则等的根本道理。经验研究，如教育社会学，虽然涉及的是具体事实或事件，但其实也是讲明道理的。由于教育中的任何事实都是已经发生的事件、形成的某种状态或境地，事实性地追问事情形成过程中的具体的动机、原因、利益、欲望等，其实也是在道理上追问事情的状态之所以形成的根本缘由。事实性研究要明白事情何以然、所以然，即事情怎么是这样、为什么会是这样的根本原因。规范研究，如教育哲学，在辨明观念、分析行动的价值原则时，也要根据教育实践本身的道理，说明教育行动为什么应当如此的根本理由。

研究要把道理讲通、讲完整，才能把自己的主张建立在坚实的道理之上，才能让别人真正认识到研究者的主张与普遍之理是贯通的、相容的。问题、主张、道理之间贯通，使得问题在有道理的主张之下有了合理的必然解释，这就是道理或意义的贯通或融通。如果仅仅是讲了半拉子道理，看似有理，但可能不彻底，结论或主张就可能包含错误。当然，人间万象，人事繁杂，涉及世界和人的道理是复杂而深奥的，发现其中的至理是研究的最高境界，而且也是不容易的。不过，就道理的贯通而言，如果针对一个事情把根本道理说通了、辨明了，就是达到研究的目的了。研究的具体主张，如果与普遍的道理具有根本的必然关联，获得了普遍道理的支持，那就是合理的，就是贯通的，也就是说研究者的主张是有道理支撑的。

研究是系统地说理。这说明研究是一个系统性的建筑。不论研究的是一个小问题还是一个复杂的大问题，都需要系统地说理，把大大小小的道理相互融通，让人看到辩理清楚、说理明确，各种观点相互一致、深刻有理。越是复杂的大问题，其意义系统就越复杂，道理就越复杂，说理论辩的难度就越大，对说理的相互融通要求也就越高。这就需要研究"建筑说理"的系统过程，或者说是把论证辩理系统化。(参见陈嘉映，2011a)[36]有些大问题不容易把道理讲明，笼统地讲道理，等于是人把道理模糊了。因此，我们需要分清主问题、支问题和分问题，分清最高的原理、次级原理等不同的层次，而且不同问题、不同层次之间不能相互矛盾，而要相互圆融、一致。我们可能需要确立辩理的层级，逐步从次级的原理到达最高的原理。关键的主问题可能要分化成不同的分问题，下面可能还有小问题，甚至每一段都是一个小小问题。把存在于所有这些层次之中的道理贯穿起来，分清道理之间的相互包含关系，大问题的解释通过小问题之中的道理而陈述出来，不同层次的道理在最高的道理的统摄之下相互贯通。

我们常常发现研究论文，如硕士论文和博士论文不懂论文的建筑学，不懂道理之间的关系，也不懂说明道理的方式，道理之间缺乏贯通，主张之间还相互矛盾。论文的章节之间缺乏相互关联，甚至缺乏交织，结果道理没有融通，没有用一个根本的道理关系把论文串联起来。甚至，有些论文的研究，根本就不进行辩理，并不把自己的主张或观点放置在坚实的理由基础之上。不言而喻，这样的研究是站不住脚的。

1.3 事理与学理

我们常常听到研究者说这是事理，那是学理。有的研究宣称进行的是事理的研究，有的研究宣称进行的是学理的研究。那么，什么是事理？什么是学理？

世上存在事物，人间发生事情。自然中的事物是物，是自然存在的实体或事质，而人间的事情是事，是人的行动做出来的，人的事情是需要人为的。教育是实践，是人的行动，是人的事情或事件。事物本身具有本质，或者事物之间具有关系；事情本身具有目的、缘由、过程、方式、价值。佛教把世间森罗万象叫作事，把不变之法叫作理。在西方哲学中，自然世界中的不变之理叫作自然规律（the law of the nature），理念世界中的不变之理叫作自然法（natural law），康德把道德生活中的律令也叫作道德律（moral law）。这个“law”就是理。

事物显现自身，总是包含着理，显现着自己的本质。我们一方面通过认识把握事物的本质，了解事物自身的性质、机理、机制，另一方面可能通过理解，把事物的某个方面与另外的事物联系起来，显现出意义。所以，事理既存在于事物之中，又存在于我们的理解之中。我们理解这种理，把事物的存在现象以某些意义或寓意贯通了，事物的道理就显现出来了。如，我们有时候也把自然事物的现象与人间事务联系起来，发现二者可能具有某种相通性，从而说明道理。中国文化中的许多成语，都含有这样的意义或道理的揭示。

事物的现象和性质在我们的理解中，显示某些内在的道理或者机理。所以，事理是蕴含于事情和事物本身的道理，是指事物和事情本身的规律、机理、道理、意义。我们认识事物，不仅认识它的表象，更重要的是认识事物的本质及其与他物之间的必然关系，看看事情或事物的内在机制、规律。如果我们想应对某种事物，想把事情做得更好，那我们就需要认识事情的本质、规律、机制及其与其他事物之间的内在关系，认识事情蕴含的道理，按照事物、事情的本质、规律、机制、关系等去行动。按照事理去做事，那就是符合道理。

我们需要分清自然之事的事理和人文之事的事理。与自然打交道，就必须遵循自然物内在的规律、机理、机制、过程、关系，这样才能有成效。处理自然之物，必须严格遵循自然之物的事理，如果没有关于自然之物的知识，违背自然规律，就不会取得结果。科学无疑是认识事理的，这种事理的探究无疑是经验性的。

就人文生活而言，人的事务都是人事。人事的事理与自然之事的事理不同。但人事也具有内在本然的道理，这个道理是规范性的（normative）。我们要做好人事，当然需要认识本然的道理，认识自然法，按照对事情的本原、本然的理解去做事情，这样才能体现事情本身的价值。人文之事的事理是理念，是对事情本原的价值规定，而不是经验发现。但是，这种价值规定也是基于事情本身的，而不是随意强加的某种观念。如，处理教育的事情，就必须按照教育内在的目的所要求的价值原则、方式去发展教育事业，去发出教育行动，去建设学校教育，这样才符合教育的道理，教育的价值才能彰显。

天下的人事都是有其道理可循的，这种道理显现了我们应当去做的正当理由。没有道理的行动是坏的行动、无价值的行动。所以，审察事理不仅是我们日常行动做事必需的基础，而且是人文学科研究和社会科学研究等涉及人的事情和事务的必要任务。“慎观终始，审察事理。”（《管子·版法解》）对事理的明了，是人的理性智慧的表现，也是行动的需要，因为行动需要遵循事理。当然，对事理的把握有正确与错误之分，有真实与荒谬之分。真实意味着认识是可确信的，与事物的本相或本质是符合的、融通的①；而荒谬意味着与事物的真实不合，与道理不合。

教育、政治、文化、道德等等，都是我们共同的事情：既是我们共同处在其中的事情，也是我们共同去做的大事情。毫无疑问，这些事情本身都有其道，也有其理，需要我们知晓，因为每一件事情都要靠我们做合理正当的事去完成。对于教育、政治、文化、道德等共同的实践事务，我们所做的每一件事都有正确与错误之分，有正当与不正当之分，有应该与不应该之分，有有价值与无价值之分，有有效与无效之分。这里面的关系错综复杂，也许只有把握其中的道理，才能够进行区分，才能把这些共同的事情做得正确、正当和有效。

教育学术研究所做的工作包含事理分析，但不是像自然科学那样的事理探究。教育研究言说事理有可能是因事说理，也就是借助事情、事件、事务、活动而说出普遍道理或意义。如，教育研究有可能运用案例研究（case study）的方式，不是仅仅说明案例中的研究对象的表象现象，而是借助这个案例说明一些普遍道理。当然，教育事理的研究还可能是说明某个事情形成的原因、缘由、过程、机制、状态，并且可能借助这些内容说明或描述事情的真实、真相，等等，从而让我们对事情本身具有更多的理解。

在事理之外，教育研究包含着学理的探究吗？

什么是学理？学理可以说是观念中的道理，或者说是理念。如，自由不是一件事，更不是一个物，自由是一个观念。什么是自由？要回答这个问题，我们需要理解“自由”这个观念所包含的道理，以及我们关于自由的认识是否具有道理。教育研究中有许多观念的问题，

---

① 我这样说，很可能被归为真理符合论，被认为是过时了的传统认识论。对一个事物的认识，尽管会遭遇各种各样的干扰，尽管会运用各种各样的方式，但是，如果不是认识事情本身的本质及其必然性，那我们所认识的是事物的什么呢？对自然物的存在的认识，虽然不是镜式反映，但是，我们可以运用心智以及其他认识工具，从事物本身所要求的方向去认识事物的本质。如果认识仅仅是人的建构，而与事物的本质没有关系，那认识怎么能叫关于事物的知识，怎么能说明事理的存在呢？

教育的目的与价值就是一个观念问题，它们自身的道理难以仅仅通过实际发生的事情来说明，而只能通过我们的纯粹的理性思考去阐释，或者通过我们的“学”去说明。也就是说，这些道理只能通过学术研究去说出道理。这种不依赖于事情、事物、事务、事实的理，就是学理。

有些事件、事情可能包含某些重要的观念，或者由一些关键的观念来支撑，这些事情本身的事理与这些观念的道理具有深刻的联系，但是，仅仅用事理又无法说明观念的道理。所以，我们需要纯粹地对观念本身进行单独的考察。如，教育行动本身的道理与“教育正义”的观念有重要的关系，但是，我们只有通过观念上的考察，才能明了“教育正义”的本质内涵。

学理就是理性上的道理，或者用阿伦特的概念来指称，是理性真理。理性真理需要理性去探究，并不能通过经验或者事实来证实。所以，学理是超验的，而事理是经验的，或者是从经验出发的，也就是说，事情的和事物的道理一定是通过我们的经验而得到说明的。相比之下，学理只能通过理性获得证明，而无法通过经验获得证实。学理是从道理上去说的，而事理是从事情的实质上去说的。如，要证明人应当如何生活，说明什么是美，教师应当如何进行教育行动，仅仅援引经验的证据是不够的，我们必须在理性上规定为什么这样的生活是人应当过的生活，必须规定美，必须规定教师行动的伦理原则。当然，我们必须为我们的规定提供普遍的理由，即把规定建立在合理性的基础之上。这就是为什么需要探究学理的理由。

我们不仅做事，我们也思想，也进行思想的思想。我们的实践活动，如政治、教育、道德，都需要做中思，思中做。我们的观念就是在思考中、在行动中进行判断的。有些观念不言而喻，有些观念可能众说纷纭，有些观念可能通过事情显明其中的道理，而有些观念则无法通过经验事实去说明，只能在理论上贯通道理。如，“教育的目的”通过某个具体的教育制度或教育行动是说不清根本道理的，因此就需要理论的考察。这样的研究议题，在教育研究中是很多的。

纯粹地在理性上研究某个观念或理念是可能的。价值理想、原则等教育的问题，只能作为观念受到理性的研究。如，“何为受过教育”“教育的目的应当是什么”，等等，这些问题无法采用某个国家、某个社会、某个家庭、某个人的具体经验或者具体事例来进行根本的辩理，而只能从观念上进行形而上的理论考察，在理性上进行规定，并追寻如此规定的普遍理据。

事理与学理有时可能不能够清晰地区分开来。教育现实本身是复杂的，事情、事件与观念是混合在一起的。一种观念影响下的行动可能形成某种结果，或者一种行动的事实背后的观念可能是错误的。所以，我们既要分析事情，又要分析观念及其理由，既要分析事理，又要辨明观念之理，有时候也需要把二者结合起来考虑。单纯地从事情入手，也许并不能了解其事情本身，我们需要从学理上对事情进行分析，从学理上对观念进行辩理就构成对事情的判断。我们也可以运用事理来推动学理上的探讨，通过进入具体的事例之中，分析具体的事情，判断其中的问题，从而改正或修正学理上的认识。教育本身是事情，从学理上分析教育的目的与价值是必要的，分析教育实践的规范性本质是必要的。因为，只有在观念上探明我们持有某个行动观念、价值原则的理由，我们才能说明如此进行教育活动的道理，才能按照这种观念的道理而行动。

有些问题可以通过言说事情、事实而得以解释；有些问题是理念上的，如“人是平等的”，就需要在道理上进行分析或规定。任何研究都需要确定研究的主题是适于进行事理分析还是适于进行学理分析，或者是将二者结合起来进行分析。有些事理可能指的是机制，那只能经由实证研究才能说明。如，我们要研究中国儿童的身体发育与学习时间的关系，那么只有通过调查和统计才能回答；研究学校建筑的通风与学生健康的关系，也只能通过某种实证的方式；而研究学校应有精神气质，可能只能通过理性思辨的方式。虽然有不少教育研究需要说明事实机制问题，但很多问题都是观念、目的、行动的价值正当性问题，可能需要理性的思辨去证成，即需要学理的探究。

质性研究虽然不再进行量化的统计学研究和实验研究，但是，由于对研究者现场经验的注重和研究者的事实分析，它其实还是一种经验的研究，即是事理的分析。或者说，它根本的路向还是以事实经验性为本的，而不是理性的论证。学理的研究是论理。按照陈嘉映的说法，道理不是自然规律，自然规律是从外部看事物的，道理是从内部看事物的。自然规律是要去认识的，道理是要去理解的，理解本质上是理性的，而不是基于感觉经验的。

教育是一件事情，研究教育必须把教育当作教育去研究，也就是教育地去研究教育本身的事理和学理，而不是研究关于（about）教育的事情。把教育当作教育去研究，意味着按照教育本身的道理研究教育，从教育内在的本质规定性着手去研究教育，而不是根据外在的需要、控制、限制去规定教育。研究教育的各种问题，不论是事情的还是观念的，都是为了发现教育本身的道理，并按照这种道理的指示去办教育的事情，去完成教育的事务，即按照教育本身去做教育，而不是按照教育之外的某种东西去做教育。

说到底，教育研究致力于揭示事理和学理，目的是行动，即创造更好的教育实践。为了变革教育，我们不仅需要理解关于教育事务过程的机制性的事理，也要理解教育按其本质应当是怎样的观念性的学理。按照教育过程的内部道理行事，与应当怎样行动的理念结合起来，我们的教育实践行动才可能变得更好。不论是事理还是学理，都是教育研究对普遍道理的探究，都致力于教育实践的改善。上行贯通为道，下行落实为术。这里的术也就是苏格拉底所说的行动的德艺。教育研究本身上行追问理而达于道，其最终目的是下行运用理，也就是运用道理来规范教育实践，达至实践的良善。这是教育研究实践性本质之所在。

1.4 教育研究的旨趣

作为学术实践的教育研究的旨趣是什么？是为了解决教育实践中的实际问题（problem）吗？当然，在最终意义上是如此。但是，一项研究活动是否是解决现实问题的方式或方案？研究是否具有这种可能性？我们知道，即使一项研究提出了某种方案，这种方案的使用也需要具体实践者的行动，而实践者的行动则由各种主客观因素所推动。即使是一项应用研究或行动研究，研究本身能否解决实际的问题，也还依赖于具体实践的行动者以及环境、条件、机会等。因此，从事教育研究与从事教育行动不同，教育研究探索的问题与通过从事相关教育行动要解决的实际问题不同。那些强调研究需要解决实际问题的人，需要区分学术研究的行动和改造现实的行动。

学术研究是一种认识活动，其中可能包括说明、描述、理解、解释等，也可能包括分析、综合、论证、推理等。当然，学术研究的认识是需要表达和交流的，因此，学术写作也是学术研究的组成部分。改造现实状态的活动，需要形成具体的方案、策略、手段、方法、途径，需要运用条件、资源、力量、机会等。所以，改造世界的活动方式与学术研究的方式是根本不同的。学术认识世界，行动改造世界，学术以理论、观念、思想、理念影响行动。所以，期望学术研究改造现实，可能是对学术研究的一种误导。

像教育研究这样的学术探究的旨趣是什么？哈贝马斯在《认识与兴趣》中认为，任何一个认识都起源于知识旨趣（knowledge interest）。（参见哈贝马斯，1999）他提出了人类认知旨趣的三种类型：

（1）“经验-分析的科学研究”，包含技术的认知旨趣。

（2）“历史-解释学的科学研究”，包含实践的认知旨趣。

（3）具有批判倾向的（critically oriented）科学研究，包含解放的认知旨趣。

哈贝马斯区分了三种认知旨趣所对应的知识领域，这三种不同的认知旨趣分化了不同的学科。哈贝马斯可能把教育研究主要归类于实践性或解放性的认知旨趣。诚然，教育是实践，但是教育包含人们关于教育的观念、原则与价值选择，也包含教育的具体行动、方法与方式，包含教育过程的事情、事件与事实。教育研究直接面向这些方面，因此，教育研究的旨趣可能既包含知识的旨趣，也包含实践行动的旨趣，同时还包含解放的旨趣。

教育研究的认知旨趣之一就是获得关于教育未知现象以及事实的经验知识，我们也可称之为事实性知识。这是针对事实性或经验性的问题的，是描述性或说明性的，只有通过事实性或经验性研究才能形成这种认知，如验证一个研究假设，发现一个未知事件的事实和原因，了解或说明某种事实状态，等等。经验性知识的旨趣是教育研究不可避免的。

教育研究的认知旨趣之二是建构实践原则，即论证指导人们应当如何行动的原则，这样的知识可以叫作规范性知识或指示性知识，这是关于“应然”“标准”“价值”等问题的知识。这种旨趣是教育的规范性问题的研究旨趣。教育的规范性研究提出合理的思想、观点、主张，论证应然的价值、原则、规范等。作为规范性知识，它们能够打开具有潜在可能性的行动空间，拓展我们对行动的目的、价值、规范、原则的认识，引导我们正确地、正当地行动。教育变革（宏观、中观、微观上）需要对不同层面的教育行动的正当性和正确性进行想象和论证，所以这种面向行动的教育研究旨趣需要论证原则的普遍理由，从而提出正确的原则而不是错误的原则，以便指导人们合价值、合伦理、合理性地进行实践活动。教育研究这一方面的知识是指示性或规范性的，它对实践的作用是规导、评价、指示或引领。经验描述性知识可能具有实践性，但是它的实践性只是应用性；规范性知识不是直接应用的，而是一种召唤、指导或承诺。经验描述性知识的应用是工具性的，或者是功能性的，只与行为的方法、手段、效率有关系；而规范性知识的运用与目的、价值有关，它只有转换为行动者的观念才能对行动者起到指导作用。规范性旨趣涉及行动者的理想、信念、价值、智慧，而经验性旨趣涉及的只是行动者的方法或手段。

教育研究也具有通过批判而实现解放的认知旨趣。分析和批判现实中的各种错误行动和错误观念，是教育研究的重要内容。教育研究中的批判框架可能有很多，如意识形态批判、权力-控制批判、利益-立场批判、文化批判，等等，我们可以在一定的框架中批判性地分析错误的教育。这对转换行动者的教育思维方式、改换教育视野、改变教育行动，具有重要的解放（emancipation）意义。

教育研究的这三个认知旨趣是从研究及其提出的理论价值本身出发的，或者说是从研究问题内在的指向出发的。可以说，哈贝马斯提出的认知旨趣都是基于探究和追求知识的内在旨趣。但是，在现代的利益分疏化社会中，科学研究的指向可能不是丰富知识和理论，也可能不是变革实践，研究本身可能由外在化的利益所导向。研究者从事研究是为了扩展自己的学术权力，提高自己的学术地位，或者追求学术所带来的外在利益。研究者从事研究的动机转向了研究之外的目的，研究本身以及项目获得成为一种定位研究者的“地位商品”，而研究的成果却成了手段性的副产品。这使得争夺科研资源与项目的竞争日益剧烈，研究项目或研究成果成为竞争学术地位控制权的一种有效途径，这种学术地位又成为获得外在利益的手段。（参见富勒，2011）在中国，这样的项目竞争模式不仅在研究者派系之间展开，也在研究机构和大学之间展开，成为它们竞争“地位”的一种手段。就这一现象来说，哈贝马斯所说的研究的认知旨趣已经发生了转移，研究成了手段，研究的问题、方式、成果以如何获得这种“学术地位商品”为转移，而研究品质也伴随着这一过程不断地下降。

然而，为研究而研究和从问题本身出发是尊重研究与问题的根本方式。那些以纯粹的研究动机来开展研究的人，也就是以研究的内在旨趣来引发和推动自己研究的人，往往使研究本身发出耀眼的光芒，并使研究取得富有启发性的成果。

1.5 经验研究与规范研究

> 科学能够解释自然过程，但永远不能对人发号施令。爱好、爱恋、愉快、烦恼、赞美、筋疲力尽——科学并不懂得这一切。人在生活中遇到的和经历的事情，必须由人自己来解释和评估。
>
> ——哈贝马斯：《认知与兴趣》

教育研究的方法和方式日趋多样化，这有利于教育理论的多元化发展。同时，这也意味着研究者在选择研究问题或研究主题（issues and topics）时的多样化，以及研究方法的多元化。各种不同的研究范式之间是互补的，而不是互相排斥的。描述的研究无法排斥辩理的研究，事实研究无法否定价值研究，经验研究（empirical research）无法取代规范研究。现在，有不少教育学者主张实证的研究、现象的研究、现场参与的研究。这些研究范式都是必要的，但是如果否定非实证研究，也就走向片面了。有的人把是否去中小学、是否实证等作为判断是否是真研究的标准，这其实是有点偏颇了。如果非实证的研究能够扩大人们认识教育的视野，如果价值研究能够为人们判断教育中的是非对错提供一种参照，如果规范研究能够为人们做出正确的教育行动提出合理的规范、标准、价值依据，那么这种研究的价值就不亚于甚至会超过实证研究。我们甚至可以说，对于教育这样的价值实践而言，价值研究或规范研究是更为重要、更为基础和本质的。如果缺乏规范研究，如果仅仅强调经验研究，教育实践的实质性问题就可能根本没有办法涉及。施特劳斯在批判社会研究中的历史主义、实证主义时说到了问题的实质："不作价值判断，就不可能研究一切重要的社会现象。"

（施特劳斯，2014）[12]

在教育研究中，我们可以区分事实性研究（经验研究）和价值性研究（规范研究，normative inquiry）。事实性研究揭示事情是如何发生的，事情的状态如何，事情的因果关系是什么。当然，这样的研究并不仅仅是收集教育事实，不管现实中存在多么重要的事实，除非这一事实尚未被人知晓，对事实本身的揭示都是不够的。重要的是事情怎么会这样发生，为何发生，即什么样的根本原因导致这样的事情发生，为什么会导致这样的结果，等等。事实性研究建构说明性的理论，发展一种对因果关系或状况的解释，用来说明事实或事情的情境与结构。所以，事实性研究的理论思路是说明性的，或者说是描述性或认知性的，它所提供的理论让人们更多地了解事实的真相。而且，其理论是可以通过事实性的研究加以验证的，其说明性也依靠其解释力，即能够更贴切或更适合地解释某种事实或事情，其解释或说明给予人们关于事实的更多的信息或知识。

事实性研究使用的往往是科学陈述所要求的客观语言，即描述事物的语言。一项研究提出了新的观点，是因为它比其他研究提供了更多、更真实的信息以描述对象或描述事实。因为涉及的是事实，因此经验研究语言关于信息的陈述可能有真假之别。经验研究在于真实地给我们信息，即“inform us certain factual information”。“inform”这个词有描述、展现信息的意思。经验研究或者事实研究描述事物，给出的知识都是信息性的。或者说，事实性研究就是描述性研究，描述性研究仅仅提供某个事件或事情的事实真假的信息，至于对事实的价值判断则是规范性研究的事情。休谟提出，从“是”无法推出“应当”，即从事实判断无法推出规范判断或价值判断。休谟的意思是，由一组关于事物存在的描述性知识组成的前提，不能有效地推出任何指示性或规范性的结论。由事实判断的前提只能推出事实判断，而价值判断的前提只能是价值判断。当然，描述性研究往往会使用某些具有特定价值内涵和情感内涵的语词，来表达研究者特定的价值倾向性。但是，由于描述性研究进行的是关于客观事实真实性的研究，所以那种带有研究者主观情感的描述性语词应该尽量少用（有时候难以避免）。既然事实性研究是对事实本身的结构等进行客观描述，是认知性的，那么使用价值性和情感性概念就可能会影响描述性语言的准确性，影响人们对事实本身的价值判断。①

与经验性或事实性研究不同，规范性研究的重要性表现为它是一种关于规范、原则设定（prescribing）的理论活动。这意味着规范性研究是对实践的目的与方式的伦理原则的确认，对行动“应然”的理想形式或本真、本质形式的想象，对实践的目的、方式及结果的价值判断。所以，规范性研究涉及建立行动原则、规范、理想、标准、价值目的等。规范性研究也包括对于现实教育中的价值取向和行动方式的价值反思，因为，它要为教育行动提出价值标准的推理，提出指导原则，提出对于目的的思考，就必须对现实中人们信奉的、实行的原则（显性或隐性）进行分析，追问其合理性的理由。

规范性研究并不提出解决教育问题的技术性或工具性的方略，而是通过对于基础性的价值问题的探索，也就是对教育目的、教育价值、教育的善、教育的美等各种规范性问题的探究，来反思误导、扭曲教育实践或生活实践的错误观念或价值导向，反思行动的合理性，探索应当正确行动的理由（reasons）和原则（principles）。也就是说，规范性研究通过辩理而提出普遍性的教育实践的规范价值体系。规范性研究引导、规范或评价教育实践，其最为突出的表现就是提出教育行动的准则、规范、原则，提出教育制度和教育行动的价值指向，提出教育价值的判断。当然，这种提出是建立在合理性基础之上的，也就是说，规范性研究必须通过论证来检验所提出的价值原则、判断标准、

---

① 研究必须注意概念的性质以及情感性。有些概念属于规范性概念，如“教育”“教养”“民主”“自由”“自制”“道德”等。不少教育研究忽略了这些概念的规范性，这样就会在研究中造成不少的误解或困难。有一些概念则既可以在规范意义上进行分析，也可以在事实意义上进行分析，如“权力”“权威”“国家”“政府”等。还有一些语词本身具有消极性的情感意义，如“压制”“控制”“剥夺“歧视”等。

理想目的是否合理。因为，只有合理性的原则、理想才能指示正确的教育行动是什么，就如经验研究只有提供正确、真实的信息，才能增加人们的认知或理解一样。

规范性教育研究虽然涉及的是价值判断的标准、“应当”的价值选择、行动原则的确认等，但是其提出的规范性知识也涉及真与假的问题，或者说，好与坏、对与错的价值判断也涉及真实性问题。逻辑实证主义哲学家卡尔纳普等把价值判断仅仅看作是人们所具有的一种偏好，其真实性无法确定，只是个人主观的一种选择而已。这种观点忽视了重要公共事务的价值判断的特点。规范性研究的价值判断，涉及真实或正确。美国哲学家阿德勒认为，对普遍性的善事物或善行动的价值判断，同样涉及真实性的问题。如，对人的道德行动的判断以及道德原则的确证，肯定涉及真实性或普遍性的问题，因为一项道德原则的正当性与其真实性是贯通的。从这个意义上说，规范性研究也是具有客观性的。(参见阿德勒，1989)

规范性教育研究更重要的功能是指示功能或命令功能，规范性的语言所表达的价值判断表现了一种命令、请求、召唤、承诺、希望。因为规范性的语言表达了采取行动和进行行动的原则与命令，表达了价值判断的标准，以及选择的正确行动及其原则，所以，规范性知识具有指示性和规范性，它建议、召唤、命令、促成一种正当的行动。针对人类这种规范性态度对行动的影响，胡塞尔说，人类生活始终具有一种规范性的价值取向，理论转化为规范性态度是实践理论的本质。(参见胡塞尔，1988a)[149]胡塞尔其实认同规范性研究的价值。因此，规范性语言或者规范性的教育研究，其理论的根本性意义，在于转化为对实践的规范、理想、价值选择、普遍标准，等等。规范性理论研究的态度，直接指向实践的规范态度。

规范性教育研究也有一种特殊的唤醒积极行动态度或信念的功能。不像描述性研究与知识的事实性，规范性研究与知识的指示性涉及教育世界应然的理想、价值取向、行动方式与目的，涉及教育实践的

“好”、正当性，等等，它们是在正价值方向上提出“应然”的，因而具有唤醒积极行动态度的意义。正如我们读到康德关于道德律令的推理时，会在心智中产生应当如此行动的感应。这不是说规范性研究的语言具有某种通过启发情感而规劝说服的功能（依靠语言所表达的情感的力量去说服他人不属于理性论辩，即不属于辩理），而是说，由于其表达了价值上的正当性，规范性知识具有一种正向召唤或承诺的作用。

对于规范性教育研究的认识，沃尔夫冈·布列钦卡的观点是正确的。他说：“实践教育学之所以出现，是因为要用它来指导教育者的教育行动，而这不仅以有关特定教育目的和特定教育方式的决定为前提，而且也包括了对历史状况的价值分析，其中占主导地位的视角，就是要赢得听者或读者赞同某一观点的意志：应该用决心选择的价值判断的正确性去说服他们，并鼓励他们按照相应的目标去行动。它不仅依靠对合理方法的证明，也依靠对不合理方法的规劝。”（布列钦卡，2001）实践教育学具有规范性态度，它的研究范式其实就是规范性的。正是由于教育实践存在规范性问题，所以规范性的教育研究才被称作实践教育学，而不是面向操作的实用教育学。

布列钦卡认为，实践教育学指导教育行动是以教育目的的判断与决定为前提的，这是指实践教育学本身具有认识教育目的的使命。实践教育学的规范性研究对于教育者的教育行动的指示、指导和命令，是建立在对于教育实践本身所内在包含的教育目的的认识、对教育行动的价值与原则的判断之上的。实践教育学提出的行动的理由、原则之所以向教育者发出了召唤和请求，在于这些理由、原则的普遍正确性，在于其价值上的正当性。实践教育学或规范性研究正是因为具有这样的意义和价值，具有这样的功能或效能，才能够引导教育者反思自己的教育观念和教育行动的原则及理由，从而放弃错误的观念所指导的错误行动。因此，实践教育学以这种方式指导教育者（广义的）的行动，规范性教育研究的实践性即在于此。

事实上，描述性研究及事实性研究并不具有直接的实践性，即不具有深刻的实践指导性。也许事实性研究是在实践第一线做出的，但是，其研究本身没有影响实践的功能，因为其目的在于揭露某种事实、增加信息。只有规范性研究才具有实践指示性，因为规范性研究指向从事正确的、正当的教育行动的原则与价值等。有些所谓的描述性研究，好像在指示实践者（即教育者）的行动，但其实它已经转换了自己的角色和任务。实际上，我们从休谟的“是”导不出“应当”的原理中，可以得出一个结论，即由经验研究对“是什么”的事实揭示，无法直接推理出“应当是什么”的规范性知识，前者只是说明现实中的事实状况是怎么样的。

描述性研究是认识性的，如果描述性研究没有做到揭示事实真相，没有完成提供信息的任务，那么它就是失败的。如果描述性研究要转换为规范性研究，那么它所使用的语言、方法、规范也必须是经得起检审的。描述性研究需要提供事实证据来说明真实性。没有证据而想证实某个事实判断或假设，那无疑是不可能的。而规范性研究则是依据普遍有理的理由而说明价值主张的，普遍有理的理由为主张提供了有理可据的基础。所以，规范性研究不是简单地提出某种纲领性的陈述，或者提出几句一般性的口号。任何形式的研究都不是口号式的，因为既然称得上是研究，就必须能证实或证明，必须根据理性的辩理提出行动及其原则的正当性理由，这样才能证明指示实践行动的价值陈述。

教育是人类最为重要的实践之一。作为实践，它是承担价值目的和伦理义务的人类行动，而不是运用技术理论进行生产或制作的操作行为。由于实践的独特性在于其目的性和价值性，在于独特的伦理原则体系，所以，教育实践是规范性的，是在价值、规范、原则的指导之下进行的行动。从这个意义上讲，对于教育实践的研究最为重要或本质的部分是规范性研究。因为，只有明确地建立了正确的目的、正当的价值、普遍的原则，行动才是善的，只有行动受到正确原则的规导，行动才是正当的。规范性研究揭示的规范、原则、目的、价值理由等，塑造着我们进行正当的教育实践行动的态度，指导着教育行动的方向和标准。按照哈贝马斯的说法，实践原则作为对实践的正当性目的与方式的价值陈述，既是向我们自己发出的合乎目的与价值而行动的呼唤和命令，又是向他者发出的由伦理原则所规定的实践行动的邀请和请求。

规范性研究提出的原则、指导或指示性命令，其基础在于合理性，即其提出的原则是否具有可辩护的正当理由。规范性研究不是基于某个人或某些人的偏好或利益取向而提出一种行动的原则，而是基于普遍的合理性而提出人类共同的原则。有的人可能以为，不存在所有人能够做到的共同原则。其实，应当这样说，共同原则是所有人应当去做的，有的人在现实中做不到，但不能因此否定或证伪原则的普遍性和正当性。原则的基础是合理性，其普遍性是指对所有人的实践行动而言是正当的，因此是普遍应当的，然而这并不意味着每一个人都无一例外地能够遵循原则而行动。规范性研究，如果不是基于合理性和普遍性，不是把研究提出的思想放置在普遍性的合理性基础之上，那么就是有缺陷的。

事实性研究也包括应用性研究。按照布列钦卡的观点，描述性的教育研究获取教育现实领域的认知，了解现实教育过程、条件、方式、机制、因果关系等，如，研究教育机构、教育行为与受教育者发展状况之间的关系。但事实性研究不限于此，它也包括对教育过程、教育制度行为、教师行为、教育方法的效果的研究，等等。这样的研究试图回答的是实现具体的目标或目的的条件、手段、方法的合适有效性问题，是技术性的操作问题，即为了实现某个目标，我们可以做什么、怎样做、在什么条件下做。这种研究可能也有对现实过程的分析、反思和判断，不过不是价值判断，而是对技术操作方式实施效果的判断。

这个意义上的实用性研究可能的确不同于描述性研究，不过依然是事实性研究的一部分。这种研究不是规范性研究，而是实用性研究，其与规范性研究的区分在于：规范性研究通过辩理论证、诉求理由而进行价值判断，提出行动的原则和价值目的，向教育机构或教育者的教育行动提出伦理性的指示、指导或要求，其根本的指向是价值上的应当；实用性研究可能提出技术性原则和方法的指导，但是其提出的根据是有效性和适用性，并不牵涉价值上的应当，不涉及好坏、对错的判断。描述性的研究，描述各种教育中的现象，如特质、特征、过程和关系；实用性的研究，运用这些关系分析某些行动与手段实施的条件，提供一定的技术操作指导。

1.6 内源性研究

当下的教育研究过于世俗化和外在化，缺乏对高贵人性的想象，缺乏对人类灵魂教化的纯粹形式的想象，缺乏对永恒而普遍的教育价值的重新阐释，仅仅满足于工具性和逐利性的需要，满足于迎合现实。教育研究中的人文精神和理性精神处于疲沓软弱的境况。这说明教育研究的智识理想处于庸俗化带来的危险之中。或者说，教育研究的智识平庸，使得研究者无法思考人类教育至关重要的问题是什么，教育研究最为关键的任务是什么，人类永恒的教育价值及秩序是什么。教育学的智识与精神在哪里？

教育作为人的社会实践，与自然界作为实体的自然事质不同。教育实践是人的观念、价值、行动所给予的，是意义行动（sense-making）。教育研究作为对教育的言说或解释，是人类的自我认识。研究者作为人，都是作为伦理和论理主体参与到教育之中的，是教育实践不可或缺的组成部分。自然世界中事实的存在及其变化，与人对其的认识没有关系。而人文世界与人的人文思想、人文精神密切相关，人文思想和人文精神都参与到实践之中。人类的重大实践事务，其本身不仅是需要我们去做的，同时也是需要我们去说的。如何说？说什么？我们的阐释方式与认识会影响我们的行动，会深刻地影响实践状态本身。教育实践需要去说，研究就是去说我们关于教育实践的理解、看法、想法。① 教育研究作为关于教育的公共言辞，是对于教育的各种实践内容的合理性的思想，其根本目的是改善实践。

那些外在地把教育的各种现象作为客观事实的经验研究，因为强调研究的某种工具性认识，强调研究方式的中立性和研究结果的实证性，排除了研究本身的价值指示性，这样的研究都是外源性的研究。有些教育研究的模式，虽然深入到了活生生的现实之中，但是，从问题定义到研究工具、信息收集、文献分析，都过于沉入现实的经验现象之中，遗忘了人文研究本身应当具有的引领现实去超越的任务，疏离了生活世界中教育的真实价值，抽离了教育的本质性事物，对生活世界的关键因素缺失价值判断，从而遗忘了人的教育事务所具有的独特的永恒价值问题。(参见施特劳斯，2011)[45]

施特劳斯曾经批评那些脱离真正的理性主义的科学或社会研究，认为它们以低于人的事物，甚至更低的事物来理解人或更高的事物。(参见施特劳斯，2011)[48]我想，这样的研究其实遗忘了教育研究的人性或人文性。这样的教育研究可能已经掉入泥淖，以鄙俗的眼光观察庸俗的现实，看不到或不去看可能世界或理念世界中的人性，把现实中的事实作为人性的全部，沉入现实的丑恶而无法去深切地关注善的存在形式，无法去关切人的心智和心灵的改善、健全化的根本方式，也看不到在现实中不存在但却是真正实在的教育纯粹形式。②教育研究的种种方式和取向，以抛弃理性或逃离理性的方式，把人的教育仅仅看作是现实中所看到的那些事情③，除此之外，再也看不到更高、更远、更深的事情。

---

① 人文学术研究，本质上是公共言辞。关于政治、伦理、教育、公民事务等的公共言辞，是这些实践的理性慎思的组成部分。理性慎思是实践的根本构成部分。如果没有理性慎思的言辞去言说公共实践，没有就公共议题进行辩理，公共行动的合理性就会被遗忘。这对公共实践的善来说是致命的欠缺。

② 电影《贝拉的魔法》中有句话给我留下了深刻的印象："不要停止寻找不存在的东西。"

③ 康德明察现实中人的丑陋行为，但这并不妨碍他把道德想象为人性的高贵意志，以人性的崇高状态去理解人。

教育研究根本上是理解人，是在人之中理解人的心灵成长如何可能的问题，研究因此是内源性的。不像自然科学研究自然物质，教育研究中的研究者是主位的（emic），即研究者本身就是人，处于教育之中。实证主义可能会排斥这种主位现象，要求把主位现象尽量地过滤掉。但是，这一方面是不可能的，因为研究者本身无法脱离教育实践和生活世界，另一方面也是不准确的，因为假如研究者尽量摆脱自己作为人的主体特性，那么研究本身就无法准确地表现研究对象了。同样，因为研究者无法与被研究的教育世界分离，因此研究的真实恰恰建立在这种内源性和主位性之上。

教育研究的内源性在于研究者本身是处于教育世界之中的，即研究者本身的教育生活会影响他的研究过程，也就是影响研究者对研究问题的选取、研究方法的采用以及研究的陈述，等等。教育研究者不像自然科学研究者那样，所研究的对象与研究者自己完全不同。教育研究者本身可能处于教育过程之中，研究者与被研究者具有共同性，他不是局外人，也不是陌生人。这不是说研究者是主观的，研究结果是相对的，而是说，研究者不管运用怎样的方法，从怎样的理论根据出发，其实都是在理解人性。研究者不能以低于人性的事物去理解人，不能以低于教育的事物去理解教育。教育研究的内源性，要求研究者在人的高度上、在教育的立场上教育学地看待生活世界，看待人，看待教育本身。

从教育研究的内源性来看，规范性研究提出的规范性知识都是针对教育对于人性的内在意义的。因为规范性知识涉及的是培育人性的教育理想、原则与价值等，由研究论证得出的规范性知识对研究者自己来说也是一种召唤、一种指导。这说明，规范性研究正是从“研究者自身就是规范的实践者”出发的。按照维科的思想，只有人本身的问题才是人文研究能够真正参与其中并理解的，人能够真正理解的是人的作品，人能够真正深入参与到自己的作品内部。维科的思想是深刻的，人的精神恰恰是开放的或可说的，因为我们是自己的精神的创造者，我们可以理解自己。不仅如此，人还可以想象、创造自己的生活与世界。正是在这个意义上，理解人的作品比理解自然的作品更有意义。因为这种人文知识导向人类对于美善生活和完善自我的行动的想象，导向人对自己的文明的承诺与行动，所以，对人类而言人文知识比自然知识更紧要。教育研究涉及人的教育的事情，这比制作自然物的知识不知紧要多少倍！

教育研究本身的人文性是一个严肃的问题。这就意味着，教育研究要真正从关心人性教化的角度去关注研究问题，或者说，研究要与人性优秀或卓越的方向保持一致。教育研究，本质上是从人的灵魂健康成长的立场来理解人及其教育的，离开了这一点，我们将无法真正地思考和言说教育的问题。当然，人的教育发生在文化与政治处境中，教育研究也要涉及教育与它们的关系，但总而言之，教育研究是人文学，要具有人文精神、人文立场。

教育研究的人文精神，意味着研究的目的、方式、内容以及观点的提出都从人性的角度出发，为了好的人性、好的社会、好的政治、好的教育，这是确定研究正当性的标准。人文研究的根本目的在于服务人的教化。胡塞尔在谈到哲学的任务时说，哲学的反思，就在于面向人性的重新铸造。“这是在一种新的实践景观中发生的。这种形式是对生活及其全部目标、是对已经在人类生活中成熟的一切文化形式与文化系统的普遍批判。这还导致对人本身以及那些明显或不明显地指导人类的价值的批判。这一批判的进一步后果是：作为一种实践景观，它的宗旨就是通过与每一种真实性的准则相符合的科学理性来抬高人类，从而将人类转变为全新的人，使它能够在绝对的理论洞察的基础上担负得起对自身的绝对责任。”（胡塞尔，1988a）[152]

1.7 研究的价值立场

经验事实性研究往往以价值判断所提供的理由或标准可能无法以

经验事实作为依据，来否定规范性研究进行价值判断的必要性，好像只有经验事实才能提供证明的证据。否定了价值判断，其实就是否定了规范性研究的必要性和可能性。因为，离开了价值判断，就无所谓规范性，也就无所谓规范性研究，规范必然涉及价值标准与价值判断。

在教育实践中，价值现象比比皆是，价值问题也层出不穷。教育实践必然包含着对于目的是否善好、方式是否合目的的判断，这是人类理性的必然。在教育研究中，文化理想、价值取向、人文情怀、道德规范、社会共同规则、行动判断标准，等等，都会进入问题的选择、研究视角的运用、研究的进行、证据的提供、论辩方式的确定、论点意义的阐述、研究成果的运用等方面，可以说，在教育问题的研究中，试图排除价值判断是不可能的。

问题的关键是：人们进行价值判断，是否只是站在自己的特殊利益立场上？价值判断是否都是意见和看法？相对主义认为，所有涉及价值判断的事情都是个人的偏好。不可否认，有些价值判断是个人偏好，比如，这是一匹好马，这件衣服很好，等等。这一类价值判断，尽管有时候存在一种标准，但其实都建立在个人的偏好之上。

现代或后现代立场的社会研究和教育研究，可能在一般性的常识意义上把价值看作是偏好。（参见林肯 等，2004）价值仅仅被当作是人们个体性的特殊偏好、利益、立场、个人判断标准、选择倾向性以及特殊的视角，因此，价值评价或价值判断都被看作是主观性的欲望选择。什么是价值？价值是否就是偏好、利益？教育研究与它们的关系如何？

规范性的教育研究在怎样的意义上是价值涉入和价值判断的？价值主要是指符合人性的普遍规范与标准，反映了人作为人的正当的向往和欲求。在这个意义上，价值是客观的，也是普遍的，如，正义、真理、善、美、自由、公平、和平、高尚，等等。社会科学、人文科学的研究，包括教育领域中的各种研究，毫无疑问都应当面向这样的价值，即判断这些价值在教育、社会、政治和文化的实践中是否存在、如何存在及如何可能存在。因此，在问题的选择、理论视野的运用、观点的提出、论证的依据、研究结果的实践意识等方面，都必须具有这样的价值意识，而且研究的论点与论据必须是合伦理价值的。这说明，教育研究不可能是价值中立的，也不应当是价值中立的。

研究者可能有自己的各种偏好、态度、利益取向或特殊立场，这些因素可能影响他所选择的研究领域和研究问题，甚至会影响研究的结论。[①]但是，这不是公正的研究。研究的论证过程以及研究的结论不应当被这些因素所影响，研究者提出的结论和观点，不应当由自己的特殊主观因素所决定。如果研究过程和研究结果建立在研究者的偏好之上，那就是把研究建立在研究者个人的好恶之上，就意味着研究者根据个人的偏好、情绪、需要而提出自己愿意提出的某个结论。

偏爱，英语是“personal-preference”，即出自情感而喜爱什么、厌恶什么。研究者个人可能是存在偏好的，但偏好本身仅仅是喜爱，不包含价值判断，那里所存在的仅仅是情感判断。虽然偏好决定选择，但是选择什么本身并没有价值上的高低。一个根据偏好做出的判断与选择，不同于根据价值标准和原则做出的判断与选择，我们无法就个人偏好做出辩理。研究者可能具有自己的偏好，如喜欢什么类型的问题，喜欢什么样的理论，喜欢运用什么样的语言。但是严格说来，如果从事情本身出发，研究者在研究中是不能以自己的偏好态度来选择问题的，更不能以自己的偏好来选择研究方式，不能把偏好作为自己选择理据进行论证的理由，因为问题规定并要求运用与它内在相关的研究方法或方式。从这个意义上说，研究方式依据的是研究的问题和事情本身，而不是由研究者随意选择的。就研究问题的选择而言，研究者的个人关怀对选择问题有重要影响。但是个人关怀不一定是个人偏好，因为个人关怀是研究者所深切关注的，可能与研究者的良知及普遍价值关怀相关，而个人偏好并没有价值上的高低。研究方法的采

---

① 研究兴趣仅仅影响研究的问题域或者知识域，而不会决定研究的论证过程或结论。

用、理论方法的使用、研究证据的提出、研究问题的选择，都必须避免来自个人偏好的干扰。

利益与偏好相近，但又有所不同。偏好是情感的立场，利益是欲求得利的立场；偏好满足个人的情感，而利益满足个人逐利的欲望。研究者可能处于利益团体之中，可能处于利益关系之中，可能具有某种利益企求。一个在课堂中进行扎根研究的人，可能是因为自己的孩子在那个学校或班级之中；一个研究精英教育并极力赞成重点学校精英教育体制的人，可能就是某所名声显赫的重点学校的校长。利益与价值不同，利益与自己是否得利相关，而价值是正确的、正当的原则与标准。当然，有些特殊研究也可能表达一些利益团体的利益，但是这种利益必须经受价值的考量，且只有在价值的统摄下才是正当的。如，对教育平等问题的研究，可能站在受压制者或受剥夺者等弱势群体的利益立场上，但是，因为其从根本上诉求平等价值和人性尊严等价值，因此这种利益的表达就是正当的；而且，尽管看起来是维护弱势群体的利益，但其实是站在更大的公正的立场上。当然，任何研究都不能因为利益立场的态度而扭曲事实，都必须在证据或理据基础上提出合理的观点主张。从这个意义上讲，如果一项教育研究建立在利益立场上，就需要分析这种特殊的利益是什么。研究必须厘清利益立场对研究结论的影响。

教育研究中的一些事实性研究的方式与类型宣称自己是价值中立的。但是，教育领域中的现象问题或事实问题都是价值承载的（values-laden），因此，选择研究的对象以及提出研究的问题本身，须运用普遍价值进行判断。违背普遍价值的研究具有社会可击败性（defeasibility），是我们无法接受的。分析教育现实中的错误、误区等，都必须借助价值规范与标准才能做出判断，那些不符合普遍人文价值的研究内容和方式，都不能真正提出对现实现象的反思和批评，因为它们可能持有的判断标准是错误的。研究者的表达所使用的概念、术语、句子，研究者的表达方式与语气本身，都包含着价值。

毫无疑问，研究者本身具有各种各样的偏好和利益，具有自己的理论立场和擅长的研究视角，也有处于特定文化背景下的社会价值环境，包括研究者共同体的研究文化环境，等等，这些因素可能会进入研究过程，影响研究的结论。所以，对于研究者来说，最为重要的是分析自己作为研究者的价值、偏好、利益，清楚地分析和阐述研究所指向的价值，明确地分析和表述研究中的个人关怀或兴趣，过滤那些干扰研究过程、观察、收集信息与证据、提供论点与论据的偏好和利益取向，分析自己的理论框架或视角的适用性，使研究能够做到公正。

在一些特定的研究中，研究者必须针对特殊的文化背景，分析自己所处的文化与研究对象所处的文化之间的差异，特别是要分析研究对象在所处情境中的利益取向、价值表达与偏好，分析研究资料中的价值、偏好与利益。一项好的研究，是在人类普遍的价值标准和原则的框架中进行的研究，也是在这个意义上具有个人关怀的研究，同时，还是在研究方式、信息与材料收集、证据分析与提供等方面抛开个人偏好，没有利益涉入的研究。偏好和利益涉入干扰研究，导致研究得出的结论不是公正客观的。研究服从自己的偏好则是服从自己的好恶，追求利益则是以自己的利益所得作为研究的出发点，这些都是不公正的研究。研究只有把自身放在普遍价值的立场上，才是公允的，才是正当的。①

不少研究者认为，任何研究所提出的观点都是基于个人的立场和利益取向、偏好的。这种观点指出了一些现象，但没有指出研究应当是怎样的。研究并不是必然包含个人立场、利益取向和个人偏好的。我们选取研究问题是有价值立场的，这并没有错，因为研究本身应当具有普遍价值指向，具有普遍价值内涵。但是，我们的价值立场是否

① 认为研究的公正建立在普遍价值之上的主张，可能会遭遇多元文化主义的挑战。当对他者文化中的现象等进行研究的时候，普遍价值的立场或公共性的立场是否是价值干涉，是否是武断的？我认为，对于具体文化中的现象的价值判断，虽然可能有某种基于特殊文化的理解和具体分析，以看清某种现象特殊的背景与原因，但是一旦进行价值判断，即使文化特殊性是一种背景，也不能持有文化相对主义的立场，不做好与坏的判断。这样的相对主义在有些问题上，可能把违背人类文明的事情也作为价值上可接受的事情。

正当，的确是我们应当进行批判性反思的内容。如果没有我们认为不容置疑的研究立场，如果个人偏好进入研究，那么个人偏好就会影响结论的真实性。我们对自己的价值立场的挑战，与我们对他人研究中所包含的价值立场的批判同样重要。

我们的研究可能具有自己的立场、价值取向甚至利益，有迷思和错误，甚至也有特殊的意识形态的取向，这都可能影响我们选择研究问题，更可能影响我们建立论点。我们要像批评别人的观点一样，质问自己：在我们的研究和讨论中什么被遗漏了？什么样的立场和观点被悬置了？我们自己的价值立场是否合理？这些追问是必要的，因为，如果我们站在自己的偏好、利益等个人立场上，我们往往就会只选择对我们有用的论据，只选择适合我们的观察材料，我们可能更愿意接纳那些与我们的好恶情感上一致的意见，可能对那些与我们的思想不一致的观点视而不见，这样，我们的结论或推论就有可能失之偏颇。

研究意味着客观、理性，所以研究不是简单地表达自己的意见，而是表达可辩护的论点，也就是说，研究是提出证据、进行论证、按照论据来推论出有理由即合理的结论（观点）。这意味着研究者要尽量排除自己个人的立场、偏见、利益取向等。当然，研究者在选取问题、运用语言等各个方面可能表达着价值，但这并不意味着透过研究表达自己的利益取向的合法性。研究本身所表达的价值一定是客观价值，一定是公共价值，即普遍价值。在这个意义上，研究者持有的立场一定是公共立场，表达的价值一定是普遍价值，这样的研究才称得上是说理的研究。要说理，那就要站在真理的立场上，其实也就是公共的理性立场上，而不是站在偏好、利益等“唯我”的立场上。

研究需要判断力，需要健全的理性品格。这种理性品格是一种独立思考的能力，是一种以普遍的理由为观点辩护的能力。这种能力把研究看作是追求真理的过程，因此，自己的偏好、利益都不是参与研究的因素，它们是从“我”出发的，是与理性原则相悖的。从事情本身出发，回归事情本身，按照事情本身来思考、判断、分析、评价事情，而不是用我们的偏好或利益把事情扭曲。按照阿伦特的说法，一个判断者就是一个思考者，也就是想象一个旁观者，以一种不偏不倚的公正态度，去观察、判断人类的事务。这样的判断力是一种共通感，一种与他人共在、与他人能够在理性上共同分有真理的精神和能力。如果没有普遍价值作为引导，研究就可能没有这种共通感。这样的研究意识意味着我们在研究和思考时，要考虑到所有人的理性的可能性及其思想的共通性，这样，我们才会把我们的问题、观念、论点、意见、思想与人类的共同理性相比照，这才是理性的考察。对教育这样的人类事务，研究者不是站在哪个特殊的利益团体的立场上，更不是基于自己的偏好进行研究的。

"一般来说，不做评价就不可能理解思想、行动和工作。"（施特劳斯，2014）[12]我赞同施特劳斯的这一观点。如果没有普遍价值的导引和规定，我们就不可能做任何的价值判断；如果没有价值判断，我们就不可能理解人文世界，或者说根本不能理解生活，理解人及其事情、事务。在这个意义上，就根本不会有人文研究和社会研究。教育研究，所谓人的教育事务的意义阐释，本质上是价值研究，也就是对什么是真正好的教育形式、什么是健全的好品格等的价值探究。

1.8 追求真理

> 我只遵从 *logos*——依照推理而显得最好的东西。
>
> ——苏格拉底

现在是后现代性时代，我说研究追求真理，学者要有追求真理的精神，可能会引发社会学式的哄笑：追求谁的真理？追求哪一个人的真理？谁能言说真理？

"真理"这个概念及其所指称的东西，是否真的如后现代主义者所言是不存在的，或者是被解构了的？"我"在公共生活中有仅仅属于

“我”的道德真理吗？政治共同体宪法的价值基础或者教育制度的价值原则，仅仅是某些个人或群体的欲望或利益取向吗？“追求真理”是否真的过时了，而成为一个笑话？我想，那些执拗的“后现代主义者”在面对自己生活中的问题的时候，应该也会觉得事实真相比虚假的幻影更能够帮助自己，他人真实和真诚的话语表达会准确地告诉自己某些真实的意义，自己的理性真诚会比虚伪更有利于解决问题和冲突，知识所具有的确定性或普遍性能够为处理复杂多变的情境提供必要的可能性。其实，我们人类共同的生活也一样，面对各种危机和挑战，真理肯定要比虚假、谎言、讹谬更有意义。

培根在他的散文《论真理》中，把真理看作是至高无上的价值。真理不依赖于人们是否喜欢它，是否认定它，真理本身有自身的标准。培根所说的真理是不依赖于人的认识和判断的，是独立于人们的情感与欲望的，具有与一切积极的价值相统一的本性。虽然培根的真理说夸大了真理的价值，但是人类的思想求真、向真和服真是人具有理智的象征，也是人之为人的理智的责任。“人类在思想上的努力，如果不以真理为指南和目标，就是没有发挥人性中的一种‘无比之好’的能力，就是一种不负责任和道义上的失败。简言之，真理的概念之中有一种内置的（built-in）或构成性的（constitutive）规范性，它定义了我们思想的任务，就像道德概念和审美概念中的内置规范性定义了我们行动和品位的义务一样。”（程炼，2014）在广义上，真理可能意味着认识的目的，即认识的终极目的是“真理”。我们不能肯定我们的认识就是真理，但是因为真理作为认识的终极目的，它的存在意味着我们要不断地对我们所持有的认识加以怀疑或检验，看其是否具有真实性，因此，真理也是一种认识的判断标准，即我们运用真理所包含的真实性作为判断或检验我们认识的标准。这样一种关于真理的态度是我们所需要的。

哲学语境下的“真理”（truth）既表示真的话语（utterance），表示真的判断或信念，也表示真的命题（信念、知识、理论、思想）及其所具有的一种性质；既指符合事物本身，也指与普遍道理相融通。（参见牟博，2007）这个意义上的真理是具体的，而不是抽象的；是语言的，而不是某种神秘物。思想的目的就是做出真的陈述，如果思想是探究的结果，而探究就是研究的话，那么思想必须为真才是可信的。研究就是追求真理，或者说，研究就是向真、求真和服真。如果研究不是以真理为标准，不是陈述事实的真相，不是表达真实的话语，不是做出真实的判断，不是提出真实的命题观点，我们就真的不知道研究是做什么的了。

哲学的核心是运用理性追询或追求真理。其实，不只哲学如此，任何形式或学科的研究都是追求真理的，即通过研究证明和提出真的思想观点。因为研究需要以理性论证来证明论点、证实假设，寻求合理性和真实性，即寻求假设与证据、观点与理据之间的普遍性关系或道理，任何研究都需要以这样追求普遍性道理的方式来证明研究及其观点的合理性，而合理性的观点具有真实性，因此研究本质上是追求真理的。对于任何实际存在的现象、事实、观念，我们的研究总是试图提出证据、依据或理据，试图给出解释，给出真实性证明，这一过程是研究无法避免也无法拒绝的。不论研究是发现或描述事实，还是提出指示性原则，都必须提出充足的理由，证明研究所提出的观点为真。

研究瞄准真理。不论作为经验性研究的社会学基于何种立场、采取何种视角、运用何种方法，不论作为规范性研究的哲学提出何种核心概念、创造何种概念分析框架，一切类型的研究都是谋求合理的观点，建立合理的知识、信念。如果研究不追求真理，那就是说研究不讲道理，或者不在乎道理。如果研究提出的观点不在乎是否有合理性，即是否有理，是否站得住脚，那么这种研究本身就是值得怀疑的。研究就是探究，探究就是发现关于真实的真相，关于观念、信念、经验的真实。这一切都是基于普遍的理性、理由、理据的，都是在追求真理的过程中实现的。

研究可以基于合理性即普遍的理性建立自己真实的观点。普遍的理性即合理性论证的能力和分享道理的能力。基于普遍的理性，我们贯通不同命题或陈述、不同假设与知识之间的道理，从而发现主张的真实或荒谬。研究不会声称自己的观点就是真理，而只是去论证自己的观点是否有理，这一基于理性的方式就是追求真理的方式。对于研究而言，所谓的追求真理，就是指研究是否是追求真理的过程，是否是追求真理的方式。如果没有追求真理的过程和方式，那研究本身就是站不住脚的，即不合理性的。

我们可以怀疑研究是否能够发现或者掌握真理，但我们不能怀疑研究应不应当追求真理。因为，研究不追求真理就意味着研究放弃了对自己假设、主张的理性论证，放弃了解释、证明、证实的根据。研究不追求真理，这是很荒谬的。我们可以怀疑或批评各种各样的关于某个事情或行动的意见或看法，但无法怀疑这些事情或行动本身，就如我们可以怀疑各种各样关于真相的说法，但不能怀疑真相是否存在。那样的话，研究就不是研究了。当然，研究追求真理，并不意味着任何经研究证明为真的观点就是真理本身，或者就是研究掌握了真理。人所拥有的真的观点不过是关于真理的意见，就如我们看到的阳光不过是太阳发出的光线，真理在人的理性中折射出许多的光线。研究建立的观点不是真理本身，就如光线不是太阳本身一样，这些观点只是我们在追求真理的过程与方式中发现的一些光线。在这个意义上，理性的论证仅仅是一个过程，但是基于真理的存在，最终的终点还是存在的。

可能有些研究者基于某种立场，不认为有普遍的真理存在，他们也许会问“谁的真理”，当这样去问的时候，真理本身的存在被质疑了。质疑者提出的观点与质疑真理本身的存在是不一样的。①研究提出

---

① 保罗·利科在《历史与真理》中说：“我们应该摒弃一种单子的（monadique）真理定义，按照这个定义，对于他来说，真理可能是他的回答和他问题之间的一致。而我们更赞同一种主体间的真理定义，按照这个定义，每个人都能‘解释’和阐明在同他人‘斗争’中他对世界的认识；这就是K. 雅斯贝斯的‘Liebender Kampf’（爱的斗争）。真理表示哲学家们的共同存在。在这种情况下，philosophia perennis（永恒的哲学）表示存在着一种探索的团体，一种‘symphilosophieren’（共同的哲学探索），所有的哲学家都通过一种证明的意识，此时此地探索新事物的意识相互争论。”（利科，2004）哲学家希拉里·普特南在《重建哲学》中也说道：“关于真理的大量的可供选择的哲学解释的瓦解与真理概念本身的瓦解是极为不同的事情。”（普特南，2008）[71]

的主张或观点，基于各种各样的原因，可能是错误的、荒谬的，或者是不完整的、不彻底的、不清晰的、不准确的，研究的过程恰恰就是表现这样的质疑。而对真理的否认意味着没有任何普遍的理据、理由可以支撑人们的观点或主张，没有正确与错误之分，没有真实与虚假之分，因为没有我们基于真理存在而相信的普遍标准了。我们甚至也不会相信关于某个事实的知识有真假之分，知识只不过是我们在特殊情境中的一种特殊经验罢了。持有这种观点的人们，也许并不否认在公共空间中人们共同认可知识、原则、经验、主张的事实，但他们会认为，人们共享的标准、经验、信条、根据不过是我们基于某种立场或利益进行妥协或商讨的结果罢了，因此，知识也好，原则也好，都不过是权宜之经验。他们之所以会这样想，是因为他们认为没有普遍的理性，没有普遍的真理。

这里其实有一个明确的分野，那就是研究是基于特殊的立场或意见，还是基于普遍的理由或证据。我们常常会问，研究的立场是什么，但其实这个问题对于研究是不合适的。在表示某种态度的时候，我们问“立场是什么”是合适的，因为态度是有立场的，即态度总是表示某种特殊的偏好、利益取向、情感方向、位置或取向，表示某种站立的重心。从这个意义上说，没有普遍性的立场，站在一个地方，就意味着不可能在另外的地方。研究者虽然具有偏好、利益、价值取向、某种意见等，但是，就如前文所说的，研究者必须超越这些因素。研究本身试图证明的观点或主张必须建立在普遍性的理由或证据之上，或者说，把自己独特的主张与普遍的道理贯通，把自己的观点建立在普遍的理由之上，让理性的人信服。这就意味着研究本身不是基于利益、偏好等而建构自己的独特观点，而是需要把观点建立在普遍理性之上。研究就意味着基于普遍的理由、理据、事实证据而论证所提出的主张。从这个意义上说，真正的研究就是在普遍理性之上提出自己的主张。这就意味着研究建立在必需的充分论证基础上。

有些研究者采取相对主义的态度，认为任何研究或研究者都无法摆脱立场，因为任何人都具有偏好、利益、立场，而且人的思想或行动都是来自偏好、利益、立场的。他们认为这是认识或研究的基础性和可能性之所在，研究不仅不能而且不应当祛除它们。我们是否是戴着一个我们无法祛除的眼镜去看一切的？我们“合理的偏见”与我们特殊的立场、偏好、利益之间是什么关系？如果政治、社会、教育、道德、经济等的研究站在一个特殊的意识形态的立场上，那么它可能只是表达一种为这个意识形态说话的特殊意见而已，那只是发表议论，而不是研究。研究本身必须经受普遍理性的检审，这意味着研究本身必须建立在公共空间中。就如康德所言，研究必须公开地运用理性，即把研究落实到普遍的理性论证的过程中，其方式、过程、结果都必须接受公共理性空间的检验，其提出的证据、理据、论据是基于普遍理由的，是公共空间普遍认可的。真理是公共的，没有只限于个体私人的真理。

谈到超越特殊的利益、偏好、立场去研究，有的学者可能会怀疑我们能否以一个一尘不染的心灵去研究教育的事情或其他事情。超越不是简单地净化认知之心灵，况且心灵也不是一个认识之镜——如果心灵仅仅是客观反映教育现象或教育事情，那就必须把心灵之镜擦拭干净。研究不是去反映，而是去蔽，通过论证而使道理显明出来，或者说让光亮显示出来，这样事物才能被看清。所以，研究作为论证的过程是去蔽的过程：让事情、事物、本原、本质等自我显现、自我呈现出来，检验那些遮蔽真理的基于偏见、偏好、利益的意见，让真实观点的真实性显露出来。我们持有的偏好、立场、利益等，是在主观上遮蔽事情本身的因素，我们必须悬置这些因素，使得事情本身显明。希腊语“真理”的本意就是“显明”，或者去蔽之后的“澄明”，而不是最终获得什么。研究使得事物、事情的道理显示出来，而不是最终掌握真理，无人能够否认这一点。在这个意义上，研究是纯粹的，以纯净的心灵直观显明的道理，也就是以纯粹的眼光去看纯粹的道理。研究是走在追求真理的路途上，建立对真理的认识，而不是掌握真理。

按照苏格拉底的说法，人不可能获得真理，但是人应当追求真理，人也可以走向真理之路，知向而知得，这就是追求真理的精神。

研究者是一个倾听者倾听真理所说。道理存在着，真理自我显示自身，只有有耳能听者才能听到，有眼能看者才能看到。没有判断的理性，没有判断的心灵，那真理就不再被心灵关心了。不关心真理的心也就不真了。因为这样的心无所谓真，也不相信心灵的真，因此，它不再区分真或假，不再在乎真。研究者追求真理，并不是去占有真理，而是去领悟真理，在相信真理的存在条件下，能够思考、检验，忠实地陈述自己的思想。小说家 H. G. 威尔斯的一个说法很有趣，它描绘了一种我们的思考与真理的关系："我们思想的钳子很笨拙，在钳住真理的同时，也粉碎了一些真理。"（参见拉吉罗，2013）威尔斯这样说，并不意味没有真理，或者没有必要去追求真理，而是说思想不可能掌握全部真理。

任何研究，总是追求知识上的创新，否则研究就没有价值。知识是已经得到良好辩护的信念。研究提出的主张或命题，是一种拓展新知识的命题，也就是提出新的观点，即命题。不仅如此，研究通过良好的辩护即论证而证明观点是有道理的。所以，研究是获得真的信念即知识的过程，或者说，研究是获得在语言共同体中令人理性上信服的信念的过程。这意味着，研究是在以语言为媒介的公共空间中的公共交流，研究所提出或证明的信念必须是在普遍意义上为真的信念。哲学家诺齐克曾经说道："我对人类智慧所能做的贡献，不是去阐释或维护自己先前的观点，而是提出新的观点。怡悦我，激发我的，是去思考新的问题，提出新的看法，过去如此，现在依然如此。"（诺齐克，2013）

研究要提出新的信念或知识，须获得普遍理性的证明。这意味着研究提出的信念或知识不是基于我们的立场偏好或利益的，而是要把我们提出的信念置于"非个人的立场影响之下"。① 所以，研究不是自

① 美国哲学家托马斯・内格尔提出："观点应当无立场。"（Nagel，1989）

说自话，而是在公开的公共空间公正地运用自己的理性和经验。如果我们提出的观点仅仅是在“我自己”的认知背景下提出的“个人话语”，而无法进行公共评价和检审，或者说，我们提出的观点从根本上不具有公共交流的性质，没有一个真实的基础作为判断我们的观点正确与错误、真实与荒谬的标准，那我们的观点就不可能具有真正的意义。

追求真理，其本身的重要意义在于我们愿意对任何观点进行合理性论证，愿意追本溯源，愿意评判和省思我们所主张的一切。追求真理并不是说，为自己建构一个所谓掌握了真理的权力体系，让所有人去听、去看或者去传播。无知的狂妄，其表现就是“我说的就是真理”；真正敬重真理而追求真理的人，不会认为只有自己掌握了真理，反而是对一切观点特别是自己的观点进行质疑、检审和反思，追求新的理解并论证其真实性。追求真理的精神，具有一种“对任何信念都必须进行理性检验”的态度。所以，只有真正追求普遍性真理的研究才是开放的。

追求真理意味着研究者具有理性的真诚。研究者以自律的方式说话，思想无畏，论证审慎，言说有制；对于研究的问题，博学之，明辨之；对于提出的观点，审问之，慎思之。对于学问有虔敬之心，对于研究有敬意，对于研究的问题有敬意，对于语言有敬意，对于研究所关涉的事物和人有敬重。

我想引用普特南的一段话结束这一部分。“在一个有开放意识、尊重理智并有自我批评精神等基本的理智品质的人和一个不具备这些品质的对手之间；在一个具有深刻而恰当的实际知识的人和一个腹中空空的人之间；在一个仅仅凭感情用事、异想天开（人们在讨论政治问题时通常都是这样）之辈和一个深思熟虑之士之间有着根本的不同。这种尊敬的轻蔑的矛盾态度是一种诚实的态度：尊敬他人的理智的优点，而蔑视其智力或情感的弱点（当然是以自己的眼光来观察的，大凡人类莫不如此）。……这是一个远比虚假的相对主义更为诚实的态度。这种虚假的相对主义是，当某人实际地感到一种观点合理，另一种观点不合理的时候，却借口没有拿得出的理由，或者对一个论题的

理由没有什么好坏之分，来加以搪塞。”（普特南，2005）[186]

其实，普特南在批评相对主义时，把相对主义看作是知识论上的“唯我论者”。这种唯我论者不仅把语言理解成私人语言，而且把思想、知识、真理也理解成私人的。维特根斯坦对私人语言的论证说明，语言本质上是公共的，没有哪一种语言是属于某个私人的。知识、真理其实也是如此，那些追问谁的真理的人，其实本质上是把真理看作是私人的，这是第一人称的相对主义者。诺齐克很实在地批评那些解构真理的人，认为他们不过是把自己对真理的“态度”转移到了关于真理的看法上，他们反对真理概念的目的是为自己所持有的看法或见解做出“立场”或“态度”的辩护：我在我的立场上提出的见解，你又如何能够质疑呢？（参见 Nozick，2001）[22]反对真理，貌似维护了思想的开放性，其实带来的是对批评和质疑的封闭：如果认识没有真假，那就不用去分辨真假；如果真假分辨只是个人看法，而没有公共的理性标准，那也等于是认识没有真假。普特南说：“关于我的真理、关于你的真理以及关于第一人称相对主义者的朋友和配偶的真理，对第一人称相对主义者来说，仅仅是他或她自己的信念倾向的功能。这就是第一人称相对主义听起来像是易被看破的伪装的唯我论的意愿。在这方面，我们难以理解为何文化相对主义会更好一些。难道带有‘我们’的唯我论比带有‘我的’的唯我论更好些吗？”（普特南，2008）[74-75]

1.9 研究者

> 一所大学的教师不仅仅是一群作为个人的学者、科学家。他们必须拥有一种集体生活，一种通过研究、教学以及学者、科学家之间的对话而营造出来的智识氛围。这种环境将保证大学师生们的工作达到尽可能高的水准。
>
> ——爱德华·希尔斯

君子尊德性而道问学，致广大而尽精微，极高明而道中庸。

——《中庸》

在相对主义者的某些话语中，思想往往被视为相对的、对人构成压制的乌托邦式的宏大叙事，这样的观点把思想看作是某个人自己发出的某种叫喊。在这种理解中，思想仅仅被说出来似乎就行了，而不必考量思想本身对于加深我们的共同理解、增加我们共有的知识、促进我们对于共同价值的理解的意义。在这种关于思想的思想中，研究就无所谓推进我们共有的智识状态。因为在这样的相对主义者看来，我们并不共同分享思想，人类历史上伟大的思想者，都不过是一个个嘟嘟囔囔的自我表现者，他们已经时过境迁，对我们当下没有什么意义。然而，如果思想失去了在公共空间中交流的可分享性和公共性，或者不同思想者之间关于某一问题的思想不具有普遍性和共通性，如果研究者没有一种对思想的存在、对研究能推进思想的根本的信念，那么研究活动就可能名不副实，或者研究就可能流变为仅仅产出某种所谓的论文而已。知识和思想在这种论文生产中日益被销蚀，结果是论文越发越多，研究者却越来越无知和偏狭了，我们越来越没有思想了。

从学士学位论文、硕士学位论文、博士学位论文，直到专业学者的研究，研究者所过的都是学术生活，这种学术生活的根本特征就是生产知识（包含经过确证的思想、信念、观点、主张）。这意味着研究就是创造，哪怕是专业研究者的一篇短论文，或者是本科生的学士学位论文，都应当是创造。研究如果要反思实践、矫正观念、证明信念、推出新知，就必须进行创造。对于研究者来说，虽然“学术地位的权力诱惑”“就业或晋升的压力”或者别的一切因素都现实存在着，但这些都不能构成从事研究或选择研究问题的根本理由，它们也许是研究的某种动力，但不能作为研究的根本动力。从研究活动本身出发，从学术问题本身出发，去思想、去探究、去论证，这是我们从事学术研究的本真之路。

没有一个研究者会明确地说自己的研究是拾人牙慧，但实际上，在一个学术腐败蔓延的学界中，不少所谓的研究其实并不是真正的研究，因为研究提出的所谓观点并不是创新的，并不是像冯友兰所指出的：研究要接着前人的思想往下说，而不是以自己的语言重复他人的思想。既然是研究，就意味着学术创新，总要有自己独到的见解。章太炎曾提出“字字征实，不蹈空言；语语心得，不因成说”的要求，虽然这是非常高的学术境界，但学人如果不立这样的理想，学术研究就会肤浅、流俗、平庸、糊涂。

研究者要创造！这是研究者的学术正义。那种不是真正地拓展、发展或创造新的思想观点的研究，就和所有鲁莽轻率的研究一样，是不正义的；或者说，任何扯淡式地发表议论而没有真正的论证，或者在缺乏合理性的基础上讲歪理，也是对理性和合理性的贬低，即对人类理智心灵的贬低，因此也是不正义的。

研究者必须公正地进行思考。这意味着研究者在选择问题、评述以往研究时，敢于质疑，敢于面对质疑，敢于面对挑战，也敢于挑战那些应当被检视的已有信念，敢于把问题的理解往更深层次推进。研究必须推进思想，因为研究作为探究和追询，就是推进思想或理论的事业。

对于研究者而言，一开始就必须思考下列问题，这有助于研究提出富有见识的思想。

(1) 关于这个问题，什么是真正重要的？为什么是真正重要的？

(2) 关于这个问题，什么人具有什么观点？哪些观点最有合理性？

(3) 关于这个问题，哪些方面还没有研究涉猎？你对那些还没有被研究过的问题真正具有兴趣吗？

(4) 关于这个问题，你如何进行研究？你的研究与他人的研究有何不同？你的研究能够提出怎样的重要观点？

(5) 你的观点能够把对这个问题的理解向前推进多少？

(6) 你思考的路线有创新吗？

(7) 你如何取得最有意义的研究结果？它们在学术交流共同体中具有重要价值吗？

……

研究无疑是人类学术共同体中的持久的事业。每一个研究者，不论如何杰出，都是一个过路者；无论提出多么精彩的真知灼见，都会在共同的历史中被质疑和被挑战，知识的历史长河后浪推动前浪，最终汇入知识浩瀚的海洋。如果研究者没有这样的谦逊，那么过分执拗的知识拥有者的姿态就会阻止他对知识、思想做出真正的判断，也会使他失去对问题的感受力。他或许会以为自己的观点备受推崇，其实那不过是因为他在学术权杖的支撑下勉强站立着。“毋意、毋必、毋固、毋我”（《论语·子罕》），应当是所有学人的学术准则。

作为学者，研究者需要怀着一种精神透明（mental transparency）的抱负，捍卫学术的智识的诚实。这意味着，我们必须摒弃各种各样封闭我们的心智、阻碍我们思考问题的主观陷阱。作为研究者，我们应当持有这样的态度，即我们要对自己持有的信念进行质疑与考察，对自己的情感立场进行澄清与保持中立，对自己的利益立场进行超越，等等。一个研究者如果不从自己的思维偏狭或遮蔽中走出来，是没有办法形成清晰而正确的思想判断的，也不可能进行真正的研究。就个人偏爱或情绪对思维过程的干扰而言，对于一个与自己的情感相一致的结论，我们一定要倍加谨慎，因为情感会让我们倾向于无视那些与我们的情感不一致的证据和理由，从而导致不公正的思考。所以，精神透明意味着公正思考，也就是考量所有有关事实与理由，甚至是尽量搜寻和分析那些与我们的信念、情感、主张不一致的观点，即反对性观点，只把自己的结论建立在证据与理由的基础上。

教育研究是以言行事，即研究者在研究过程中是言说者，而不是实践者。他的研究提出的任何主张都是以言辞（写作也是一种言辞，就如演讲一样）为表现的，但不是以实践结果为表现的。然而，研究者的言辞（即表达的观点与主张）又是以言行事的，即研究者的研究本身具有行事的意向性或指向性。这也许是人文研究和社会科学研究的特点。研究者以言行事的特征就是理论化，即提出具有普遍性道理，从而具有广泛的意义和适用性的理论。（参见诺齐克，2012）[263]研究者提出有说服力的理论，这才是我们认为研究具有实践价值的根据。所以，研究者提出具有普遍性、说服力、适用性的理论观点才是研究指向实践的根本。

一个真正的研究者应当有境界，应当体现出学术灵魂的纯粹。这意味着研究者具有思想者的品质，具有追求真理的勇气和热爱美善的热情，以真理为上，剥尽虚伪，不求哗众取宠，不屈服于强权的压制，不媚俗于潮流或世风，仁心说，公心辩。研究者的学术人格，要表现出一种与天地通心的体悟，一种与万物同在的情怀，一种与他人通达的理解，一种与自我通“明”的体察，一种与事情通理的智慧。研究者的学问要具有一种神韵，一问、一思、一言、一行，都与世界之本、人之常情、人之常理浑然一体。研究者不是工具性地看待学术，而是把握学术的本质意义，对于学术具有真正的热忱，具有学术和真理至上的情怀。这虽然是理想境界，但是值得研究者去追求，而且研究者是可以这样修为的。

爱默生说过：学者是世界之眼，须有世界之心。研究者要通过学术抗拒庸俗、卑鄙和虚伪。他们的学术研究，是为了防止社会堕落到野蛮、灵魂沉沦为虚妄而做出的防御。他们的使命是抵抗鄙俗、市侩、野蛮和无聊，拯救纯粹、朴实、真诚和高贵，通过学术的追求而保有和传播真善美，理解人类的命运，保护和坚守人类的价值，追求更好的现实世界。这样的研究者为学术思想而活着，为社会的理性良知而活着，为保护高尚和美好的事物而活着，他们才算得上是具有伟大胸怀的研究者。

1.10 研究精神

学术研究必然处于一个交流的共同体之中，研究者不仅需要对在共同体中表达的思想、观点进行辩理，更需要对自己的研究、观点或主张进行质疑，这是研究的批判性思考的核心。研究者以质疑他人的态度，同样质疑自己研究的立场、价值预设、证据、论证的方式、使用的概念、结论或观点。所以，研究不仅需要才智，需要理论素养，而且也需要勇气、敏锐、开放、诚实等精神品质。

理查德·保罗（Richard Paul）和琳达·埃尔德（Linda Elder）概括提出了研究者的精神品质，如，智识的谦逊、研究的勇气、共情共感、正直诚实、坚持不懈、信奉理性、公正思考，等等。他们也提出了普遍性的学术标准：清晰、准确、精确、中肯、深刻、宽宏和具有逻辑。这里蕴含着一种批判性思维与非批判性思维的二元对立，如清晰对模糊、精确对笼统、准确对误差、深刻对肤浅、宽宏对偏狭、中肯对偏激。（参见诺丁斯，2008）毫无疑问，前者是研究者的理性所在。

批判性的研究精神，是思想的本质特性。真正的思想者的精神品质，表现了理性的真诚、谦恭、执着、正义、自主、勇气、通感、论理，这是与那些违背理性的认知恶德，如理性不真诚、思想的傲慢、思考的懒惰、思想的自私等相对立的。（参见保罗，2006）批判性思维的品质是研究者必须具备的品质。因为，学术研究作为对真正的道理的追寻和表达，是理性的事业，它彰显理性的品质，也发挥理性的力量。

研究者的精神反映了研究者对待研究以及研究结果的态度。一位理想的具有批判性思维的研究者具有以下思维品质：

（1）寻找和提供对问题的清晰陈述，分析自己的价值预设、信念或立场。

（2）全面掌握对思考问题有帮助的材料或数据，不回避那些与自己的论点不同的材料。

（3）寻找和提供明确的理由、证据，不进行主观臆断，在证据、理由不充分的时候不妄下判断。

（4）分析、评论和使用可靠的文献和观察结果，尽可能地寻找主题所允许的准确性、细致性，避免华而不实。①

（5）考虑问题处境的整体或所有的情况，把自己的观点放置在更大的语境中进行考察。

（6）回答问题时对所有可选择的观点保持尊重，保持敏感。

（7）心胸开放，认真考虑其他观点，特别关注并理性思考自己不赞同的观点，不让自己不赞成、不接受的情绪干扰自己的思考。

（8）追求合理性，根据证据和理由是否充分，来坚持或转换自己的观点和信念。

（9）不轻视或忽视他人的知识水平和学术素养，尊重他人的理智，但也不为他人的思想、权威的思想所左右。

（10）具有思的态度的谦逊。（参见海德格尔，1996）[62]能够接受善意的批评，能够倾听不同意见。具有一种不认为自己的就是最好的态度，在任何条件下都能接纳他人的质疑，并接纳他人合理的观点和信念。

（11）意识到自己知识和思想的盲点，对自己的偏见、立场的局限、观点的范围、无知的程度等具有清醒的认识，避免唯我是尊，避免由学科、方法、信念、立场、利益等带来的偏见。

---

① 教育学研究中存在严重的华而不实的学风、文风，存在矫揉造作的文字、自傲的语气、空洞的语句、似是而非的问题和结论，等等。这种风气的研究和写作，对于研究理性不成熟的学生具有很大的迷惑性。

（12）不做思想的故步自封者，也不做权势的思想附庸。研究不受外在利益的影响或驱使。

……

研究是探究（inquiry），研究规范性或判断价值当然是探究，发现或描述事实的特征当然也是探究。不论是事实探究还是价值探究，当我们面对世界——自然与人事的复杂的现实时，我们都在做一种复杂的批判性的思考。

1.11 理智的诚实

思想是行为，也要加以道德判断。……思想之所以是严肃的，是因为思想是社会行为，因此思想者要对它负责，像对其他任何社会行为负责一样。

——克里福德·格尔茨：《烛幽之光》

现在众多的教育学者反对普遍真理，怀疑普遍性知识的人也不在少数。如果教育研究不再追求真理，不再瞻望真理，而只是表达自己的偏爱或意见，那么，不同的意见、不同的主张也就无所谓真实或虚假、正确或错误了，而且也无从判断了。在这种情况下，研究的目的是什么？是为了教育实践吗？如果我们无法判断观点的真假，那么错误的、虚假的、荒谬的意见或观点又会对教育实践产生什么样的影响？研究不就是要通过理性的思想而辨别观点、意见、思想的对与错、是与非、真与假吗？失去了对真理的意愿，学术研究还能够发现真理吗？我们还怎样为观点寻找合理性基础？如果观点的合理性基础不再重要，或者说观点是否正确不再关键，那么研究的价值在哪里——难道仅仅是研究者以发表某种看法来表现自我，或者是拼凑文章以便晋升职称吗？

诺曼·邓金在《解释性交往行动主义》中说：

> 在今天的社会科学中，再也不可能找到“上帝的眼光”，从而保证某种方法绝对是不容置疑的。无论何种研究，它所反映的都是研究者本人的立场，也就是说，任何观察都是预设了某种理论，绝对不存在理论和价值中立的知识，纯净的现实主义或纯粹的实证主义时代早已一去不复返，取而代之的是各种批判的和历史主义的现实主义以及版本不一的相对主义。与之相联系，研究的评价标准也变得相对了。(邓金，2004)

可能大部分读者都认同这段话，它的确具有非同寻常的吸引力。研究的观点和方法都是可质疑的，这并没有错。研究者也有“前理解”，也使用理论或者概念框架去认识，但这并不意味着研究是纯粹地从个人的立场出发的。个人的立场是什么？是情感的，态度的，还是利益的？人依靠“前理解”去理解，依靠一定的理论范式去认识事物，这与人的特殊偏好不同。一个真正的研究者，恰恰会分析和质疑自己在研究中的各种立场，尽可能地以理性的诚实对待自己的立场和观点。如果研究仅仅是从个人的立场出发，研究者不可能运用理性来尽量使研究受到合理性的检验，那么，研究所提出的结论就是相对主义的。这恰恰意味着一种学术的“唯我论”——我只能从我的立场提出我的观点，与你的观点是相对的，你不可能批评质疑我的观点，因为无论你怎样，你都处于你的立场。这样一种理解导致的恰恰是知识的封闭和思想的封闭。

认识形成正确的命题，形成确证的真信念，这并不是上帝的眼光，这是认识的能力。人不可能具有上帝全能的眼光，人不可能彻底地占有真理，但人的理性可以发现真理透出的一些光芒。真实的意见不过是真理的折射，而不是真理本身，就如歌德所言，把真理比作使光线不是朝一个方向而是向多个方向折射出去的宝石是很得当的。但是，这并不意味着真理不存在，或者确证我们认识的真实性不重要。力图证明我们认识的真实性，确保其建立在合理性的基础上，这是认识的根本使命。正是因为要确证真实性，对于各种意见或观点（包括我们自己的）的质疑、反思、检验才是必要的。我们所提出的观点，只有追问其理由，才能看出它是否正确，即只有在合理性评价和检审的基础上才能判断真假。

对真理的追求需要心智的开放和诚实，心智也只有在诚实中才能真正地认识、理解世界和思想。在理性行为中保持诚实，意味着对自己的看法、主张、观念、意见、思想毫不宽容——就是鄙视所谓的认识上的良好感觉，就是把一切认识问题也当作内心的良知问题。研究者钟爱、忠实于自己的思想，但是，在仰视真理的过程中，能够坦然承认自己观点中的错误或误区，那才是真正的理性品质。

对真理的尊重出自人的理性。真理是理性的最高标准和象征，学术研究如果不承认真理，不承认理性的价值，不尊重真理，就不会有存在的价值。热爱真理的学术美德，是准确（accuracy）和诚实（sincerity）。在研究中，你不仅要尽可能地获得真信念，而且你的论点是你研究的结论，只有具有坚实的理由，能够揭示深刻的道理，你才应该坚守。我们不会把研究看作是仅仅表达某个见解，而不管其真实性。任何研究者一旦主张自己的观点牵涉真假的问题，那就意味着要进行合理性的检验。如果排斥普遍性，那就意味着合理性的检验是不可能的，因为这种检验一定是建立在普遍性基础上的。

学术研究需要存疑，也需要容异，即包容别人的不同观点，甚至是对立性观点。我们每个人更倾向于认为自己的观点是最好的，我们喜欢通过批驳别人的不同观点来捍卫自己的观点或主张，而不是自觉地检审自己的观点。真正的批判性思维，不是为了捍卫自己的观点，而是为了追求真理，也就是对任何人（特别是自己）的观点进行合理性检验或评价，目的是修正观点，推出更具有合理性的思想，以免我们自欺、盲从、附和或被附和，避免我们固执己见。

容异是理性的，存疑同样是理性的。容异并不意味着对错误的或不真实的观点的接纳或无所谓。在认识论上，相对主义态度是不理性的，也是不真诚的。所以，容异其实也是为了存疑，任何异见在没有被确证为假之前，都是值得尊重的，而且，难分伯仲的观点之间相互争论或对话，也是真理显现的方式。容异是理性自由的必然，因为，理性自由必然导致“异”，崇尚理性自由，就需要宽容异见、包容异己、接纳异端。而存疑也是理性使然，理性的自由在于追寻和探索，这永远是在疑惑中进行的。对自己的知识、习惯、道德持有疑问，对已有的知识、观点、权威意见持有疑问，这是我们有理性的表现，也是我们获得进步的方式。在理性的基础上，存疑就是存异，存异就需要容疑。这不仅是一种致知的气度，也是一种做人的气度。

理智的不诚实不仅是学术最大的敌人，也是生活最大的敌人。因为，理智不诚实意味着对理性的贬低与践踏，质疑、检验、审思其实都是真理的朋友，是追求真理的表现。理智的不诚实也意味着理智的虚伪：它可能明知某个观点错误或者存在误导，但还是选择支持这个观点；它可能不能确定某个观点的真实性，但是在没有运用或者懒得运用理性去检验这个观点的合理性的情况下，还是选择支持这个观点。理智的不诚实，也包括故意把某些不合自己的情感或意见的事实、证据、理由过滤掉。当然，那种明显或不明显的剽窃，更是理智的不诚实了。

不少人进行学术扯淡，这不是说他们不严肃，而是说他们并不真正地关注事情本身、问题本身，也不真正地关心自己学术研究的产品。按照哈里·法兰克福的说法，扯淡的本质是对事物真正如何的漠视，扯淡者并不关心真实与否，他们只关心自己是否制造了某种效果，即是否发出了哗众取宠的叫喊。从一定意义上说，学术扯谈，因为不关心事情本身如何，不关心自己观点的深刻性、合理性与真实性，因此是学术的敌人。

不管是理智的不诚实或者是不成熟，还是学术研究的扯淡，都意味着心灵的封闭，意味着一种真正的智识隔绝（intellectual obliteration)：不能自觉地自我检审，也不能开放地、真诚地评价或者理性地接受他人的观点。满足于这种心理接受，或者以陈词滥调去糊弄学习者的理智，是真正平庸的心灵和平庸的学术。

借用一段话，结束这一章：

> 今天的大多数学术人都把人文的真理看作是一些人造的理想，对真理的追求被有意无意地等同于猴子捞月的游戏。他们似乎觉得，与先人相比自己要聪慧得多，故而不再认为还需要去严肃地对待那些曾经有过的目的论主张。这样一种时代精神究竟属于人类的一时之机智，还是永恒之宿命，我自觉还不够成熟，不敢在此妄断。我只是钦佩玄奘的学识和精神，以及在这两者之间的一条贯通的脉络：真诚。(倪梁康，2001)

真诚是对理性的真诚，也是研究者诚实地追求自己思想的本真性。也许，我们在研究中明智地对自己的思想进行思考，是我们获得真正有价值的思想的关键。我们有必要对自己的思想发问：我的观点到底来自何处？我如何评价我的主张？我的思想真的具有创新性吗？它有意义吗？它真的是高质量的吗？我的观点有无模糊、混乱、空洞、笼统、偏颇、遗漏之处？我如何修正我的观点？我建构自己的观点的立场是什么？这些立场是合理的吗？我是否认真地检验了我的研究及主张？我是否具有一些研究中的不良习惯？

在研究的开始、进行过程中和结束时，最为重要的就是，研究者成为自己研究的批评者。

2

问题意识

博学之，审问之，慎思之，明辨之，笃行之。

——《中庸》

2.1 何谓问题意识

教育研究者常常强调问题意识。学者和导师常常向研究生建议，要具有问题意识。对于研究来说，没有问题，当然就没有研究。所以，是否有问题意识不是一个反思教育研究的合适话题，关键在于什么是问题意识，要具有怎样的问题意识。

何为问题意识？我想，大多数研究者在很多时候也是不明确的，他们所说的问题意识，其实是指具有一种现实感，即能够感受到现实中存在的误区、困境、错误等。具有这样的问题意识，对于研究来说当然是必要的。就人类的可错性（fallibility）而言，人类的任何一项活动、任何一种制度、任何一种研究或学问，都有自己的界限和范围，都有可能存在这样那样的错误，比如说，观念的错误、行动的错误、方法的错误，等等。这些错误可能会给我们的各种生活现实造成一些麻烦、困难或者困境，所以存在问题（problematic）的情境在现实中是非常普遍的。甚至可以说现实就是“成问题的”，需要我们通过思想和行动去解决这样那样的现实困境。不过，人类的某种做法可能是解决了一个错误，却也带来另外的错误，我们可能处于这样一个由错误编织而成的网络之中。期望通过研究解决现实中的错误或现实问题是正当的，但是，研究仅仅是一种认识，而不是一种解决现实问题的行动。所以，笼统地说问题意识就缺乏针对性，研究不一定非要面对一个具体的现实问题或一个具体的现实现象。

事实上，所有的研究都是理解、解释、回答、解答、分析、论证某个问题（question，issue）的。研究以回答问题为导向，为解释和回答问题而进行。研究的问题意识，可以理解为研究提出的问题是否清晰、明确、具体，即是否能够转换为一个确定的研究问题。所以，问题意识不仅仅是指对于现实中存在的困境、困难、错误、误区等具有敏锐的洞察力，更重要的是指作为研究者对问题的凝练和抽象能力。

这一能力能够把现实中的问题抽象为一个可以用来进行理论研究的问题。对于现实中引起困难并与人们的期望不相符合的困境、错误和误区，任何生活在其中的人都有某种感受，都具有某种认识现象的能力。但是，对于受过专业训练或教育的研究者而言，如何对问题形成自己的判断，以一双慧眼和理性的心灵在问题中看出问题之所以是问题的缘由，并提出一个值得研究的问题，那才是研究者独特的价值所在，或者说那就是研究者独特的问题意识。

作为研究者，我们需要分清“problem”“topic”“issue”及“question”所指称的不同内容。“problem”是指现实中存在的困难、困境和错误，当然也可以指某个理论本身存在的缺陷。“topic”是指研究的主题，是一个研究的兴趣点。而具体的议题（issue）是研究所聚焦的、所针对的，可能存在不同的看法与分歧，是有争议的、没有定论的，所以，不少研究专门针对议题而提出自己的主张。总之，研究要提出具体的、需要研究的问题，就必须聚焦主题，提出议题，并且针对主题和议题进行问题化，即正确地提问（questioning）。问题（question）才是指研究者提出的疑问，需要具体地解释、回答或论证。研究本质上是一种思想探究的活动，它包括对现实问题（problem）的分析，但不限于此。研究归根结底在于形成对问题的认识或理解，或者说形成知识。这就是说，教育研究要直面现实中存在的问题，尽可能地透过现实中成问题（problematic）的现象，而将其还原为研究能够回答的问题。或者说，研究针对现实、思想等的问题（problem），通过问题化提出研究问题（question），以一定的研究方式思考、分析或回答这个问题，形成新的说明、认识或解释，或者形成新的命题、思想或观念。所以，研究并不是直接解决现实问题的，研究的直接结果是思想，而不是解决现实困境的行动。当我们的研究针对现实困境，提出了一种思想或观点，就意味着我们已经具有了一种认识或理解；当我们对教育的本质具有了一种理解和认识的时候，我们对教育现实问题的把握可能更具有一种深度。

人类的认识和行动具有可错性。现实中的教育作为人类观念或行动所发出的活动，必然具有可错性，这意味着教育实践或教育现实中存在着各种各样的错误、困难、困境，不可能是完美的。所以，人们能够感受到教育出了这样那样的问题。教育研究者当然会面临这样的困境进而感受到问题（problem），现实中的问题当然需要去研究，当然需要针对现实的各个侧面提出走出这个问题困境的思想和观点。但是，因为研究本身是思想探索的活动，它无法解决现实问题，我们不能期待一项研究能够解决现实中的某个具体困境。这就如伦理学对道德的研究不可能使现实中的人们更道德，或者说，期望伦理学能够解决现实中人们所面对的不道德状态是不现实的，因为伦理学只是思考，而不是道德行动。

兴趣点或研究领域并不是研究的问题，它们只是一个范围或领域，而不是具体研究需要解释、说明、论证的研究问题。当然，研究者可能选择一定的范围作为自己研究的出发点，他可能确定自己的研究域，但是只有通过细致的分析和反思，提出研究能够直接解释、论证或证明的问题，才可以说是开始了真正的研究。如，义务教育中存在以考试成绩为据把学生分等的现象，形成对成绩不良学生的歧视和贬低，面对这一问题现象（problem），研究者可能确定以教育公平或教育平等为主题范围，但他需要提出具体的问题。他可以研究到底是什么原因造成了歧视现象，也可以研究这种歧视在伦理上站不住脚的理由。前者通过一定的方法、依据一定的事实分析因果关系，后者通过一定的理由论证进行价值判断，这就是具体的研究所回答或解释的问题（question）。一种问题现象可以通过不同的主题进行研究，同时，也可以提出不同的问题作为研究的对象。

我们可以看看现实的问题与研究的议题的区别。

学术研究提出议题，要回答问题（question），这本质上是理智的活动；而面对一个难题（problem）是人的行动处境，解决这样的问题本质上要靠具体的正确行动。前者是认知，而后者是行动，完全不一样。研究要面对实在，面对我们已有的对实在的认识或理解，选择或提出一个主题（topic），形成一个议题（issue），提出一个研究课题或项目（project）的问题（question），这是研究问题的形成路向。研究本无法解决一个现实困难或困境，这是需要正确的行动去解决的。教育研究的提问方式不过是把现实现象提升为一个研究的问题，而不是一个行动的问题。行动是要做事，而研究是给出解释——要么是事实机制的说明，要么是道理的解释。

现实问题是具体问题现象或困境，严格地说，它不是学术研究能够解决的问题，而是行动策略或具体措施要去解决的问题，现实问题的解决只能依靠具体制度或行动。如，“如何改变教育发展不平衡”“怎样提高教师的专业化发展水平”，这类问题不是靠研究能够解决的，期望用研究来回答这样的问题只能曲解研究，也曲解问题。对这一类问题的研究，必须转换发问方式，如，第一个问题可以转换为：“什么是教育发展不平衡”“教育发展不平衡的表现形态是怎样的”“为什么要消除教育发展不平衡”“教育发展不平衡是公正的吗”。这样的问题才是可以进行研究的，并且是研究能够回答的。这种研究问题可以加深我们的认识，对实践行动具有指导性。所以，只有提出学术问题，才能够进行学术的研究。

虽然针对现实问题，可以进行“罗列问题—原因追溯—提出对策”模式的研究，但其实这样的研究缺乏对问题的真正揭示，并且只是提出某种对策，而不能具体解决问题。在学术研究上，采取这种研究思路，无疑是肤浅的，而且于事无补，因为它可能忽略事情和问题的本质。①学术研究与行动策略或方案的规划是不同的，它本质上是拓展认

---

① 就像我们在众多的对策研究中发现的，这种研究往往只是罗列问题、罗列原因，最后提出的对策又似乎缺乏与原因和问题的相干性，就是凭借直觉。当然，这种研究也可能提出几个看似合理的笼统的对策来。教育研究中这样的案例何其多也！如果是研究因果关系，那么必须提出一个适合进行事实研究的问题，然后以严格的事实研究的证据或数据来说明问题与原因之间的必然关系。至于对策，其实是行动者针对实践行动本身而提出的措施。研究试图提出这样的行动措施无疑是不确定的，因为研究是认识行动，而不是改变事质的行动。

识、改变观念，是在拓展认识或观念的基础上通过启发行动主体的思想而产生对行动的影响。现在众多的研究指南，把教育宏观的或微观的行动方案的设计作为学术研究的问题，无疑是扭曲了研究的真正本质，其实也对解决现实问题于事无补，因为在认识或观念上并没有更深刻、更清晰的进展。

研究议题是针对现实的困境、理论思想的缺陷、观念认识的误区而提出或聚焦的主题性问题。人们可能对这样的主题有不同的认识和不同的主张，因此需要在不同的观点、主张之间进行辩理，或者需要进一步加深认识，研究于是成为必要。研究议题构成了一个可以通过学术方法进行研究的主题性问题，从而使我们对一个主题具有更深邃、更清晰的理解。所以，研究就是形成创新认识的过程。学术议题或问题就是那些能够通过研究而形成创新认识的主题。创新的认识是学术研究的直接结果，这样的创新认识虽然对于我们理解某一现实困境、认识行动的可能性和正当性、设计解决现实困境的方案和路线具有重要的意义，但并不直接导向解决现实问题的行动方案。不过，事实上，这种认识对于我们理解什么是正确的行动有着不可或缺的意义。

教育是实践形态的实在，这个实在不仅包括我们对教育本身的理解，即我们所持有的关于教育的思想、观念、理论、知识、信念、意见、看法等，也包括教育的制度与政策、教育的行动与活动、教育的机构、教育者及其行动。因此，教育研究的问题存在于所有这些方面，而不仅仅是我们所看到的某些现实困境或困难，即问题情境。把问题意识仅仅看作是对现实问题情境的意识，无疑是把教育研究的问题域大大地缩小了，从而把教育研究狭隘化了。这会导致我们对有些教育问题的忽略，造成我们认识或理解上的欠缺，即导致我们教育的思想或理论的匮缺。我们有时候需要纯粹地讨论某些观念与思想，我们也可能概念地分析或论证抽象实在、理想形式，等等，这些都不是现实的问题所能够包含的。

教育学理论与其他学科理论的相互影响是客观存在的，教育学理论的发展需要参照或借鉴其他学科特别是相近学科的理论，所以，依靠其他学科的理论或者教育学自身的理论，提出一个有待于研究回答的理论问题来进行研究，也是有必要的。有些人排斥这样的研究路向或方式，认为这不是从问题出发，或者不是从实践出发。但是，这样的从理论而来的研究，如果回答、解释或论证了教育学中重要的理论问题，发现了已有理论的缺陷，能够提出新的思想，其贡献是非常大的，对于推动教育学的理论、推动我们关于一些问题的认识具有重要的意义。

教育研究当然要直面现实中存在的问题情境，为解决它们而提出思想。但是，这并不意味着教育研究仅仅面对现实中存在的问题。如，教育的本质就不是一个现实中存在的问题，即不是一个由某些错误的观念或行动所带来的现实困境。而对这一问题的认识，也是人的理智要探究或理解教育是什么的必然要求，只有对这一问题有了一定的理解，我们才能判定现实的教育是否是教育。所以，教育的问题，不仅仅是针对现实中的问题情境，它也有可能纯粹地针对一个理性上值得探究的议题，针对一些错误的观念，或者是针对概念上的可能性存在①。我们不能说这样的研究没有问题意识，不能说研究者没有现实意识或实践意识。

实际上，任何学术研究，不论是田野调查的，还是行动参与的，不论是纯粹理性思考的，还是经验实证的，都是以思想的方式进行的，也是以语言的方式进行的，是一个进行思想探究的语言活动。研究提出的要阐明、认识、思考的问题，实际上是一个通过思考论证而给出回答或解释的问题。如果不能提出一个要进行思考或探究的具体的议题（issue），如果不能针对这个议题提出我们的疑问（question），我们

---

① 某些事情的存在在概念上是可能的，但在现实中是不可能的。概念上是可能的，意味着我们在概念上是可以想象这个事情的。如，一个人应该成为灵魂完善的人，这在概念上是可能的，意味我们能够想象这一命题并为它提供理由，但是在现实世界中，灵魂完善的人是不存在的。有些事情是概念上不可能的，如，一个正方形的圆形，这在概念上是不可能的，在现实世界中也是不存在的。(参见霍奈尔 等，2010)

就不可能有研究，不可能有对问题的理解和共识，不可能对形成困境的缘由有真正的认识，也不可能回答我们的疑问或疑虑。所以，研究的问题意识，就是善于把现实的困境还原为议题（issue），提出具体研究本身要回答的问题（question）。这个研究问题不是实际面临的难题，而是一个研究所面对的思想对象。

教育研究者可能直接从教育现象或现实情境中发现问题（problem），并提出自己的研究主题或有待于研究回答的问题（question），也有可能直接从某些理论领域提出研究需要回答的问题，或者直接针对某个具体概念及其指称的对象提出研究的问题。如，哲学家沃尔泽研究了正义的领域与多元平等，有研究者依据他的理论，反思教育中是否存在多元平等问题，或者多元平等对于实现教育平等有何意义。这些问题虽然来自理论，研究的主题虽然是教育平等，但是提出了有意义的研究问题，这样的问题研究当然具有问题意识，而不是说只有来自现象问题的研究才具有问题意识。柏拉图对正义的城邦、正义的灵魂、正义的教育的研究，建立在对纯粹“原型”“理念”的哲学想象之上，试图回答“什么是正义的灵魂”“什么是正义的城邦”的问题，他没有分析现实，但谁能够说他没有问题意识呢？康德的《纯粹理性批判》《实践理性批判》《判断力批判》完全是形而上的研究，我认为，他的研究的问题意识和实践意识是非常充分的。

研究者一定要明确研究能够触及的问题是什么。多数学者在谈及问题意识的时候，都说研究者要解决现实问题，所谓的现实问题都是现象问题。我认为，这些学者的主张过于笼统，现象问题的解决不是研究者所能够做到的。如，教育不平等问题或者教师专业伦理品质低下的问题都是现实的现象问题，任何一个研究者都无法直接通过研究来纠正现实中这样的问题，事实上，只有教育体制的变革实践或行动才能纠正这样的问题，而思想探究只能回答它们能够回答的问题（question）或议题（issue）。所以，研究者必须明确自己的研究的直接思想对象。

有的研究者认为自己的研究是实践研究，要解决的就是实际问题。我觉得，虽然这样说的动机是对的，但是，研究实现不了解决实际问题的目的。如果实践研究仅仅是提出一个行为方案或者解决问题的步骤或策略，那的确是可以做到的。但是，这样的研究只是处在具体情境中的行动者的具体任务，是对行动方案的探讨；这样的探讨在日常生活中常常发生，但不是一种学术研究。学术研究一定要回答学术上的困惑、疑问，要形成一个经过思想和探究而获得证成的观点、思想或理论。即使是具体的行动研究，其具体的过程也是非常复杂的，可能其中的一部分属于学术研究的内容，而有些过程则只是行动过程而不是学术研究的过程。

当然，教育研究中的行动研究可能是解决具体问题（problem）的有效方式，但是行动研究的主体不是研究者，而是行动者；研究者在其中仅仅起参与作用，研究者的目的与行动者的目的可能是一致的，也可能是不一致的。我们不否认行动研究的价值，但是行动研究主要是提出行动的切实可行的方案，付诸行动并对其进行评价，这一过程是行动的循环改善的过程。行动研究针对具体的情境，会发生在任何一个存在问题并试图改善现状的环节之中。这种研究的旨趣与学术研究是不同的，它不可能涵盖全部的教育研究，也不能取代其他形式的研究。

学术研究是回答未知，提出分析、理解、说明和解释：或者提出证据，让研究者及其他人获得知识；或者提出论证、进行辩理、形成结论，让人们获得有关道理的认识，形成对自己的行动的指导。不管怎样，理论的研究是面向未知的、不确定的领域，通过对一定的问题对象的研究，让人们形成知识，获得确定性的认知或道理的揭示，从而形成新的知识或理解，并遵循已经确认为真的知识和道理。

为了方便分析，我们可以把问题分为现象问题和可研究的问题。现象问题非常复杂，有些现象是复合性的，各种现象聚合在一起，形成非常复杂的大问题、大困境。针对它们的可能是一个大议题（big issue)，如，教育不公平问题，多元社会中价值的虚无化和相对化对青少年成长的影响，等等，可以说靠一项甚至几项研究很难解决这样的现象问题。当然，具体教育现实中也有一些具体的小问题需要解决。这些具体现象问题的解决可能依据两种研究。一种是方案研究，即行动者一起研究行动方案或策略，采取应对措施，从而改变现实，纠正错误，或者走出困境。另一种是理论研究，即现象问题可能存在不为人知的原因或事实，可能存在某种错误的观念，也可能存在某种错误的行动与选择，或者可能存在由某种无知而造成的行动误区，那么，要解决现象问题，就必须追问形成问题的原因，解释或说明现象，或者是分析持有的观念是否错误，论证行动应当持有的观念和原则，而这就需要通过专门的理论研究去追问、探究，或解释，或说明，或论证，或证实，或辩理，或分析。因此，理论研究需要把现象问题转换为理论问题，即理论可探究的问题。如果没有后一种理论探究的问题研究，我们就可能对造成问题的事实和现象一无所知，即对事实及其原因、表现是无知的，对事物的本质和价值是无知的，对行动及其可能性是无知或不确定的，因而，想通过行动本身的选择而解决现象问题也是不可能的。

可研究的问题是指研究本身要通过各种探究而回答的，并且能够形成思想理论的问题，是研究本身直接思考和回答的问题。现象问题还不是可研究的问题，一个研究者感受到了现象问题，他只有把现象问题转化或者还原为可研究的问题，才能使它成为研究者的研究问题。研究者面对的现象问题可能是具体的、同样的，但是研究者针对同一现象提出的要研究的问题却可以是多样的。如，针对教育不公平、不平等的现象问题，有的研究者会把研究的问题定位在“什么是教育公平”或者“为什么需要教育公平”这样的理论问题上，而有的研究者会追问“学校教育中的不公平的具体表现或者形成机制”，或者在理论上分析“实现教育公平的可能性选择中哪些是合理的”，等等。总而言之，研究者不可能直接把现象的问题作为研究的问题，他必须针对现象的问题而确定自己的研究域，分化出研究主题，再通过细致的分析和反思，确定直接基于解释、论证或证明的研究问题。

因此，教育的问题意识不是指研究者是否感受到并面对现象的问题，而是指形成一个可研究的问题的意识，即能够提出研究直接要思考或回答的问题。有的“研究”似乎直接面对现象的问题，似乎有问题意识，但是，它根本上面对的是一个无法进行研究的问题，即无法进行思考，无法进行探究，无法形成信念、知识或理论的问题，这样的研究问题是无价值的。所以，问题意识是指形成或提出值得研究的问题的意识，而不管这个问题是来自现象还是来自观念或理论，不管这个问题是现实中的还是形而上的。

研究不是发表意见，其提出的问题要更深刻一些，问题的内涵也更确定一些，更适合通过深入研究即思考论证而得出结论，更能够拓展知识、思想、理论。任何研究者都不能凭感觉发议论，不能通过臆想而提出观点，不能针对现象的问题泛泛而谈，而一定要提出研究本身能够回答的问题，并且研究的回答能够给人们提供新的思想和观点。任何称得上是研究的问题，一定是能够通过严格的研究方式而产生新的解释、说明、论证的问题。研究者提出的问题，一定是预设了一种必须通过复杂的研究而得出结论的过程，而且是一个能够给人们以新知或新道理的研究问题。研究者不是去证明常识已经证明的问题。我们常常看到一些实证的研究，运用了实证的方法，结果证明了一个公众都知道的常识。这一类的课题除非是对常识的证伪，否则一般是没有什么意义的。

研究之所以是研究，就在于能够提出经过详细论证的可辩护的新见解，从而增加我们的知识，解释新的意义，加深我们的理解，拓展我们的视野，激发新的问题。研究必须是建设性的。你是否能够提出以往没有提出过的研究问题？你是否能够针对这个问题提出新的解释、新的回答、新的思想？这是研究者应当常常思考的问题。现象千变万化，有些现象也延续了很长时间，涉及这些现象的研究可能由来已久，提出的问题五花八门，如果研究要对关于这些现象的问题有新的解释，要提出新的认识，那研究者就必须在已有的认知传统基础上，针对现象中的问题（也许是老现象、老问题）提出新的值得研究的问题，这样研究才可能开辟出一方新的思想或认识的天地来。

研究的问题意识，其实不在于解决现象问题，而在于提出问题，针对问题而进行主张，并针对主张进行辩理或论证。研究好像是回答、解决或解释了问题，其实是进行思想，对我们的现实处境进行思想的设想，并证明我们的设想的合理性。这样，研究其实是拓展新的问题、新的认识、新的意义、新的思想、新的理论。教育学领域中很多问题的研究，不是解决了一个问题，而是拓展和发出新的理解和新的问题。不是这个研究完成了，就意味着这个问题被终结了，如关于教育目的、教育价值等方面的研究，其实都处于一个不断轮回的过程之中，这种问题的研究没有终极的答案。那种试图给这种问题一个终结性的答案的研究，其实是幼稚的，同时也是教条的；持这种信念的研究者的心灵是自傲的。

2.2 何谓重要问题

每一种伟大的哲学不仅是一个历史事实，而且在人性的精神生活的发展中，它还具有一种伟大的甚至完整的目的论功能；这种功能是其时代的生活经验、教育与智慧的最高级的功能。

——胡塞尔：《现象学与哲学的危机》

教育现实中存在各种各样的现象问题，这些现象问题的背后，可能还存在各种各样的观念问题，各种教育理论中也可能存在各种各样的知识问题，等等。什么样的问题值得研究？

如果基于社会需要而选择研究的问题，那么，什么是社会需要？这个社会是指人类社会还是指一个具体存在的社会？社会的需要是正当的需要还是一种经不起价值辩护的需要？一个具体社会的不正当的需要能否构成教育研究选择问题的基础？假如一个社会需要无条件服从社会体制的工具人，教育研究能否以这种需要为标准或根据，来选择为这种社会服务的研究问题？毫无疑问，教育研究是在一定的社会处境下进行的，社会需要可能是问题的源泉之一，但是，如果对社会需要不加以具体的分析，我们所选择的问题就可能是经不住审思的。任何一个人文学科，都与人类自身的命运密切相关，这是这种学科存在和发展的根本理由，因此，教育学术研究所选择的问题，一定是以人类共同体普遍的正当性需要为根据的，而不是简单地根据具体社会的某种需要而选择。①

教育研究应当关注具有重要意义的问题，具有公共性是重要的教育问题的指示器之一。米尔斯在《社会学的想象力》中认为，“结构性问题”是值得去关注的。什么是“结构性问题”？米尔斯的回答是社会制度或行动所引发的涉及范围较广的现象或状态。如：假如有 100 万人，其中有 500 人失业，我们可能认为是正常的，可能是某些主观方面的原因造成这 500 人失业；而假如是 15 万人失业，那我们会认为失业问题可能存在一些不正常的原因，我们不能从失业者自身去寻找他们失业的主观因素，而要在客观的社会结构、社会政策、经济结构等方面寻找造成失业严重这一问题（problem）的根本原因。在这种情况下，失业问题成为一个公共问题。米尔斯的观点，给选择现象问题进行探究提供了一种指引。教育研究在寻找研究问题时，可以在教育的生活事实中发现具有结构性问题的现实的现象，作为提出值得研究的

---

① 教育学科的研究本质上是实践性的，这并不意味着教育研究没有自身的理论或知识逻辑。强调以社会需要为取向的教育研究，意指在社会的教育现实中选择研究的问题，这是合理的。教育现实中存在不少现象问题值得去研究，研究也许有必要为解决现实问题提出思路，但是，教育研究从根本上讲是发展知识本身的（当然，那种拓展对现象问题本身的解释的理论研究，也可能会带来教育学知识的建构）。不论如何，仅仅面向社会需要的教育研究，可能会忽视教育理论本身的知识建构。教育学的知识理论的发展与解决具体社会中的具体教育问题，这是两码事。

问题或议题的基础。(参见米尔斯，2001)

汪丁丁在谈到问题意识的时候，把值得研究的重要问题定位为一个学科领域中存在的基本问题。所谓的基本问题，就是贯穿一个学科的全部历史并且推动学科发展的问题。如，在教育学中，“人性培育”的问题就是一个永恒的问题，知识学习与心智发展的问题也是一个不断推动教育学发展的问题。当然，教育学中这样的问题还有很多。对某一个具体的研究领域来说，也可能有一些基本问题，它们的不断拓深使得这一领域不断获得发展。一个学科不断地重新提出基本问题，从而不断地把整个学科向前推进。所以，问题意识其实就是围绕基本问题的研究意识，即对基本问题的关怀。汪丁丁特别强调了这种对基本问题的敏感性的重要，但他也说道，对基本问题的焦虑和冲动，可能在学术研究中是边缘化的。(参见汪丁丁，1997)

我们可以把重要问题加以拓展，不限于汪丁丁所说的基本问题。不管是针对现实问题现象的事实研究，还是针对学科知识体系的理论研究、针对观念与思想的批判研究、针对教育实践的价值原则的规范研究，都可能存在重要问题，对这些重要问题的研究对于学科理论和实践本身都具有重大意义。一个研究问题的重要性，在于它本身对于认识现实、建构理论、改变实践状况是否具有结构性的意义。所以，对于研究者来说，对重要问题的敏感性，其实意味着对教育现实的变革、对教育学理论的发展，乃至对时代的生活处境和精神状况具有一种整体性的把握。

一流学者往往把自己融入一种历史感中，一种被称为时代命运的来自理论与实践的议题中。他们能够感受到孕育美善的力量与阻碍美善的力量之间的冲突和对抗，能够感受到真正永恒或共同的价值所面临的各种障碍以及可能性，能够感受到现实的处境，能够把握到镶嵌在历史与现实中的基本问题的表现，并明确地感受到对人性真正有益的秩序，能够感受到危机以及生活受到的挑战。他们对思想的任务具有明确的意识，而且开放而谦卑地知道思想的局限，所以，他们能够尽量鼓励自由的学术探索以及批判性的交流、讨论、商榷和对话。他们的思想关怀与问题感受紧密联系在一起。因此，一个一流的研究者关心根本性的大问题，对重要事物具有敏感性，对重要问题具有敏感性。他们能够一直追问对社会、教育、文化和生活最有影响的重要问题，而且能够提出对于关键问题的至关重要的见解，而不是就支流末节的琐碎问题提出似是而非的、无关紧要的意见。

现代的学科分化往往轻视基础性的重要问题。研究者可能对越来越小（鸡毛蒜皮）的事情知道的越来越多（know more and more about less and less），却缺乏对重要问题的敏感性。研究者被导向抓住现实中的小问题，但由于对根本问题或大问题（big issue）的遗忘，因而对小问题也不能真正地触及。当然，教育研究中的大量问题是伪问题，也就是假问题，是用某种语言或特殊的思维方式构造出来的问题，即吴康宁所说的“炮制出来的问题”。（吴康宁，2002）有些伪问题具有似是而非的诱惑力，即貌似深刻的魅力。这些伪问题既没有深刻的理论意义，也没有实践意义，也就是说，既缺乏对现实中的现象问题的针对性，也不是一个合理的理论问题，缺乏能够启发人们的思想、引导人们的思考、扩展人们的理解的理论意义。这样的伪问题不可能引发真正有意义的研究。

研究领域的选择和针对研究领域的重要问题的提出，反映了研究者的洞见。一个富有洞见或者对问题具有直觉的人，其实是凭借个人的问题感受力或问题的价值而选择研究问题的。他们在生活之中把对整体生活的反思和对周遭世界的反思结合起来，也就是说，他们能够感受到生活世界的变迁与涨落，具有敏锐的价值判断力，能够感受切肤之痛的根本问题。所以，对于他们来说，不是简单地选择一个做论文或者发表文章的题目，而是选择一个如果不去探究就寝食难安的研究问题，他们渴望寻找到问题的解释。这样的研究者选择的研究问题，真正出于发自内心的感受，是非研究不可的，而且是无法阻挡的。他们的研究意识不是去成为某种学术专家，而是与他们对世界存在及其境遇的感受和关怀深刻相关的，也就是说，他们试图通过自己的研究对存在和命运进行解释。他们的学术是融入世界的，也是融入人的生活与品格的；他们对自己存在于其中的世界和生活具有一种强烈的认识感和把握力。因此，学术领域和实践领域中的关键问题会进入他们的视野，激发他们以自己的方式发问，提出研究的主题。他们的研究是问题的召唤与个人意识的呼应。这是选择学术研究问题的最好的出发点，一个真正伟大的学者之所以伟大，就在于他对世界命运的个人关怀。①

其实，个人关怀反映了个人对世界的关切和观照。我们的研究是否把我们自己融入其中，让研究磨炼我们的智慧和直觉，是否把我们自己的人格砥砺也作为研究的目的之一，这是一件十分紧要的事情。我们在研究之前，我们的关切和观照为我们提供了一个问题视野，我们挑选那些我们真正渴望去研究的现象和事情，凭直觉获得对于问题的初步意识，凭我们的关切把握研究的路向，把某些方面看作是特别重要的，即亟待研究的，我们疑惑、追问、思考。一个真正的研究者这样做的时候，并不是从主观愿望出发的，而是能够感受到事情、现象和问题的召唤，感受到问题之所以值得研究的理由。他能够把握住来自事情本身的微光，沿着事情发出的光线而进行探究。所以，他的研究是从事情本身出发的，也是回到事情本身的。在他的研究中，我们能够感受到一种激励他去探究事情本身的精神。由于他是以一个真正融入整体之中的整体视野去感受问题的，所以，他对问题的认识就不会停留在浅显的表层。

一个研究者把自己的存在命运与世界的现实融合在一起，他以学

---

① 我们常见研究者从个人的经历或经验出发论述为什么选择一个问题，这表面上看起来没有什么不当，但并不能说明一个问题值得研究的理由。研究者应该说明的是，这个问题为什么需要研究，而不是说明基于自己的什么原因或动机而选择这个问题。林毓生在芝加哥大学社会思想委员会攻读博士学位时，曾因选择博士论文题目而苦恼不已。他询问导师哈耶克，哈耶克只是谈起了自己，说自己的所有研究都来自个人的关怀。哈耶克所说的个人关怀，仅仅是指个人出于问题本身的理由而对问题的关怀。

术研究来热爱这个世界，以思想来关切这个世界，他所选择的问题因此是涉及存在命运的根本性问题。对于这样的问题领域的选择，虽然需要研究者的明智洞见，但最为根本的是对世界的关切。如果我们分析那些在各个学科做出重大贡献的研究者，分析那些真正杰出的思想者，就会发现，他们就是倾心把自己投入到重要问题之中的人：问题召唤着他们，他们为着事情本身做研究。汪丁丁说：一个才智或天赋并不高的人，恰恰是因为具有对根本性问题的关切，他的持之以恒的研究最终使得他的学术出类拔萃；而一个一流天资的人，如果因为这样那样的原因放弃自己真正的个人关怀，仅仅研究二流、三流的问题，那么即便他做得有声有色，也永远是二流学者，甚至是三流学者。

2.3 问题化

研究的问题从哪里来？现实太习以为常了，观念太杂乱了，理论也是五花八门，我们怎么把我们习以为常的观念和现实作为研究的对象？我们怎么从我们认为理所当然的理论中发现问题？这就是问题化（problemizing）的能力。向我们熟悉的观点和现象发问、追问，看看其中问题和观点的实质是什么，道理和真实在哪里，真正的问题是什么，这就是研究的问题化的过程。

问题化是研究过程的重要组成部分。现象、现实、观念、理论中的问题（problem）是客观存在的，等待着研究者针对它们提出研究的问题。这意味着，研究者要发现问题（problem），意识到问题何在，问题是什么，然后在自己的研究意识中去建构研究的议题（issue）或问题（question）。

人的观念或行动，总是在革新、维持、倒退中摇摆，如果不变好，就有可能变坏。对于像教育这种牵涉人的美好生活的重大事务而言，如果停留在病态、丑陋中，如果一种制度行动、一种流行的观念、一种行动的做法给教育本身带来了麻烦和困境，那么教育的现实就有悖于人对美好生活的希望。所以，人的教育实践像其他实践形式一样，其特征在于追求美好，即追求善。这包括追求自身的善，即不断地纠正自己的误区、病态、错误、困难、丑陋、邪恶，等等。

研究的问题化，其实就是去发现理论和现实中的错误、误区、病态等，就是去发现给我们的教育、社会和生活已经造成、正在造成或者将要造成困境的趋势、观念、做法，发现它们在制度、政策、观念、知识、行动中的冲突与矛盾。研究的问题化，是让这些问题（problems）进入研究的视野中来，把现实中的问题抽象出来，成为我们研究意识中的问题。现实中的各种现象或理论的问题，虽然客观存在，但是如果没有抽象化，没有进入我们的意识之中，就不会构成一个思想的问题。这就是为什么我们感受到的问题有所不同的原因。现实中的问题五花八门，有些问题被有些人感受到了，进入了他们的研究意识之中，所以，我们有时候有相同的问题感受，有时候又有不同的问题感受。即使有相同的问题感受，我们也可能提出不同的研究问题（question），这是因为我们试图对感受到的同一个问题做出解释或回答的方式不同。

有一些问题是抽象的问题，而有一些是具体的问题。不论是抽象的问题还是具体的问题，我们可能既通过理性判断的方式，也通过经验感知的方式去辨认问题。我们有时候把现实中的一些总体现象进行理性的抽象，即对现象进行抽象的问题化。如，“教育的精神荒漠化”问题，可能是一个抽象问题，因为我们可能感知到了某些教育现象违背了对人的精神健全发展的引导，忽视了人的精神整全发展，所以我们就总体上抽象地提出“精神荒漠化”的现实状态，作为我们提出研究问题的基础。在教育研究中，这样的对现实的抽象化是非常多的，是一种合理的问题化的方式。抽象的问题根本上来自理性的判断或抽象，因为现实的感知是零碎而具体的，是表面和分离的，只有通过理性判断，才能提出对现实的某种状态的综合性的判断，而无法通过经验性（empirical）的分析来确定具体问题。这说明，抽象问题可能是综合性的复杂问题，是复杂状态，一些具体的、分离的实例无法说明这种问题的现实性。

教育制度的建构、教育实践的进行，都是建立在理性选择基础上的，观念、价值、原则决定了制度与行动。错误的观念、不合理的价值取向、不合理的原则会导致制度和实践产生错误。教育研究的重要任务之一，就是对制度和实践背后的观念、价值、原则进行批判性考察，发现其问题。我们常常用抽象的方式，对一些流行的或主导教育制度、教育实践的观念进行问题化。

人们可能认为，抽象问题不是教育中的真问题，或者不认为它是合适的教育研究问题。我的看法不同，有一些抽象问题恰恰是值得思想进一步追问的问题，也就是值得去思想的问题。尽管这样的抽象问题比较宏大，但是，它们的宏大呈现了问题的深刻性、普遍性和重要性。如，教育的功利主义、工具主义问题都是宏大的问题，但它们都是我们在某些具体的现象感知中通过理性判断而问题化的现实问题。这些问题看似宏大，其实也是真实的问题，而且只有在这样的层面进行研究，或者说，只有把问题抽象到这样的层面，才可能触及问题的核心。所以，研究涉及这样的抽象问题是合适的。

有一些问题是具象的问题，我们只能通过经验的分析去确定问题。如，我们感受到教师的职业素质存在某些问题，那么我们可以具体地通过经验而分析，进行具体的问题化（如“教师的专业伦理缺失”“教师的职业倦怠”等涉及教师职业素质的各种具体现象）。这一类型的问题化也是必要的，这种问题化既需要提出事实问题，也需要提出规范问题。教育中的具体的经验现象是非常繁杂的，对具体现象的问题化是教育研究的重要内容。

在教育理论中，也存在着矛盾、冲突、迷思，以及错误的理解、观念、观点或主张，对这些理论本身进行问题化也是教育研究的组成部分。对理论本身进行批判性的检视，对论证本身进行逻辑分析，对观点进行合理性的评价，对研究本身的价值预设进行分析，发现其谬误、矛盾或错误，这是研究不可免除的。所以，对各种理论本身进行问题化，也是把教育研究的范式或问题域向前推进的方式。

教育研究不仅仅针对现实实践的错误、困境、误区和理论观念中的矛盾、冲突、谬误。我们对教育中的许多关系、机制、结构等是缺乏理解或解释的，即处于无知（ignorant）和困惑（perplexed）的状态。有许多我们并不了解的作为关系、结构、机制、过程、内容的事情，甚至有些事物本身对于我们而言可能永远是秘密，如大脑的认知机制是一个黑箱。我们也有必要对这些未知或者还不确定的机制、关系、事物进行探索。对于我们尚不了解、认识不明的关系和机制的研究，往往会拓展我们的认识、理解、经验和知识。教育研究毫无疑问，也包括教育学的知识体系的理论建构这一方面。

还有一些纯粹的理念研究。关于教育的一些理念性问题，往往也是历史中经久不衰的重大问题。我们可能需要结合思想史，进行纯粹的理念研究。虽然理念性的问题往往缺乏现实中的对应性，但它们与我们的观念有重要的关系，并且可能永远使我们感到困惑，如，人性善恶的问题，理想的教育是什么的问题，何为教育者的问题，为什么教育是实践，等等。所有这些问题都需要我们进行恰当的问题化，需要我们去追问，以拓展我们对它们的理解，也需要我们去质疑，以修正我们错误的理解。许多教育研究者排斥这些问题，认为它们在现实中不存在，不为社会所需要，对实践也没有实际用处，所以不值得研究。我认为，理念性问题往往是本质性问题，对于教育来说，对本质性问题的忽视，可能会导致对教育到底是为了什么的价值问题不再关注。仅仅把教育看作是产品生产过程，那无疑会造成教育的扭曲。

对实践和理论进行发问是问题化的方式。发问表示质疑。不论是理论还是具体现实，不论是行动还是观念，我们都有必要对我们感到怀疑的事情和思想进行追问。如，对国家的教育政策进行批判性分析，了解政策制定过程中的目的、目标、价值基础、指导思想、执行方式，等等。进行提问，是发现或确定是否存在某些错误、误区、矛盾的重要方式。应针对现实或理论，针对思想、观念和观点，进行准确、合适、有效、明晰、正确的提问。

问题化的方式是多样的，不同的发问方式，可以针对不同的侧面。这同时也说明，我们的发问方式针对了一些方面的问题，但也会遮蔽另外一些方面的问题。对现实的问题化，需要从不同侧面多元地发问，否则就会遮蔽现实；那些没有被问到的问题，久而久之，就会没有人去关注，就会被理所当然地习惯化、合理化。所以，对于那些人们习以为常、认为理所当然的现实，不论是实践做法、制度行动，还是观念、价值取向，我们反而要进行问题化。

问题化的过程，其实也是运用概念，针对现实中的实践和观念，把问题明确表达出来的过程。我们常常针对现实，选取一些概念，表述我们对现实的认识。这是正确而合理的问题化过程。关键的是，我们需要运用恰当的概念去概括现实中的问题。如果我们运用的概念不恰当，就会遮蔽问题，甚至是遮蔽一些更重要的问题。如，我们使用“教育均衡”的概念去理解或解释现实中的教育不平等，会遮蔽涉及教育公平的一些重要问题，而“教育公平”的概念对问题的指涉又不会比“教育正义”的概念更深刻、更全面。当然，每一个概念都具有明确的指涉。运用概念概括问题，将现实问题化，就必须按照概念的内涵和外延明确其界限。这样，我们对问题的理解和定位才会准确，既不会曲解，也不会过于泛化。

问题化的过程其实也是一个思想的过程，或者说是运用思想来对现实进行分析、理解或解释、提问、质疑的过程。我们运用思想把某些现实现象解释为某种问题结构，从而发现我们可以进行批判性研究的问题。这是我们研究的起始点，因为我们要厘清成问题的现实是怎样的，针对已经构成突出的现实困境的问题，提出我们进一步通过思想考察要回答的问题，提出我们的思想观点。

虽然我们生活的现实框架里存在各种各样的限制，但是在研究中，不能有任何的思想界限。因为如果思想有界限，就意味着有些现实不能被指涉，不能被评价，不能被思考，其结果是有些现实不能问题化，这样，这些不被质疑和思考的现实就会固定化，成为一种恶化的现实。

2.4 正确提问

问题化是我们运用概念和思想对事实和理论进行质疑的过程，通过质疑，我们提出研究直接思想的问题对象。问题化反映了我们理性思维的批判性。问题化是研究的准备阶段，而研究的开始意味着从问题化的状态，提出具体研究需要解释或回答的问题。提出什么样的可研究的对象问题是研究的关键。

研究需要聚焦，这样才能提出合适的问题。研究的范围过大，多个议题或论题就会挤进一项研究中，就会使研究显得分散、肤浅而没有力量。所以，选取研究的议题或论题，一定要聚焦，把核心或重点作为研究的主题。一项研究，选取一个主题或议题，才能够做得细致。事实上，对于论题的聚焦反映了研究者的问题意识和问题化能力。

研究也需要对研究主题进行分化。按照研究主题及其内容，进行逻辑的分解，厘清分主题。各个分主题在逻辑上构成了主题的内容，这就形成了一个主题的逻辑结构。按照主题的逻辑结构，就可以组织研究的结构。在研究结构的每一层面，都可能需要提出不同层次的问题，大问题由小问题组成。而且，只有明了大问题与小问题之间、各个问题之间的逻辑关系，才能形成正确的问题结构，才能正确地发问。

不少研究者常常是进行写作，而不是进行研究，即不是针对未知、未解、未定的困惑而正确地提出问题。所以，他们没有研究的议题，从而谈不上研究，仅仅是针对某个领域把某些看法组合起来并写出来而已。

我们的许多研究虽然有具体的研究范围，但是却缺乏研究的论题或议题，缺乏研究要回答的问题。它们可能是一些“问句”，但只是字面上的问题，而不是能够思想、研究的问题。因为，这类问题的提问对象并不是可解释或者可回答的，它不是一个未知项，我们甚至根本不知道它是不是一个未知项。所有冒充为问题的问题都有一个无法超越的知识论障碍：我们无法知道我们想知道的是什么。（参见赵汀阳，1998）

一项研究或者针对现实中的问题化结构，或者针对思想中的困惑或疑问，都需要提出问题，进行分析、探究、回答或主张。所以，研究开始于正确地提问：我们是否提出了一个研究能够思想、能够提出主张、能够提出解释的，有效、明确、清晰的问题（question）。一项研究必须非常明确地表述研究要回答的疑问是什么。（参见黄甫全，2003）提出研究的问题，在于发问的方式，或者说，在于问法，即问题如何正确地去问。正确的问法是根据研究的主题以及研究的旨趣，提出有效、明确、清晰的问题。

2.5 问题类型

正确地提问，意味着不同类型的问题有不同的问法。不同的学科，可能有不同的问题域，可能有不同的问题及问法。在教育学领域，不同的学科有不同的旨趣，有不同的研究范式和研究内容，有的可能以进行事实研究为主，有的可能以进行价值研究或规范研究为主。所以，不同学科的研究提出的问题不同，即对问题的问法是不同的，尽管研究的主题可能是相同的。如，教育哲学和教育社会学都可能把教育公平作为研究主题，但二者研究的范式和方法是大相径庭的，二者研究的目标也是不同的。教育社会学进行事实研究，提出的问题是描述性或事实性的，研究的方式也是经验性的；教育哲学进行价值研究，提出的问题是价值性的，研究的方式也是先验性的。所以，二者针对同一个问题现象，提出问题的方式和类型是不同的。当然，二者的研究对教育实践的指向也是不同的。

从先验（transcendental）和经验（empirical）两个层面看，研究可能提出先验的问题，也可能提出经验的问题。[①] 针对教育本身以及教育发生的现实，我们可能会提出先验的研究主题，也可能会提出经验的研究主题。先验的研究主题，当然也呈现在我们的意识之中，但不是通过感知经验进行描述性解释的主题，而只能是思辨的主题。如，“教育的本质”是一个先验的主题，而不是一个经验的主题，它只能在理性的思辨中去辩理，而不可能通过提出一个经验的问题进行实证的研究（如，我们不可能通过调查而回答“教育的本质是什么”的问题）。

先验的问题是通过理性论辩而得以理解的问题，而经验的问题是通过实证而证实或证伪的问题。因此，针对纯粹的先验的研究主题或领域，我们可能必须提出先验的问题，而不能提出经验的问题。如果针对先验的主题去问一个经验的问题，那就是问法出错了，而问法错了，问题就不会得到适当的、正确的回答或解释。同样，针对一个纯粹经验的主题，是不能提出先验的问题的。有些研究的主题，既可能提出先验的问题，也可能提出经验的问题，不过，提出的问题不同，意味着研究的目标、过程、方法完全不同。

我们也可以把问题具体分为事实性问题、价值性问题（规范性问题）、概念性问题和操作性问题。经验的问题是事实问题，也是描述性问题。事实问题又称作描述性问题，因为它所要求的是对事实现象的描述或说明，引导我们了解事实、事情、事物、事务的具体关系、过程、机制、原因、结果，让我们获得信息和知识。价值性问题或规范性问题所要求的是价值判断，涉及的是行动的对与错、正当与不正当、应该与不应该，所以是针对事情的对与错、好与坏等进行提问，引导我们形成正确的行动导向，让我们获得行动的理由、原则和规范。概念性问题是我们使用的概念的意义问题，即我们的研究是在什么样的意义上使用一个概念的，其意义是否是清晰而明确的。概念性问题所

① 先验当然也呈现在人的意向性之中，但不是感觉经验可以指涉的，先验是先于感觉经验的，或者是不能或无法通过感觉经验材料去说明的。

要求的是对概念进行分析，让我们获得对概念的意义的明确把握，而不是糊里糊涂地使用概念。毫无疑问，我们的研究所使用的概念应当是意义明确的。操作性问题是说明我们行动的技术、技能和做法的，它是关于如何去做的方法和方式的说明，让我们对一个行为的程序、步骤、规则、方法有所了解。操作性问题其实也是一种经验性的问题，而概念性问题（意义性问题）和规范性问题（价值性问题）是先验的问题。

正确地提问，意味着我们的提问恰当而准确地针对了教育实在中的事实性问题、价值性问题、概念性问题、操作性问题。能够看出问题的类型，对问题能够鉴别，从而准确地分析问题的范畴，这就是研究的一种实践智慧。(参见哈贝马斯，2002)[47]

教育现实是复杂的，价值与事实交织在一起，观念与行动也复合在一起，或者说，现实是一个整体，并没有完全清晰地把价值和事实区分开。但是，针对现实，我们可以问价值性问题，可以问事实性问题，也可以针对我们所使用的语言和概念问概念性问题，针对我们如何去行动提出规范性问题，或者针对行为过程提出操作性问题。但是，研究的问题，必须分清是事实性的还是价值性的，或者是概念性的、规范性的、操作性的。因为问题的问法不一样，问题研究的方式、内容和目标就会不一样，研究的结果也会不一样。选择一个合适的好问题进行研究，当然要分清是研究事实性问题，还是研究价值性问题，或者是研究概念性问题。

事实性问题引发事实性的研究，价值性的研究针对价值性问题。对事实性问题的事实研究，表面上看起来选取的是现象问题，即在现象中提出事实性问题，其实，研究者还是需要从现象中提出自己要研究的事实性问题，也就是说，必须针对现象提出一个问题，再以一定的问法提出研究需要回答（说明、描述）的问题。以教育社会学关于弱势群体失学问题的研究为例，研究者需要提出一个恰当的事实性研究问题（涉及这种现象），如，“到底存在多少失学儿童”“什么原因造成失学”。研究者可能运用一些方法在现象中收集资料，分析整理资料，得出最后的事实性结论；他不可能笼统地说研究失学儿童，而且他研究失学儿童并不可能解决这一现象。

价值性问题或规范性问题的问法与事实性问题不同，它要求的是对理由的追问。价值性问题，涉及价值判断的基础，规定应当是什么，规定行动的目的、价值、标准、原则和规范，从而区分对与错，好与坏，等等。这一切都建立在对理由的论证之上，即论证为什么。所以，价值性问题可能包含为什么的问题，或者包含应当是什么的问题。价值性问题的问法引发的是规范性的探究，也就是先验的探究，因为经验性的研究无法回答价值性的问题。如，针对“学校应当取消三好生评选吗”这个非常具体的问题，研究者需要回答“取消是否好、是否正当”的理由，这需要进行规范性的论证。当然，研究可以通过调查或访谈等具体的研究方法去征询某些人的意见，但这样做只是回答了“人们关于是否取消三好生评选的意见是什么”这样一个事实性问题，而规范性的理由还是没有被回答。

语言和概念是我们用来说明事情、解释事实或者是推理规范的。语言和概念不明就会造成我们言说的混乱，以致搅浑对事情、事物的认识。因此，不管我们是进行规范研究还是事实研究，都有必要澄清我们所使用的语词、术语或概念。我们甚至可以专门分析或研究学科所使用的核心概念，如分析哲学对概念的分析，这种研究可以叫作概念研究。所以，我们常常会提出概念性的问题。概念研究是一种理性的规范研究，是语言行为的规范研究，因此也是一种先验的研究。有些抽象概念的意义可能只有通过概念研究才能阐明。实际上，对于不少现实中的问题，可能是叙述方式或者言说方式的原因而造成问题不明，所以概念研究或概念考察是我们必需的方式。

有时候我们以为我们在事实地描述教育，但其实我们只是在陈述教育。如，“教育是培养人的实践”的陈述，不是把教育当作一个事实来描述。或者说这并不是教育的事实，而只是我们的一种陈述方式，即我们用“培养”“实践”等词语陈述教育，它们并不一定是教育的事质。我们不能用叙述代替事实。我们所问的某些问题，说到底，其实不是问具体的事质或事实，而是问概念的意义。当我们问“学校是什么”这个问题时，我们虽然对学校的形式有所想象，但这种想象是通过“学校”这个概念所包含的意义而指明的。我们追问的是“学校”作为概念上的可能性形式是什么，其纯粹的意义是什么，或者其本质内涵和外延是什么，而不是考察具体现实中作为事实的学校进而得出“学校是什么”的结论。

事实研究就是事质研究。这是指必须通过事实性或经验性的探究方式而揭露或发现实质。尽管我们借助研究方式或研究工具，但是事实机制的发现是根本性的。我们不能把事实研究当作概念性研究，也不能把规范性研究当作事实研究，就如我们不能把观念当作事实一样。如，教育心理学或教育社会学不能通过研究语词或概念而说明人的学习事实或者社会的具体现象，教育哲学不能把概念考察当作是研究具体的事实本身。如果教育哲学用概念或规范性研究代替事实研究，或者以为我们所做的概念研究就是研究了那个事实，那么，我们就是把它当作了一个具体的存在物而探讨它的属性。如，我们探讨“什么是教育”的问题，不是要探讨现实中发生的作为事实的教育，而是我们所使用的概念“教育”有什么意义，即我们在什么意义上使用“教育”这个概念。而且，探讨我们在什么意义上使用“教育”概念，不是随意给出一个说法就行了，而是要按照“教育”概念本身的分析来看这个概念的本质意义是什么。

如果我们为了研究“教师是谁”这一看似事实性的问题，而跑到学校去访谈这个教师，或者观察那个教师，然后把某种东西挑出来，说这就是“教师”的属性，那么，我们就存在“以点带面”的错误。“教师是谁”在严格意义上是一个概念问题，即“教师”这一概念的意义是什么，研究使用“教师”这个概念指代的是何种人。所以，“教师是谁”的问题是一个本质性概念问题，即“什么是教师”。对于这一问题，我们无法通过事实研究或经验研究而获得说明和解释。

当然，在进行事实研究的时候，我们可能先澄清概念的意义。这就叫作“语义上行”（semantic ascent）。我们先把事质研究转换为概念意义的研究，从而为进一步的事实研究确定一致的概念内涵和外延，避免概念混乱或不一致。有些概念是具有具体确定性的，如“教室”“校园”等，我们一般不会分析它们作为概念的意义，因为它们的意义是非常确定的。但是，有些概念如“教室氛围”“学校文化”等，意义就不是那么具体和确定了，尽管我们觉得它们的意义是明了的，但其实是模糊的。如，什么是“教室氛围”，我们可能需要通过语义分析来明确我们意指什么，即我们需要在用法上定义“教室氛围”，也就是我们在什么意义上使用“教室氛围”这个概念。只有“正名”了，我们才能够进行下一步的研究，选择规范研究的问题或者选择事实研究的问题。

操作性问题是经验性问题，也是事实性问题，尽管它是一个“知道怎么做”（know-how）的问题。严格意义上说，操作性问题是询问如何去做的“做法”的。教育研究不可能仅仅研究价值理念，也不可能仅仅研究事实现象，它也得包括研究具体的如何去做的问题。学校的管理行为、教师的教学行为，等等，都不仅包含着价值上应当如何的标准和原则，也存在如何去做的具体的技艺、技巧或技能。尽管不像生产过程中的工艺或技术操作那么具体，但操作性行为是可以通过具体的操作过程而检验和调整的，也是可以通过事实性的研究而确定的。如果要研究如何去做的技术、技巧或技艺，研究就需要找到恰当的操作性问题。有些问题不是一个操作性问题，如“教育公平如何去实现”的问题，因为教育公平是一个实践行动的宏观问题，我们只能追问教育公平实现的原则、理念或标准，而无法提出具体的行为技艺。有些问题是操作性问题，如“课堂里教师如何提问”。操作性问题只有针对微观具体的行为才能有效，对于学术研究而言，具体的操作性问题意义不大。

当下的教育研究可能过于强调经验研究，否定规范性问题的研究。规范性问题根本上是一种说理的理论研究，因为是超验的，它可能被看作是空泛的，没有实际用处的。但是，经验性问题、描述性问题、事实性问题的研究，无法取代或超越规范性问题的研究。规范性问题只能按照规范性的条件来思考，而且事实经验、主观愿望、情感偏好、共识约定、习惯或者多数人的做法，都不能成为回答规范性问题的理据。这是因为规范性问题与这些因素无关，这些因素无法提供对规范性问题的回答，这种方式的回答都是缺乏理由的。规范性问题，不能被任何事实经验、现实描述、数据统计的方法所触及，因为它不是事实层面的问题。

2.6 问题来自实在

教育研究研究教育存在。何为教育存在？教育存在是教育现象吗？《牛津哲学词典》对现象的解释就是，已经显示的、揭示的或者在经验中显示的事实。英文的“phenomenon”来自希腊文，语义是可见的东西。康德把现象看作是呈现在经验中的物体或事情（objects and events），现象是以因果方式联系的、在时间和空间中的实存。很明显，教育现象是指能够被经验所揭示的、已经存在的事实或事情。

从“现象”的定义看，教育学当然要研究教育现象。但是，可能还有一些非现象的东西也需要研究，如，什么是本真的教育，什么是人应当过的生活，人应当成就的人格是怎样的，等等。诸如此类的问题不是教育现象所能够显示的，但似乎是教育研究应当关涉的。它们是非现象的，却是真问题。所以，说教育学研究教育现象似乎并不完备。如果说，教育研究的对象是教育现象，那么教育研究就是一种对象化研究。然而，对于人的事情，如教育制度、学校生活、儿童的精神成长等，教育研究做不到完全的对象化，因为，有些研究对象是无法对象化的。这并不是说教育研究的科学性不强，而是这些事情本就与我们对自身的理解、想象、观念等密切相关，我们必须联系到我们的理解才能对它们进行思考。所以，有些教育研究是非对象化的。这不是说教育研究不研究现象，而是说，不能单纯地把现象作为教育学所有的对象去研究。

问题必然牵涉现象、事实。研究者常常说根据事实现象，从事实出发。但是，事实是什么？这本是一个明确的问题。客观世界的存在，似乎确定不移，人文世界的生活也造就了客观的事情。但是，建构主义把事实看作是人所建构的，造成了令人烦恼的疑问：事实是为感知、意识、思想所表象，还是为其所建构？客观世界是独立存在的，还是只在思想、观念、语言中存在？

区分事实研究和规范研究，必须说明事实是什么。教育学中有很多学者大谈事实，却不能清楚地说明事实是什么，结果是混淆了事实与价值，也混淆了不同的事实，或者站在建构主义的立场上，把事实看作是人的意识所建构的。

事实是指已经发生的事，是实存的现象。陈嘉映说，没有尚不存在的事实。有些事情虽然经常发生，甚至有规律地发生，但只要还未发生，就不是事实。事实已经发生，那就是客观的、谁也改变不了的，因为事实已经存在，也许真相不为人所知，但事实还是事实。这意味着，没有想象的事实，也没有假设的事实，因为事实是已经存在的实事，其本身的意义不能蕴含虚构，虚构与事实不相符。事实可以指自然事实、社会事实、心理事实等，它们都是客观上存在的。按照一定的规律必然发生的事实是一般性事实，而偶然发生的特别现象是个别事实。

实在比事实广泛，也更为基础。实在是存在的整体，包含着一切的存在，而不仅仅是实体的物，也不仅仅是实存的现象或已经发生的事实，实在还包括精神的内容，如概念、想象、思想、意义、语言，以及概念上的可能性存在，等等。存在的，并不一定是被感知的现象，有些实在虽然不是现象，不是事实，不能实体化，但也是存在的。如人具有的知识、理念等，它们只是以概念的形式存在着，而不是以感觉现象的事实形式存在着。实在的意义说明，事实是存在的，但存在的不只是事实。学术研究以思想关照存在着的一切，也就是说，关照实在，而不仅仅是现象性的事实。如果学术研究否认非实体化的实在的存在，那等于是把我们自身的理解、想象、思想、概念、观念、信念等都看作是不存在的，看作是不值得研究的。这不仅会忽略这些实在的价值与意义，也会因为我们对它们的无知而给我们的认识与实践造成很大的困难。

有些建构主义者认为，现象不是事实，只有在特定描述下的现象才是事实，事实是用描述的语词说出来的东西。如果没有一个先在的描述词汇表，那就没有事实。塞尔批评说，建构主义的观点是说根本没有不依赖于语言词汇的描述的实在，但是，用语言描述事实并不能否认实体的独立存在。塞尔的观点是事实完全不依赖于语言而独立存在，而且也根本不依赖于意识而独立存在。他认为：事实是使陈述为真的条件，但事实并不等于对它们的语言描述；我们发明了语词来陈述事实，来命名事物，但并不能由此得出结论说我们的语言和意识发明了事实和实在。（参见塞尔，2006）虽然在后现代主义社会建构论者的“新新思想”看来，塞尔的观点似乎过时了，但我认为，塞尔说明了事实的独立性，说明了实在的独立性——实在是存在的，而不是语言和意识发明出来的。这让我们感受到了世界的实在，以及我们面对实在而思想的可能性。

我以为，事实独立于人们的思想与言说，因为事实存在于实在中，是存在的，事实并不因为被忽略而不存在。事实是实在的事态，是独立于意识或心灵或语言的实在。我们认识实在及其事态，发现它们，是通过语言和意识的，但不能说我们的语言和意识创造了事实、呈现了事实，是事实的依据，应该说，事实是我们的语言和意识所认识的对象，是我们的认识为真的依据。事实是真实的，事实本身没有假，可能是我们的描述和认识有假，所以我们尽量改造我们的描述，使之适应（fitting）事实。我们可能用不同的方法，包括语言的方法，试图发现事实的真相，一旦符合事实，就说明我们的描述表象为真。

这可能被看作是传统的认识论。我的看法是，实在事实的独立性总是意味着我们的意向性和思想面对事实的独立性，因此，建立事实和思想之间的关系是我们的理性的表现。实在、事实的客观性，总是意味着思想的主观性，因此，我们的思想的任务，就是理论地观看事实，不断地修正我们的思想。建构主义试图以思想的主观性说明事实是主观的，把实在看作是语言的产品，从而把每一个单个的思想绝对化了。我们的思想面对事实和实在，永远具有改进的地方。这样一种认识论，更具有一种对客观世界的尊重，也具有一种对思想的有效变革的尊重。如果实在世界是被思想建构的，那么，每一个人的思想不同，他们所建构的事实就不同。这似乎肯定了人的思想的差异性或多元性，但却忽视了实在独立存在的真实性，结果事实和实在就变成了众说纷纭的事情：谁想把事情说成什么就是什么，到底有没有一个真实的世界？

建构主义用“建构”一词作为分析模式，认为所有的实在都是由语言或意识所建构的，而且可能也是从不同的视角进行的不同的建构。当然，建构主义也许不否认人们的建构可能具有相似性或共同性，但无论如何，所有的事实或实在都是由语言所建构的。这一建构主义观点的问题，正如塞尔所批评的，在于语言说出和呈现实在或事实，并不一定意味着实在或事实是由语言所建构的。说自然界的实在是语言所建构的，这事实上是在怀疑自己作为一个肉体的存在，因为人的肉体存在本身不是人的语言和意识所建构的。

有些社会性和制度性的实在可能是由语言部分地建构的。货币、语言、财产、政府、法律，等等，都是社会性实在或制度性实在。制度性和社会性的实在本身意味着通过语言而表达，因此语言部分地创造了事实。当我们宣布一种法律的时候，这个法律就作为制度性实在而起作用，没有语言以及宣布的行为，这个法律就不存在。有一些事实或实在不依赖于观察者的特征，有一些实在则依赖于观察者的特征。自然事实不依赖于观察者的特征，社会实在则依赖于观察者的特征。我们看一块石头的属性，是不依赖于我们本身的某些特征的；而我们看待社会制度，我们的态度、偏好等就会影响我们的观察，我们的态度会影响我们的看法。

实在有些是有形的，有些是无形的，有些是可见的，有些是不可见的，也就是说，有些是实体，有些则不是，如人类意识就是不可见的、无形体的。实在包含了实体性的有形的事物，也包含了非实体的无形的事物，而且，有些实在在观念、思想中存在。所有这些实在都是真实的。实在也有应在，也有能在，甚至还有虚拟的存在形式。实在如此丰富，因此研究提出问题就不能仅仅面对那些可见的、有形的实在，也要把那些无形的实在作为提问的对象。

真、善、美可能是无形的实在，柏拉图把它们叫作理念，认为它们是作为理念的实在。它们不同于具体的真的事物、善的事物、美的事物，这些都是具体的现象存在，有生有灭，变幻无常。在柏拉图看来，真实的恰恰是理念，普遍而永恒，对理念的认识是根本的。现代人反而把理念看作是虚幻的、不存在的，因此拒绝对理念的研究。这样，就把那些无形的、不可见的实在拒斥在认识、思想、语言之外，这些实在就不再被思考了。表面上看起来我们的认识落实到了真实的事实之上，然而这样做却使人对实在的认识大大地缩减了，人的认识也变得狭隘了，只有对可见物才有某种事实的认识，而对不可见的理念、精神等却缺乏观照。这种认识的狭隘化，使得人的精神也变得狭隘了，使得我们看见不可见事物的能力的发展受到了挫败和限制。这其实是我们认识的缩小，而不是我们认识的扩大。

教育研究也可能面对着我们不可见的实在，如理念、情感、精神、心灵、灵魂，等等，我们对这些实在所牵涉的问题可能还有许多的无知、困惑、迷思、误区。我们的问题意识应当把它们纳入进来，而不是指责说，对于不可见实在的询问和研究都是不实际的、无用的，或者是无意义的、没有问题意识的。对不可见实在的研究，并不能以虚假的研究为由简单地加以批判或拒绝。

2.7 回到教育事情本身

> 我们愈深入地研究事物的起源，我们就愈没有兴趣参与这种研究；甚至，我们愈是随着我们的认识返回到和接近于事物本身，我们对事物所做的一切评价和“兴趣”，也就开始丧失其意义。
>
> ——尼采

> 依据现象学原理，那种必须作为“事情本身”被体验到的东西，是从何处并且如何被确定的？它是意识和意识的对象性呢？还是在无蔽和遮蔽中的存在者之存在？
>
> ——海德格尔：《我进入现象学之路》

伴随着教育现象学的兴盛，现象学的经典口号“回到事情本身”在教育学界流行甚广，不少做教育研究的人都会把这句口号挂在嘴边。但是，我觉得自己对这一口号懵懵懂懂，不甚了解。是否教育学界的许多学者，如我一样，对于“回到事情本身”并不一定是清晰的？如果是，昏昏然地说“回到事情本身”，却不知道“事情本身”指什么，那就会耽误事情，也会误人子弟。我直观地觉得，许多号称以教育现象学来做研究的学者们常常庸俗化地理解“回到事情本身”，把这一理念转换为“回到教育生活中去”“回到现实或实践中去”“讲述体验或经验中的现实”。因此，教育学界需要问这些问题：什么是“回到事情本身”？什么是“回到教育事情本身”？什么是“教育事情”？什么是“回到”？怎样算是“回到教育事情本身”？

在《逻辑研究》中，胡塞尔曾把现象学的基本精神概括为“回到事情本身”（zu den Sachen selbst）或“回到事物本身”，也有学者翻译为“回到实事本身”。从胡塞尔对现象学观念的阐释来看，现象学精神的直接批判对象是自然主义或实证主义。因为，自然主义或实证主义只承认物理的现象是实在的，而否认观念的实在性，这样，自然主义或实证主义就把人文世界中的观念现象、意义排除在认识之外。胡塞尔把现象学作为对意义、观念进行本质直观（ideation）的根本的思想方式。本质直观就是对呈现在意向性中的本质进行本质的思考。

胡塞尔区分了事实科学和本质科学。他说：“存在着本质科学，如，纯粹逻辑学、纯粹数学、纯粹时间学、空间学、运动学等等。就它们所有的思维步骤而言，它们完全纯粹于事实的设定。或者，完全等值地说，在这些纯粹本质的科学中，没有任何经验可以作为经验，即作为现实、作为对此在进行把握、或者说对此在进行设定的意识来代替论证的作用。”（胡塞尔，1994）[92]“纯粹本质的科学的本质在于，它的操作仅仅是本质地进行的……”（胡塞尔，1994）[93]事实科学是经验的，而本质科学是超验的，但超验还是呈现在意向性中的。胡塞尔所谓的本质科学的现象学是超验的，但还是在意向性中、在经验中，而不是通过经验而说明。在胡塞尔看来，关键的是，事实科学依赖于本质科学，因为本质科学提供的形式原则为事实科学的认识提供了基础，所以不是本质科学依赖于事实科学，相反，事实科学要依赖于本质科学。本质科学不可能采纳任何经验科学的认识结果，经验科学从事实中只能推导出事实。（参见胡塞尔，1994）[94]胡塞尔说：“对本质的设定和首先对本质的直观把握，并不蕴涵着对某个个体的此在的设定；纯粹本质真理并不包含着关于事实的断言，因此，人们也无法仅仅从这些真理中推理出哪怕是最细微的事实真理。正如任何对事实的思维和陈述在进行它们的论证时需要经验一样（只要这些思维的切中性的本质必定要求这些经验），关于纯粹本质——非混杂的，不是事实与本质相联结的——思维作为论证性的基础材料也需要本质直观。”（胡塞尔，1994）[88-89]

在胡塞尔看来，现象学的思维是先验的，是在先验的思维中思考呈现在意向性中的先验的本质，这与那种经验主义的研究彻底不同。“经验主义论证的基本缺点是，把对返回‘事情本身’的基本要求与一切通过经验获得的知识论证的要求相等同或混为一谈。经验主义者通过他用来约束可认识的‘事情’范围的可以理解的自然主义限制，干脆把经验当作呈现着事情本身的唯一行为。但事情并不只是自然事实。”（胡塞尔，1992）[75-76]胡塞尔在《纯粹现象学和现象学哲学的观念》里认为，朝向事情本身，就是超越经验主义的话语和意见，在事情本身的给予性中探索事情并摆脱一切不符合事情的前见，从而返回事情本身，而不是把事情仅仅看作是经验的，更不是把现象学看作是经验地探究事实。（参见胡塞尔，1992）[76]本质直观作为现象学回到事情本身的方式，是超越意见而到达真理。“回到事情本身”意味着反对偶然之见，反对任何伪问题。

现象学是关于所有可想象的先验现象的科学，但不是指关于自然实证观点中的所有客观存在之物的科学，先验的现象学先于经验的现象学。胡塞尔说：“一门总体的事实科学的真正形态是现象学的形态，它作为具有现象学形态的科学是一门关于事实的先验交互主体性的总体科学，这门科学建立在作为关于可能的先验主体性科学的本质现象学基础上。据此，一门随本质现象学观念之后而来的经验现象学观念便得以明了并且得以论证。它与实证科学的完整的、系统的总体是同一的，只要我们从一开始就考虑用本质的现象学从方法上对它们进行绝对的论证。”（胡塞尔，1994）[185]

如此看来，胡塞尔的现象学不是简单地回到现象世界之中去，不是让我们经验地去认识可见物的现象，或者仅仅是陈述某种关于现象事实的经验或体验。对于胡塞尔来说，现象学根本上是研究观念本质的，观念虽然没有自然（nature），但是却有本质（essence），这种观念领域的本质能够直接在直观中被把握，就如物理现象的自然能够在知觉中被认识一样。（参见劳尔，1988）[11]对于胡塞尔来说，回到事情本身的本质直观，并不是转向外在，而是转向内在，但不是转向意识的心理活动，而是转向意向性中的观念的活动，这种观念的活动是对本质的直观。① 这是按照理性的必然法则“重建”一个本质的世界（a world of essences）。“这个世界是否存在，对于真正的现象学论者仍然是无关紧要的。对他而言，重要的是他知道这个世界，并且他有关它的知识是科学的，因为他的知识是以其本质作为对象的。”（参见劳尔，1988）[62]

本质还原就是把本质作为现象学探讨的任务。黑尔德说，现象学意味着向本质实事状态的原本精神直观，在这个意义上达到“实事本身”。这一说法可以说是直切现象学的命脉。现象学的方法不是回避实事的本质，而是对呈现在意识之中的本质进行直观，回到事情本身，即实事本质。现象学不是反对本质，反而是把握本质，现象学的直观可以面对本质（eidos）。“本质（爱多斯）是一个新型的对象。正如个体的或经验的直观的被给予之物是一个个体对象一样，本质直观的被给予之物是一个纯粹的直观。”（胡塞尔，1994）[86]这意味着本质是可以直观的，因为它也呈现在意识之中，那种认为呈现在意识中的只是现象，因而只有现象才能直观的庸俗理解，摒弃本质，其实是把自身又交给了意见。（参见胡塞尔，1994）[8-19]不仅现象可以直观，本质也可以直观。事情本质虽不可见，但可以呈现在意识中，即意向性可以把握本质。胡塞尔反对实证主义，主张真正的理性主义，反对感觉意见对本质认识的干扰。

胡塞尔的本质还原是：“我们应该通过一种特殊的反思把我们的目光转到现象在各个方面所剩留下来的东西上去，去直观它的本质（so-sein）……”（施皮格伯格，2011）[180]事情的本质也许在经验之外存在，

---

① 海德格尔与胡塞尔显然是一致的。在海德格尔看来，事情本身首先就应该是那种表现自身为自身的东西，所以，现象学首先意味着按照事情本身所显现给人的那样来看它。这里海德格尔强调了表现自身为本质的事情，应当是其存在之存在，而不是现象的事实性。实存性（Faktizitaet）不同于事实性（Tatsaechtigkeit），前者表示具有能在性质的存在者的生存状况，而后者则表示一般现成状态的存在者的事实状况，事实性表示现时性，实存性则还具有未来性和可能性。

但还是能够呈现在意向性之中；本质呈现在意识和经验中，本质是能够直观的。(参见施皮格伯格，2011)[150-151]但本质只是观念的“存在”，如果经验地、实证地探究事情的本质，无疑会扭曲本质。只有通过现象学的直观，以观念探究本质才是可行的。尽管观念可能会受其他观念的影响，但是观念对本质的直观是可能的。“意识进行的特征不依赖于偶然出现的经验给予性，而是依赖于‘本质’，即：对象种类的一般规定性。因此，如胡塞尔所述，存在着对象范围，‘存在区域’，它们通过它们的本质，它们的‘爱多斯’，即通过对象性在相应的原本的直观中所展示的精神外观的特征而得以相互区别。本质的对象规定性各依其相关性先天而符合于相应的对象相联系的意向行为的普遍、本质的状况。”(黑尔德，1994)[18]所以，张世英认为，胡塞尔现象学的口号“回到事情本身”，不是指回到个别的感性经验对象上去，而是指回到观念性本质，现象学是关于普遍性本质的科学。(参见张世英，2007）我认为，这种对胡塞尔的理解是准确的。胡塞尔要悬置各种关于事情本身的意见，提倡回到范畴直观中普遍性的本质，而这种本质才是事情本身，或者规定了事情本身，回到这一本源就是回到事情本身。

胡塞尔在这里所说的是“事情本身”而非物（Ding）。这个“事情”（Sache）本身总是和人相关，是与人相关的事情，或者就是人的事情。“回到事物本身”不是要回到本质上与人截然无关或并不本质相关的自然物的实体，而是回到人的事情本身。自然的事实是给定的，自然的现象是可描述的，现象就是其本质。人的事情的现象不是事情的本质，我们需要超越经验现象而直观人事的本质，如对教育的本质的理解，只靠经验的、实证的探究是不可能的。尽管人不是内在于自然事物的，但是知觉经验自然事物的意向性使得人有可能直接面向自然物。回到自然物的本质是科学的事情，而回到人的事情的本质是现象学的事情。现象学思想面向人的事情。人的事情的本质是内在的，人的事情的本然与现象并不一致，我们在人的事情的现象中回到现象也许能把握现象，但却不能把握人的事情的本然。胡塞尔的先验现象学，试图直指观念实在，切中人的事情的本质的直观。胡塞尔认为，关于精神或灵魂，从来没有也不可能有一种客观实证的科学理论，自然主义、客观主义不可能进行对精神的自我把握，只有在精神的意向性中把握精神的本质，才是以精神本然的方式认识精神。先验的现象学“把人自己与世界前后一致地理解为一种精神建树。在此，精神不再被理解为自然的部分或者是并列的，而自然反倒归属了精神范围”。“意向性的现象学第一次使得作为精神的精神成为系统的、科学经验的领域，从而导致认识任务的一次全面转变。”（胡塞尔，1988a）[172-173]

从以上的追溯来看，现象学的“回到事情本身”是对人的事情的一种本质直观。呈现在意识中的事情、观念及其本质是意识能够直接直观的，而不是必须通过经验现象来表现的。因为，本质不是具象的，本质也许在现象中，但不是具体现象，对于本质的现象学明察也许就是超越简单现象，进行本质直观，也就是真理的被给予（意识之中的真理之直观是被真理给予），即真理在意识中的自我显明就是本质直观。现象学超越了狭隘的经验主义，在完整或整体的经验中直观存在之整体、存在之超验，即本质，所以现象学是超验的。然而，教育学研究中的现象学却把狭隘的经验主义奉为圭臬，把现象学的研究庸俗化为经验主义、现象主义的经验描述，放弃了对于本质的直观，不承认“本原”或“本原”的存在，不承认观念实在，放弃了对实在之本质的思想，放弃了对观念实在的本质考察，全心全意地回到实体世界的可经验感觉的事实现象本身，试图对其进行经验性的表征，这其实是对现象学的背弃。

教育学界抓住现象学方法，认为现象学首先强调的是“描述”自己眼中看到的事实现象，即是说，反对任何形式的外在的给予性解释，悬置任何对现象的已有观念或见识，“直面事实本身”，对“事情本身”进行忠实描述。这种教育现象学认为，“现象”自身已经被给出，现象后面并无本质，现象之外并无存在，要放弃无根据的理论性臆想或观念的直观。[①] 研究所做的就是扎下根去，到现实中直观现象。就此而言，教育现象学的研究，作为对现象本身的经验性描述，与自然主义或经验主义对经验现象的实证性“科学”描述本无二致，都是经验的，都放弃了对观念实在的本质的直观，放弃了本质性地对本质的认识。这必然会遮蔽在教育现象界所看不到的事情，把那些只能直观的部分，如观念的教育本质等实在遗忘掉。

胡塞尔的“回到事情本身”，也许包含着一种积极的努力，即努力回到被遮蔽的本质与观念之中，回到被遮蔽的能够超越经验或意见的对真理的认识之中。[②] 现象本身为现象，我们经验到的现象可能遮蔽了事情的本原或本质，或者，如果我们认为我们看到的现象就是一切，那我们的“看法”或“看到”就可能遮蔽事情本身。如果事情本身可能被遮蔽，被遗忘，那么是什么遮蔽了事情本身而使得我们遗忘了它？是否是我们关于现象的描述？如果我们只是经验地看到了一些现象，而遗忘或遮蔽了一些现象，或者我们遮蔽了或看不到本原的事情，那么我们当然无法直观事情的全部，我们的认识就可能存在扭曲。[③]

如果教育现象学方法的精髓不过是回到教育现场或现实去直观、去描述，那现象学并高明不到哪里去。因为，我们本就在生活中直观

① 这是现象主义，而不是现象学，现象主义是纯粹的感觉主义。现象学对于教育研究乃至任何形式的人文研究的启示在于，现象之后与现象之中有被掩盖的东西，现象学之所以必要，是需要去蔽，让被掩盖的事情本身显现出来，经验的直观就是去看深层的东西。而现象主义恰恰相反。现象主义认为只有现象存在，不在现象中就不存在，不成为经验看得见的实体就不存在。

② 在海德格尔的思想中，只有面向“实事”本身，才能使事情“澄明”（Lichtung）。它意味着去蔽，让存在者之存在显现，这其实也是“真理”这个词在希腊语中的含义。（参见海德格尔，1999）[79-96]

③ 我们总是用某些方法而“直观”现象的，方法本身可能会遮蔽一些现象，这是方法的代价，我们不可能不运用方法，所以，方法的代价是不可避免的。关键是我们不能因为我们的偏见而故意遮蔽事情的现象，特别是遮蔽本质、观念本身。如果我们把所有的“观念”悬置起来，那么我们能否直观？如果我们不能悬置观念，那么我们是否是以“观念”来“观”事情的现象与事情本身的？怪不得胡塞尔的本质直观是“ideation”（观念化）呢！

教育，我们关于教育的描述“意见”多不可数，每个人都有，关键的是，我们如何能够超越或者悬置这些意见，而达至对教育事情的本质认识。虽然我们也可能默想生活，就如柏拉图和苏格拉底与一群人畅谈理想的政治和教育，也如亚里士多德沉思人的灵魂，但是这些其实并不是臆想，也不是脱离现实，而是直观本质或原型，或者说是纯粹形式。苏格拉底不是不在生活的现象之中，而是在现象之中追问事情本身即本质是怎样的。对于智者派的“野蛮人的教育”的直面，迫使苏格拉底追问真正的面向智慧的教育是什么，难道说他不是在思考教育现象中的事情本身吗？描述可能仅仅面向那些能够或可以描述的现象，而可能遗忘的恰恰是无法描述的事情。也许如教育、政治等事情本身是无法描述的，我们能够描述的仅仅是我们所看到的那些可以被描述的表象，我们当然不能把我们所描述的看作是事情的全部，更不能把它们看作是事情本身。我们到学校去，看到那些老师在那样教书，我们就描述说，我们看到的是教育事情本身。我们的研究能否这样下结论？我们看到某个学校的师生关系中有控制的现象，我们能否陈述“师生关系是控制的关系”这个命题？我们能否说“师生关系应当是控制的”？我们访谈了一些学生，讲述或描绘了一些学生的经验或体验，我们以为我们看到了真实的师生关系。我们描述了师生关系的某些现象，但是否遮蔽了师生关系的本质？如果我们以为本质、本原的教育问题至少需要理解，那什么样的认识才能去直观本质？胡塞尔不是简单地发明了某种方法，他直面实证主义的遗忘症的危险，以哲学家的责任让我们去直观真正决定我们的存在（即生活）的事情本质。

在现象学那里，“事情本身”虽然是某种隐蔽的形而上学假设，但也不会像现象所表现出来的或者在经验、意识中表现出来的那样简单。事实上，现象学反对的恰恰是简单化，即简化主义。“奥卡姆剃刀”

的原则①在研究中是必要的，但是我们的研究在挥舞奥卡姆剃刀的时候，把现象割裂成了几块碎片，将现象缩减为研究者喜欢看到的东西。现象学反对如此的简单化，它是一把刷子，既能扫除异物，又无须将现象剃光。（参见施皮格伯格，2011）[891]扫除异物，见到真实！教育现象学的刷子如果把教育的事情本身全部刷去，只留下几片能够看到的现象，那现象学就变得与奥卡姆剃刀一样了。我认为，胡塞尔的现象学的刷子，希望真正地刷出“事情本身”来，意识到或者直观“事情本原”或“事情本身”。

“事情本身”并不那么简单，并不一定是自明的，我们对它也许难以一目了然。所以，我们不能简单化地理解“回到事情本身”，不能简单地看待现象学方法。教育研究中的经验主义号称使用现象学的研究方法，把经验当作呈现着事情本身的唯一行为，因此这种所谓的“现象学”的研究方法不再直面事情本身，而是直面现象经验，追述经验、描述经验或者陈述经验。如，我们研究教育，不是说研究教育本身是什么，而是研究我们经验中或儿童经验中的教育是什么。我们因此表述关于教育的经验。事情的经验和事情本身可能不是一回事，事情当然并不只是“事实”。按照胡塞尔的看法，经验不等于实在或事情本身，事情本身不等于自然事实或经验事实。教育的事实在那里，教育事情本身也许不在教育事实里面。教育事实是怎么发生的是教育事实的问题，教育事情本身是什么是教育理念的问题，前一问题不能遮蔽后一问题。教育事实是怎么发生的，并不一定能够导致我们防止或促进同样的事情再次发生。教育事情的问题帮助我们看清教育的事实，从而使得我们明确教育应当怎么去做，这是教育的根本问题。

“回到事情本身”是一个复杂而艰辛的“直观”过程，而不是简

① 奥卡姆剃刀（Occam's Razor，Ockham's Razor），又称“奥坎的剃刀”，由14世纪逻辑学家、圣方济各会修士奥卡姆的威廉（William of Occam，约1285～1349年）提出。奥卡姆（Ockham）位于英格兰的萨里郡。这个原理称为“如无必要，勿增实体”，即“简单有效原理”。正如他在《箴言书注》2卷15题中所说：“切勿浪费较多东西去做，用较少的东西，同样可以做好的事情。”

单、直接、自然的过程，不是我看到的就是现象，更不是事情本身。我们的观察常常看到的是我们希望看到的东西，如，我们访谈的问题也许回避了一些我们不想问到的事情。我们在研究中往往会把自己的假设、感觉、解释等误认为是“现象”或“事情本身”。现象学的还原就是要研究者放弃先有的信念、前提、假设或解释，去看是否是“事情本质”，即摒弃随意的假设和顽固的偏见、意见，去看本质。按照海德格尔的说法，回到事情本身，就是按照事情之所以是事情的本然去看、去说事情，即按照事情是其所是去看待事情。不仅仅如此，我们也应当按照事情的本质去做事情。我们不能按照表面现象去看、去说、去做事情，因为按照表面的现象去看、去说、去做，就不是出自事情的本然、本原、本质，那样就把事情扭曲了。人根据什么去思、去说、去做事情？根据对事情本身的想象去做这个事情，这样才算是在做这个事情；如果没有按照这个事情本身去想象、去做，那就不是在做这个事情。如，如果不按教育本身去做教育、去思考教育、去言说教育，那么所做的活动可能就不是教育，因为没有按照教育本来的样子去做嘛。那么，什么是教育本来的样子？这就是现象学的本质直观的任务。

政治是人的事情，教育也是人的事情。这些事情过去发生过，或者将来可能发生；它们或者是在现象中，或者是在观念中；我们用感觉经验去看，可能也运用思想去把握本质。我们恐怕不能说我们看到的政治或教育的现象就是政治的本质或教育的本质，我们恐怕也不能说我们思想的政治或教育的本质是虚假的，不能说只有现象的事情与我们的行动有关，而本质的思想或言说只会对行动构成困扰或伤害。政治或教育的现象或本质，都存在于我们在语言之中的想和说里面，我们以行动去做这些“人的事情”。这些生活世界的事情呈现为人为的事情，是人的精神创造物，显现了人的精神的自我认识和把握。思想作为人对事情的本质直观或把握，是在意向性中的自我直观。对教育事情的把握，是人的理性的事业；对于教育的理论态度，就是追寻教育事情的本质，就是教育作为纯粹形式（教育之为教育的永远的可能性），而不简单是或仅仅是作为教育现象的事实。

否认教育本质，就是否认教育是其所是的本然存在，否认纯粹的理性之中的教育实在。这样，就把教育限于经验感觉到的现象，那就意味着教育不过是现实的各种现象而已，意味着人对教育的所看、所说、所思、所行都超不过现象。问题是，现实中所有发生的所谓的“教育”事实都是教育本身吗？如果是，我们将如何评判这些现象的事实？相对主义说，发生的总有原因，无所谓好坏，也许我们可以根据我们的需要评判教育的好坏，但是如果你需要的是一种坏的事情呢？

教育学常常把“回到事情本身”这一精神，具体化为一种现象学的研究方法。我认为，现象学是一种研究理念，是一种研究精神，或者说是本质性的研究精神，而不是具体方法。现象学不是总体或者具体的方法集合，它是某种能够“赠予我们以道路之可能性的东西”，它可能预示着某些真正显示出来的研究的内容，也显示着具体的研究态度和研究方式，它“代表着一种灵活的看和问的方式，它具有各种不同的方向，始终进行着新的尝试而不是僵化为一个固定的同一”。（倪梁康，1995）就如海德格尔所言，“面向事情本身”重点强调的是“本身”，与“事情本身”格格不入的那些东西要被排除在外。（参见海德格尔，1999）[75-76]如果现象学的本质在于追问事情的本质，那么“面向事情本身”就不仅仅是研究的精神，它其实也是实践的精神，不仅决定着研究的方向和内容，也决定着研究的过程和程序，更决定着我们应当如何去进行教育行动。

对教育研究来说，“回到事情本身”不是简单的认识方法论的口号。教育事物不是自然事物，而是人的行动所给予的事情。这个事情因为不同的行动、不同的行动动机与目的理念、不同的环境条件而不同，中国的教育现象与美国的教育现象不同，“文革”时期的教育现象与当下的教育现象不是同一回事。我们难以说明现在经验到的教育现实就是教育本身，我们也难以说回到当下的教育现实中就是“回到教育事情本身”。我们看到的是教育发生的事实，不一定是教育本身。如果现实发生的一切就是教育本身，或者就是教育的事情，那么，我们说“回到事情本身”就意味着回到现实中去，就意味着不要在理论上探究或追问教育是什么的问题，因为教育是什么，现实已经回答我们了。这种观点意味着，我们不可能持有关于教育的理性想象，不可能持有关于理想的教育的理念，因为它们都不是教育本身。但是，这种情况与我们现实的经验不相符合，一旦我们反思教育的现实，我们总是会问：这就是教育吗？这是教育本原的事情吗？当我们这样去问的时候，我们的经验似乎已经感受到了现实发生的教育事实不一定是教育本身，可能还存在一个与此相对的纯粹的教育本身。

即使我们身处现实的教育中，我们也可能会遗忘“教育事情本身”。如果“遗忘”了“教育事情本身”，我们试图去做的所谓“教育”的事可能就不是教育，因为我们不知道“教育”是什么。如果现实的都是教育事情本身，那么现实就是“教育”的一切，因此也就无所谓超越现实的可能性了。这样一来，我们如何能改造现实呢？可见，现实的教育是什么的事实判断虽然重要，但是最为重要的是现实的教育是否好和怎样做才好的问题。这个问题的问法不是针对现实的教育的事实，而是针对可能性的教育事情。可能性的教育事情尽管是在现实的事实基础上做出来的，但是，要做好可能性的事情，就必须知道什么是本来就好的教育事情，本来就好的教育事情就是教育事情本身。所以，“回到事情本身”并不像我们教育学者认为的那样，是“回到现实中去”。我们就处在现实中，现实就是我们制造的，我们的一切错误或缺陷都表现在现实中，紧要的问题不是“回到现实”，而是如何改造现实，即超越现实。而改造现实或超越现实就是要“回到事情本身”，就是要追问“事情本身是什么”，就是要按照事情本然的样子去思考，去行动。站在教育的立场就是按照教育本然的样子去做教育，去思考教育。

胡塞尔在《现象学与哲学的危机》中说，理性文化之所以衰落的原因，可能就是危机中的逆本质的东西（contra-essential）。（参见胡塞尔，1988a）[174]如果人类普遍与永恒的事物及对其的探问遭遇到拒绝的危机，或者说在那些针对教育的普遍而必然的思考遭遇了全面的否定之后，我们人是否还有力量、有思想去理性地塑造自己？是否还有力量、有思想去按照对人的人性或精神本质的直观而塑造教育的实践？我们是否有能力从教育事情本身出发而做教育？

“回到事情本身”，以事情之所是，即以事情的本然来研究事情的本质（essence），以事情呈现在我们的意识中的本然来直观事情之所以是，也许才能够切中事情本身。否则，以我观物，把现象、把我们自己的经验意见看作是事情本身，那就是本末倒置了。

3

主张观点

思维的工作如同帕涅罗珀的织物，在每天早晨拆毁昨天已经完成的东西。因为思维需要从来不是通过“聪明人”的可疑的自我省悟而满足的；它只能通过思维而被满足，只有当我愿意和能够重新思考我昨天产生的思想时，我昨天的思想承诺才能满足今天的这种需要。

——阿伦特：《精神生活·思维》

3.1 观点是什么

任何学术研究必须主张一定的观点，我们不可想象没有观点的学术成果。就研究而言，关键的是，学术观点是否具有合理性，即是否有理由或理据来支撑观点。每个研究者都钟爱自己的观点，在争议中竭力维护自己的观点，但并非每个人都会把自己的观点放在理性的根据之上加以检验。就日常生活和学术研究而言，我们每个人都有权利拥有和表达自己的观点，不管这个观点正确与否。但是，从另一方面来说，人人有权拥有或表达自己的观点不一定意味着他们所持有的观点就是合理的、正确的。学术研究之为研究，在于提出正确的观点。我们如何来判断所持有的观点是正确的？这依赖于研究中的论证。

学术研究必然表达观点。在学术研究的所有过程中，我们都需要问自己，我们的观点是什么。在研究之前，我们可能有一个或多个观点，如，研究之前的假设或提议，或者前设性的观点，等等。重要的是，在研究的过程中，我们试图提出理据，证明我们的观点，在论证之后，我们根据理据，可能放弃这个观点或者修正、坚持这个观点，也有可能根据理据建立新的观点。我们提供的理据，也是一个个有道理的观点。因此，学术研究离不开观点及其论证。

我们持有的观点是一种审慎判断的理性表达，而不是个人偏好的表达。学术研究是在运用公共语言的条件下，寻求理据支持观点，而理据对所有人来说都是合理的，否则就不是理据。个人偏好仅仅是个人的意见取向或某种私人化的情感经验，并不具有普遍性。例如，针对教育公平的议题，你持有的观点必须是你的理性判断，而不是来自个人的情感偏好和利益立场，你的个人偏好无法证明你关于教育公平的观点的正确性。因为个人偏好是个人的私人偏爱，没有评价和分析的标准，所以，个人偏好没有正确与错误之分，而针对共同问题的判断有正确与错误之分。如果学术研究主张的观点仅仅是个人所偏好的意见，那就无法证明其合理性。不同的观点是不等同的，正确的或合理的思想或观点当然比不正确的、不合理的思想或观点更可取，更令人信服，更应当被人持有或主张。有人认为不存在公认的思想评判标准，他可能认为思想观点就像个人的偏好一样，是分不出正确与错误的。（参见吴康宁，2005）

研究要甄别关于问题或议题的错误的观点与正确的观点，因为研究本身的目的是通过论证持有或形成正确的观点。如果在研究之后持有错误的观点，那就意味着研究没有形成正确的结论，是一个糟糕的研究。当然，不论是在研究中还是在现实生活中，观点出错的情况比比皆是，正是基于观点的可错性，我们才有必要对任何观点进行批判性审思。一位大学校长可能认为，学生成功进入就业市场就是大学教学的成功，但是这种观点是否抓住了大学教育的本质？这种观点可能是需要质疑的。有些人可能认为，观点仅仅是一个具体的个人在具体的时代、情境下提出的意见，具有相对性。这种看法对批判那些宣称绝对正确的独断论或教条主义、观点霸权也许有所启发，但是也包含着“观点是否正确无法评判”的意思，即对于观点没有可评判的标准。有的研究者可能认为，思想不过是思想者个人在特定的环境下建构的，所以思想本身没有可以评判的共同标准，任何观点或思想都无法判断正确与错误。如果是这样，观点就不过是一种个人私己的经验或偏好的表达而已。这种观点是否反映了思想的本质？是否符合人们关于思想的常理常情的看法？如果答案是否定的，那么，希特勒关于灭绝犹太人的言论就根本无法评判。我想，持有这种观点的人，无法就观点与他人进行商谈或讨论。因为，如果观点不能区分正确与错误，也就意味着一个观点是封闭的，它有理没理是无法论证的，即没有共同的理据可以说明某个观点是不完善的，因此也无法对观点进行讨论，无法对观点进行合理性论证，即无法对观点进行学术批判性研究。而且，当持有这种观点的人在某种观点上与他人发生争执的时候，恐怕他并不希望他人或旁观者认为他的相关看法正确与否是无所谓的——

这显然不符合日常生活以及学术研究的常理。

有些研究者可能会发表荒唐的观点，而且是在努力研究之后发表荒唐的观点，这只能说明他们的研究论证产生了错误。英国哲学家约翰·洛克曾说过，有三种人容易形成错误的观点：一种是从来不进行思考或懒得进行判断的人，他们仅仅追随习俗中的权威如父母、老师或其他人的意见；第二种是依据自己的情绪、偏见或激情而不是通过理性判断而选择的人；第三种是缺乏全面的判断力而不能全方位地看问题，仅仅追随某一类型观点的人。当然，所有这些类型都有一个共同的特点，那就是从来不认真检审各种各样的观点，包括不认真检审自己的观点。这些人的观点容易出错，因为他们放弃了反省或纠正自己观点错误的唯一的机会。

任何学术研究都是严肃的、负责任的，这就意味着研究所表达的观点、研究所使用的观点不是随意的，而需要经过严格审查。我们需要经过复杂的、细致的论证去证明我们所提出的观点。在研究中，我们不能仅仅表达观点而没有论证。教条主义的独断性就表现为仅仅表达观点而不进行道理的论证，不会提出理由，即不是进行辩理。

研究本身可以说是对研究提出的观点的反思性审查，这一审查的根本方式就是论证。正是论证才使观点获得了理据，由此观点才成为观点。

3.2 陈述命题

观点意味着学术研究必须有主张，或者按照哲学的话语——必须有断言（claim）。这是因为研究者必须就自己研究的议题，有自己试图证明或者证实的信念或观点。这一信念或观点在辩理中以命题（proposition）的形式表达。让我们来考虑下面这段阿伦特在《人的条件》中的话：

> 人类事务的领域是由存在于人类共同生活中的人际关系网构成的。通过言说来表明“谁”，通过行动来确定新的开端，所有这些总会陷入一张早已存在的网中，在这张网中可以感受到它们直接的结果。言行共同开创了一个新的过程，这个过程最终以新来者独一无二的生活经历的形式表现出来，对所有他与之联系的人的生活经历产生独特的影响。(阿伦特，1999)

这段话中包含着命题和复合命题，而且每一个命题都是被肯定的，也就是说，命题的断言为真。我们知道，每一个命题都包含一个主项和一个谓相，主项是指命题中的对象，而谓相是对这个对象所说的一切。所谓断言，就是将谓相附着于主项的观念联结过程，或者说是把谓相所表达的观念与主项联结起来，从而形成一个非假即真的判断。如，“学校是儿童的乐园”这个命题，主项是“学校”，而谓相是“儿童的乐园”，断言就是将“儿童的乐园”与学校联结起来，从而形成一个观念判断的命题。

命题可以分为事实命题和规范命题，就如断言可以分为关于事实的断言和关于价值规范的断言。断言在事实性问题的研究中是事实性的断言，在规范性问题的研究中是规范性的断言。断言以命题形式表现，是以陈述句形式表达的或真或假的观点，如：“教育就是解放心灵”“教育是无用的”“教育实践是人的阶级再生产的方式”“接受教育是获得社会资本”“教育应当促进人的幸福”，等等。这些断言（陈述或命题）的表达在我们的教育研究中是常见的。当然，我们研究中使用或表达的断言不一定是如此完整的语句，如“教育即生活”“道德教育举足轻重”，但它们依然是一个断言，也就是一个命题。

研究的核心观点一定是命题。研究的论点或主题、主张就是以断言形式表达的，即就是命题形式的。命题意味着下断定，即肯定性判断或者否定性判断，因为，命题是指研究者通过论证所断定的某种观点。[①] 断言或命题的陈述在论文研究中比比皆是，甚至一篇文章的一个段落就由好几个命题组成，学术论文可以说是由命题组成的。我们陈述自己的观点，必须以命题的形式进行；我们论证自己的观点，也是以命题形式进行的；我们描述事实，仍是以命题形式进行的。研究必须陈述命题，而且，研究的论证是从一系列的命题推理出一个命题或一组命题。论证就是指谓任何一个这样的命题组：一个命题由其他命题推出，后者给前者之为真提供了根据。

完整的断言在论文中就是一个完整的主题句，也就是主题陈述。如，“为了实现教育公平，我们必须改革重点学校等相关制度”，这一主题陈述包含的断言就是“实现教育公平必须从改革重点学校制度入手”或“实现教育公平必须改革重点学校制度”。在我们的研究中，一段话可能有许多断言，这些相互关联的断言形成了论证的关系。例如：

> 人类不是物品。人类的生命不得在违背自己的意愿的情况下成为牺牲品，即使是像拯救别人性命的良善行为也不行。对待人类不能像对待物品，或借鉴拿来作为达到目标的手段，因为，人类是神圣不可侵犯的。借用康德的话，人本身是目的，值得尊重。(桑德尔，2013)

在研究中，断言或命题的形式有时是非常复杂的，如复合命题：“教育既为个人造福，也为社会造福”“当且仅当发展是人的精神品质的积极建构时，发展才是有价值的”，等等。[②]

在有些研究中，断言或命题在论证之前提出，再由论证进行检验

---

① 语句与命题不同。不同的语句可能表达同一个命题。命题也不属于任何特定的语言，一个命题可以由不同的语言来表述。

② 在逻辑学中，复合命题有四类：(1) 联言命题，一般由联言联结词表示，如“并且”“不但……而且……”；(2) 选言命题，由“或者……或者……”等选言联结词表示；(3) 条件命题或假言命题，由“如果……那么……”等条件联结词表示；(4) 负命题，用否定词形成命题，如“教育并非训练”。

或判断，如假设；有些断言在论证之后，由论证推理出合理的断言，也就是在结论中表现断言。断言的目的在于求得“真理”，断言可能是真的，也可能是假的，断言的正确性就在于联结在一起的观念之间是否真实地切合。如果命题中的观念联结反映了客观的秩序，反映了道理之间的融通，那这些观念之间就是相合的。如“教育促进人的健全发展”，这一命题就是一个正确的断言，因为这一断言与教育的本质是相符合的。正确的断言建立的是正确的命题，而错误的断言导致荒唐的结论，如“教育就是教唆”的断言就是一个荒谬的命题。

命题有真假，这是矛盾律决定的。断言的真假要依赖论证或辩理去判断、辨别，因此，伯纳德·威廉斯认为真理是断言的规范。(参见威廉斯，2013)[85]因为断言受真理的约束，研究仅仅提出断言还不够，重要的是需要做出自己的断言为真的论证。一个断言非假即真，非真即假，不可能既是真的又是假的。所以，命题是可以证明为真或者证明为假的。简言之，或真或假是命题的一个基本特性，这是因为命题是一个语句所表达的具有主体间性（inter-subjectivity）的思想内容。因此，命题的真假是主体间性的，而不是主观随意判断的。

有些句式并不表达断言，如疑问句、祈使句等。如“什么是教育目的”，可能构成一个研究的问题，但它不是一个断言，而“教育是人的灵魂转向或精神变革”“教育即生活”就是断言或命题。反问句或诘问句是断言，因为它们也表达了观念，如：“那种贬低或羞辱儿童的教师难道是称职的老师？”断言不同于询问、祈求、命令和感叹，因为断言可以被证明为真或为假，它断定了事情是或不是，而发问、祈使、命令都不是这样的表达形式。或真或假是断言的根本特征。

任何研究都试图提出真的断言或命题。论证可以证实或证明一个假设或判断为真，也可能证伪。研究的过程就是这样，提出命题或断言，进行论证，在论证中通过证据或理由的展现，而证明或证实命题的真假。研究必须提出新的命题或断言，因为研究须提供新颖的理解或知识。命题是主体所认识的关于世界的真的断言，因此是一类非常重要的关于世界的知识（knowledge about world）。教育研究提出的命题，是作为命题知识而表现的。(参见陈嘉明，2003)[29]不管是事实命题还是价值命题，只要是真的，且明确表达了认知判断，就是知识。知识的必要条件是真，只要是知识就一定是真的，认知的错误不会形成知识，错误的知识在逻辑上是不成立的。知识是不可错的，错误的经验不是知识。

研究者所表达的一个经证明为真的命题或者断言，也是他自己真正相信的命题，即这个命题是他真实的信念。“一个人的断言表示了一个人实际上所相信的东西。”(参见威廉斯，2013)[123]我们无法想象，一个研究者表达出的经过论证的命题是他所不相信的。研究者表达了一个观点，论证了一个结论，这个结论或观点是他所不相信的，那就意味着他陈述了一个自己不认为是真的观点，如果是这样，我们只能认为这个研究者是虚伪的、说谎的。语言交流系统中的交流者无法相信表达断言或命题的说话者言不由衷。如，一个道德教育研究者说，任何人都是自私的，都是从自我利益的立场出发的。当他这样表达这个断言的时候，我们作为听者不可能不认为这是他的真实想法，即我们会认为这是他的真实信念，他说这个断言的时候是真诚的，我们一定会相信他就是这么认为的，尽管我们不一定认为他的断言就是正确的。研究的严肃性也在于此，研究者所表达的断言、命题形式的观点一定是研究者内心信服的，而不是与他内心所想不一致。这种一致性应当作为研究者必要的品质。尽管有些研究者“口是心非”，但是，理解者也一定会把他所表达出的观点看作是他真实地持有的，否则，人与人之间就无法沟通或交流。研究提出断言或命题系统，其实就是提出真实观点以进行真诚交流。研究的命题或断言的本质涉及真诚或真实，“一个断言就其本身而论，乃是‘旨在为真’”(参见威廉斯，2013)[136]。研究通过观点的断言而进行交流，即交流研究所提出的思想，但是，如果研究者在说谎，即自己内心所想与所表达的观点不一致，那么研究就可能是欺骗性的，思想交流就是不可能的。

3.3 为什么假设

假设（hypothesis），在概念上等同于假定（supposition）、假说。研究一般都有假设，即使质性研究宣称没有假设，其实在编码、归结观点的时候，也避免不了某种假定。实证研究更是如此，针对现象的未知，提出一个假设，然后援引证据证实或证伪。实证研究的假设是描述性的，因此其假设的证实过程要依据各种实证证据，即是一个事实证明的过程。非实证的研究也有可能提出假设，但是，由于无法援引事实根据，对假设的证明就要通过援引道理，即通过理据来论证。特别是关于价值、原则、理念、标准等规范性观点、观念等，要确定其正确性、真实性，由于难以通过列举事实来说明、证实，我们就必须通过援引道理来论证，即探问其中的道理关系何在。

假设是为推理提供基础的命题。所以，研究的问题可能从假设的命题开始，也就是说，假设是针对问题的命题，或者说，假设总是对问题的预回答，是以有待证明的命题形式出现的。一个研究提出了要回答的问题，针对这个问题提出了一个预设的答案，并以陈述的方式表达，这就是假设。假设的命题，一定非真即假，但是并不一定为真。假设被看作是据以引申出意义或者做出推论的东西。我们提出假设，目的是看看由此会必然地导向什么后承，进而根据后承判断原来的假设是真是假。“在《美诺篇》中，苏格拉底建议他和美诺来考虑一下德性是知识这样一个假说，苏格拉底立刻索问这个假说的后承。他问道：‘如果德性是知识，那么德性就是可以教的了？’由于美诺已经明白知识是可以教的，所以他对这个问题给出了正面的回答，提出德性即知识这个假说。这个假设引发进一步讨论或论证，在对话的第二节，这个假设被证伪，德性是完全不可教的，或至少不能以教科学、教艺术的方式来教。这个发现对德性即知识这个假说的真理性提出了怀疑；至少看起来德性不是科学或艺术那样的知识。”“这种推理方式是用后承来检验假说为真的一个例子。它所依赖的逻辑原理是，若否定后承，就要否定作为前提的假说，正如肯定前提就要肯定后承。”（陈嘉映，2007）

就我们从事的研究而言，我们可能先有了一个预设的答案，然后对这个答案进行证实或证明。实际上，我们的假设不是空穴来风，而是来自我们的前见、前知。根据我们已经具有的某些知识或见解，我们提出假设或预设的答案。假设因此仅仅是引子，而不是确定的结论，它引导我们的论证。为了论证过程的进行，我们需要假设，但是，论证的过程是对假设进行全面的检验和批判，而不是单纯的肯定性辩护。有些研究者往往把自己提出的假设或预定的答案当作已经具有的结论，然后千方百计地选择对自己的主张有利的证据，为其辩护。这样的研究方式，就是把预设当作结论，观点先入为主了。

我们需要评判和分析自己的假设。对于研究而言，假设是提出的一个基本的论点，它以命题形式表现，研究需要切中这个命题，进行其道理即合理性的论证。一般意义上，基于我们的前见，我们提出的假设命题是真的命题，或者至少是显得为真的命题。在这个意义上，假设就是我们的起始论点（argument），我们由此引出结论并对结论进行考察，从而证明假设的正确性：假设被验证为真，那么假设就成立了；被验证为假，那么假设就被推翻了。起始论点尽管是假设，但却是必要的。如果没有起始论点，或者起始论点不明确、不明晰，那么我们的论证就显得不知所云。在一项研究中，我们可能一开始就有预设性或假设性的命题，或者一组命题，我们试图援引各种证据来证明这些论点。所以，在提出假设的过程中，我们需要详细地考察自己研究的论点是什么。起始论点仅仅是假设性的，而经过证明的论点就是结论。一项研究，必须把研究的论点明确化，可以说，研究中一个重要的步骤就是确认研究基本的论点。这些论点构成我们预先的假设，引导我们进行论证，最后形成经确证为真的论点。

对于研究，我们首先需要问自己，我研究的基本论点是什么，我的主张是什么，从而详细地分析自己的论点。如果对自己的论点不甚明确，那研究就可能是混乱的，就可能没有独特性和创造性。我们在确立和分析自己的论点的过程中，学会进一步发问：这样的论点是否有他人主张过？他人的论证如何？我能否比这些人论证得更好更全面？这样的问题将引导我们提出更有价值的论点，并进行合理性的论证。遗憾的是，答辩的时候，当问许多博士生或者硕士生他们研究的论点是什么时，我们可能得不到明确的回答，这说明他们对自己的研究主题以及切合这个主题的论点不甚明了。

研究需要细致地分析和评判假设。评判假设的一个基本的标准，就是假设作为命题不能违反矛盾律。矛盾律说明，一个命题或者为真，或者为假，绝不能既是真的又是假的。一个事物，在同一时刻，如果它是X，那它就不能是非X。例如：

A：学校是学习知识、发展心智的地方。

B：学校不是学习知识、发展心智的地方。

这两个命题不能同时成立，因为它们是矛盾的。矛盾意味着相反，就是自身反对自身，一个命题不能自身反对自身。

还有一种假说，称为思想实验，在哲学、经济学、社会学、教育学中经常使用。哲学的思想实验很多，往往以某种构想来推理某种后承的结果，从而引发思想；经济学也用典型的虚构故事来建构某种类型的理论。教育学中虽然有思想实验，但是并不像在哲学和经济学领域那样广泛。这种思想实验，严格地说是一种虚构，具有一种提供解释的作用。如约翰·罗尔斯关于“无知之幕”和“原初状态”的假设，对解释在一个合作情境中的正义作为必然性取向，具有意义。政治哲学中的“社会契约论”其实也是一个非常有效的假设构想，它不是事实，并没有表现真实的现实，但是却能够导出对社会关系建构的有意义的解释来。

在教育研究中，可能存在不少未加证明的前设，它们其实也是作为假设存在的，但是它们的存在与我们在研究中提出的研究假设不同：研究假设是引出推理或推论，并加以证明，而这一类前设是作为理所当然的“公设”、作为立论的基础的。公理是自明的，而公设不一定是自明的。研究本身是不会去证明这些公设的，只是把公设作为某种自然而然的基础，隐晦或明显地把它们作为立论的基石。但是，就学术研究的严谨性而言，公设不一定是靠得住的，因为公设未经证明，不一定是真实的或正确的。有一些公设，可能是常识，也可能是习俗性的大众看法，但常识和大众性的习俗看法并不一定就是自明的，不一定是合理的，只有经过理性检验，也就是经过论证为真的，才是合理性的，才可以作为研究结论或观点主张的基础。实际上，任何一个研究，都不可能避免公设，因为，研究必然建立在一些基本的理解、观念基础之上，研究本身无法对所运用的所有观念都进行论证，这就意味着存在着作为“自明”的前提的公设。但是，这并不意味着研究所依赖的公设都是合理的，都是不证自明的。对于研究而言，那些关键性的设定一定要经过严谨的检审才可以使用；尤其是一些隐性的设定，研究者只有认真加以分析、辩理，才可能发现其问题。

学术研究总是建立在另外的一些研究之上，这就意味着学术具有知识传统，也具有交流共同体。学术的知识传统包括理论模式、思想，为我们提供着进行研究的公设。这样的公设因为经过证明，在学术共同体中是普遍可接受的，所以成为合理的公设。在这个意义上，任何一项研究，必须对其所属的知识传统具有深刻的了解。

3.4 观念批判

学术研究的命题反映了研究所主张的观点，而观点总是表现观念，如一项研究提出了教育是什么的观点，其实就反映了研究最后形成的关于教育的观念。观念是大的看法，或者是对大事情的大的看法，因此是复杂的，如“教育观念”，或者“人生观”“世界观”“社会观”

等。观念的形态，如“人生就是享乐”，表达了对人生的一种大看法。“教育为了人的幸福”也是关于教育的一种观念，是对教育所持有的一种总体的看法。很多教育研究的内容往往针对的是观念，提出的也是观念。研究者持有观念进行研究，也研究观念，而且形成观念，甚至在一篇论文中有相关或不相关的一系列观念。

我们所使用或持有的观念与我们所使用的概念不同。观念是与我们的行动和思想的模式联系在一起的看法，而概念是我们共同使用的具有内涵与外延界限的词语。概念具有我们可以共同理解的意义，而且其意义是基本确定的，概念不是我们的主观看法，而观念是更具有倾向性的主观看法。我们可以改变自己的观念，但是不能随意地改变概念的内涵意义。尽管我们有时候会对一个概念的意义进行拓展，但其范围也是有限的。观念有可能是错误的，但概念意义本身是语言所给定的，不会有错误，只是我们的理解或使用可能会出错。

哈耶克在《科学的反革命》中说：“社会科学的特殊难题，以及有关性质的大量混乱思想，恰恰是来自这样的事实，观念在社会科学中呈现出两种作用，它既是研究的对象，又是有关这种对象的观念。在自然科学中，我们的研究对象与我们对它的解释之间的区分，与观念和客观事实的区分相一致。而在社会科学中，则必须区分两种观念，其一是那些构成我们打算研究的现象的观念，其二是我们自己或我们打算解释其行为的那些人持有的有关这些现象的观念，它们不是社会结构的成因，而是关于社会结构的理论。”（哈耶克，2012）哈耶克指出了社会科学和人文学科中的观念的复杂性。研究者已经持有的观念，作为研究对象的观念，作为形成结论的观念，等等，各种观念交织在一起，研究者需要厘清。

研究持有观念或者提出观念。我们的观点反映了我们所持有的观念，或者说，研究经过论证提出的观点，以命题的形式反映了我们所主张的思想观念，同时也反映了我们提出该观念的背景观念。我们在一定的观念基础上，提出和证成我们的观点主张，它们作为研究的结论，也表明了我们的观念。研究的命题虽然构成了我们对命题主项的认识，但是，命题本身的判断或断言反映了我们的主张，反映了我们的观念。特别是价值命题，反映了我们的价值观念。社会科学和人文学科的研究，更多地是建立在观念的基础上，也更多地是以观念为对象，来主张或提出各种观念的。

我们提出的观念主张，不仅仅具有研究的意义，而且也具有影响实践行动的意义。因为，观念总是关于某事的观念，反映了持有者对待某事的思想和态度，因此，观念会影响我们的思想和行动。你对教育持有一种观念，这种观念本身表明了你关于教育的一些看法，这样的看法会影响你关于教育的其他认识，当然也会影响你相关的教育行动，影响那些认同和接受你的观念的人的观念与行动。因此，研究者试图证明或提出的以观点为表现的观念，会影响教育实践，可能给教育实践中的他人及其行动造成观念输入，从而影响他们的教育行动。如果我们主张的观念是错误的，如果我们相信的观念是站不住脚的，我们可能会根据错误的观念行动，这就会给行动造成麻烦，并且会产生错误，而错误的观念会导致错误的行动。出自虚假或者错误观念的错误行动，在人类历史上的确举不胜举。所以，观念的研究必须明白错误或虚假观念的危险。从这个角度来说，研究提出的观点必须是可辩护的，是站得住脚的。

生活中有许多的观念，或者说，我们的行动建立在观念之上，行动就是与观念相联系、被观念所引导的活动。（参见陈嘉映，2011a）[186] 观念是复杂的，可能表现了人的意向性、意志、思想、欲望、利益、偏好、理解，等等。没有观念的实践行动其实是不可能的，因为，一方面，只要是行动，就有目的期望和价值指向，另一方面，人不可能浑浑噩噩、懵懵懂懂地从事实践或行动，如从事政治，或者从事教育。而且，由于多重局限，确实有真的、正确的观念与错误的、虚假的观念之分。虽然大多数时候我们可能以为自己的观念是有理的、正确的，但是实际上却常常缺乏为自己的观念论证的理性习惯，没能区分观念的正确与谬误。因此，由错误观念所导引的行动就可能是错误的。

在有些学术研究中，观念的道理非常明显，研究者做出了好的论证。但是，有一些所谓的研究，提出的有些观念好像是研究者自己的主观臆想，没有真情实感，我们看不到其中的道理，这种观念就是抽象的、空洞的，甚至是无意义的，似是非是，意义不具体。这种研究提出的观念不合观念之理，不合研究之理，因为它们提出了一套套空洞的甚至虚假的观念。有些所谓的研究，提出了一些观念，但仅仅是在文章中说说而已，研究者只是基于某种功利而主张，连他自己都不相信，那么，这种观念就是唬人的，或者是糊弄人的。这不是真诚的研究。

学术研究具有一个重要的任务，那就是观念批判。观念批判或观念批评主要是针对相关社会实践的错误或虚假的观念，揭露其空洞、虚假和谬误。在这个意义上，观念批判不仅要对各种社会现象或社会观念具有敏锐的判断力，同时，也要具备对观念本身涉及的核心、基础问题的分析和检审能力，具有辩理的能力。观念检审是对错误观念或虚假观念在真理意义上的否定，或者说，观念检审不是用你所偏好的一种观念来代替你认为错误的观念，或者用一种立场来否定你认为错误的立场，观念检审的关键是分析某个观念为什么是错误的或虚假的，即通过论证的辩理，分析错误的或虚假的观念错在何种道理上。只有在追求真理的精神中，我们才能揭露错误、虚假或荒谬。实际上，不少研究者进行的观念批判，不过是以一种错误的观念批判另一种错误的观念，或者是以一种自己所偏好的立场代替另外的立场。在这种情况下，你认为某个观念错误，只是因为它不符合你的偏好。如果是这样，观念批判就难免掉入错误观念的泥淖之中。

观念之所以有正确与错误的区分，是因为有普遍的道理存在。我们只能依据道理去评判各种各样流行的观念，所以，辩理或追问道理是观念批判的基础或者核心工作。我们应该追问观念的基础性理由，即观念的合理性在哪里。因为观念本身的意义总是会反映出一定的道理，所以根据观念的道理以及观念之间的关系，可以判断观念的道理是否能够贯通。当然，每个人在表达自己的主张时，总是试图通过一些道理为自己所信奉的观念辩护。但是，有些所谓的道理是假道理，只是辩护人在自己的立场上觉得它有理，而不是普遍有理，也就是说，并不是真正地有理，即不具有合理性。对于研究者来说，分析或检审观念本身所包含的道理是辨别和追问观念合理性的根本方式。所以，观念的批判是追问其道理何在。①

因为教育研究总是会涉及教育、社会等各方面的热点问题和焦点现象，涉及各种不同的流行主张和观念，所以，观念的分析或批判在教育研究中是重要的。教育批判理论家们常常进行观念批判。但是，观念批判也可能变成唯批判，也就是说，不分析道理，而仅仅是站在某一种立场批判另一种立场的观念，特别是哗众取宠，以民众的某种偏好为取向，迎合民众的口味进行所谓的批判，试图引起喝彩。观念批判必须站在公正的理性立场，追问观念的合理性，而不是简单地否定某种观念。有时候，研究者运用大量的观念及观念框架，对他所不赞成的观念进行批判，但是，由于对自己所使用的观念及观念框架本身缺乏辩理，也不对自己所持有或使用的观念进行合理性批判，因此在运用它们时是随意的。同时，由于总是站在一个给定的立场上进行批判，也存在对于社会事实本身、对其他观念的歪曲，即对自己不喜欢的观念妖魔化。所以，这样的批判揭示的道理是不彻底的，批判有时候以偏概全，显得并不深刻，而且也把道理本身给掩盖了。也就是说，观念批判本身应当是揭示道理的，偏激肤浅的批判把道理给一起否定了。

观念批判一定得承认普遍道理的存在，也就是说，我们在共享的普遍道理这个层面进行观念批判。有的批判者由于持有相对主义态度，

---

① 观念分析与概念分析不同。概念分析是弄清楚我们在什么意义上使用这个概念，观念分析是厘清观念建立在什么道理之上，即分析观念的合理性。

否认普遍道理的存在，因此也就不去追问其他观念中的道理，同时也不是以说理的方式去批判观念，而只是希望以自己的观念代替其他的观念。在这个意义上，他所谓的批判不过就是喊叫自己的意见。因为他否认普遍道理，所以他的批判无法揭示他所批判的观念之中的错误，他所谓的错误只是以他的观念来衡量的错误。他也不可能追问自己持有的观念的合理性，因此他所具有的一套观念也有可能存在错误。这样，以一种错误的观念批判另外一种错误的观念，就是错上加错了。

3.5 确证的真信念就是知识

主张一个观点，持有一个观念，意味着具有这个观点、观念的信念，这个观点、观念既是我们所信奉的，又是我们所主张的。我们所具有的信念，有些是我们拥有的对事情、事物的一种认知，有些是我们对待事情或事物的一种态度。我们按照所持有的某些信念行动，那是因为我们相信它们是真的、正确的。①

信念比知识更宽泛，意见比信念更不确定。知识是确证的真信念。信念只有经确证（justification）为真，才具有合理性。意见则是偶然的，非确定的。意见具有反面，一个相反的意见也是可以主张的，但是知识的反面是错误，说表达错误的知识是站不住脚的。对于一个事物的知识，具有普遍的理由；而对于一个事物的意见可能有多种，而且每一种意见都具有某种立场，没有可比性。与自然科学的研究相比，教育研究是意见更可能进入的领域，许多分歧、争议、主张都可能以意见的形式存在。有些意见可能经过了一定的论证，而多数则缺乏严格的证明。我们常常可能表达的是一种没有经过慎思的意见，但我们却自以为真；一旦认真地进行分析或辩理，就会发现这些意见往往不

① 在知识论的语境中，信念是一个人对某个事物（事情）在理智上做出的或真或假的判断，并且这个人在一定的基础上持有这个判断。

可信，因为道理不充足。我们真的能够确信我们所持有的观点或意见吗？在教育中有无被大多数人信以为真的错误信念？我们是否真的信奉我们所主张的观念？是否有些信念无法被经验地证实，但却对我们的教育行动具有真正的价值意义？这是教育研究者应当询问自己的问题。

常常听国外的学者说“我的理论说明我相信……”，等等。有的人迷惑不解：你的理论观点怎么就是你的信念呢？实际上，认识论的传统更多地关注对认识的辩护，有的哲学家甚至说，认识论更好的名称应该是信念论，这是指知识论是研究信念的学问。因为，知识是已经获得证明的信念，即我所知道的是我已经证明为真的信念，所以我可以说我相信什么是……我知道意味着我相信，但不是我相信意味着我知道。这种知识论的态度，其实也意味着一种理智的谦逊。因为，我的认识只是我的观点，是我的信念，尽管我在合理性上进行了辩护，但这不构成我要求你接受的基础，反而是，只有经过你的理性确认，我的信念才可能成为你所确证为真的信念。

一个人的认识是通过他的心智或心智状态而实现的，这些心智状态既包括认知的能力，也包括我们认知的前见或前理解，或者说，我们总是在具有一定的观念或信念的基础上进行认识的，我们运用它们才能够认识。所以，信念意味着我确信我知道什么，我确信我的知道可以引导我去理解。在生活中，我们所具有的知识与信念是难以区分的。就自然事物而言，我们的知识也是我们确信为真的。在社会人文领域中，我们的主张更是我们的信念，我们提出的理论知识，其实也是我们的信念。除了别有用心的人，没有人真正地主张自己不具有作为信念的观念或观点。柏拉图把知识看作是确证了（justified）的真实信念。具有信念，并经过确证为真，那信念就是知识。①实际上，信念

① 柏拉图的《理想国》《美诺》《泰阿泰德》三篇对话中，都用“*doxa*”（有时翻译为意见）表示信念，但是，就知识和意见（信念）的关系而言，三篇并不一致，这是因为柏拉图在不同的意义上使用“*doxa*”这个词。

是构成知识的必要条件之一，“不相信的东西，不可谓知识。”（陈嘉明，2003）[32]相信一个真的命题，就获得了这个命题所包含的知识；反过来，获得了一个命题所包含的知识，也意味着相信这个命题。

信念不是我具有什么信仰，而是我合理坚持的思想或观点，这些信念是个人可以合理辩护的，是经过合理性确证的。一个信念是认识上站得住脚的观点，这就是说，是经过论证而确证为真的信念。把知识定义为经过确证的真信念（justified true belief），尽管有的哲学家对此提出过异议，但大多数人认同这一点。①著名知识论哲学家约翰·波洛克（John Pollock）把认识论的根本问题看作是选择相信什么的问题。（参见波洛克，2008）在他看来，认识论关心的问题是，合乎理性的认识在形成和更新我们关于世界的信念方面是如何可能的，认识论主要是关于认识辩护的理论。从这一点看，可以把当代知识论称为信念论（doxastology）。

实际上，我们拥有的知识是命题知识。尽管哲学界把知识分为技能知识（know-how knowledge）、对象知识（object knowledge）、命题知识（propositional knowledge），但对象知识总是包含着我们对对象的判断，因此也可归入命题知识中。命题知识涉及真与假、对与错的判断，因此是信念。技能知识严格来说是能力，而不是知识，因为技能知识不涉及真与假的判断。当然，能力之知也是一种信念，知道怎样也意味着相信怎样。至于缄默的知识，只是没有表达出的知识，或者是不需要表达的知识，它也是信念。

信念以命题为内容，当然有正确与错误之分。错误的信念会导致错误的认识。所以，理性的认知意味着对我们的信念进行辩护，或者进行考察，也就是追寻道理，把信念放置在合理性基础上进行确证。对信念的确证意味着信念必须有理由与证据，即可以根据认识的规范

① 20世纪初到60年代，“知识是经过确证的信念”是哲学的主流观点，1963年盖梯尔（Edmund Gettier）发表了《得到辩护的真信念是知识吗?》，向这一主流观点发起挑战，这一质疑后被哲学界称为“盖梯尔问题”。

给信念以明证，如果信念是可辩护的，是能够为理性所接受的，那它就是站得住脚的。任何学术研究，其实就是理性的认知，即合乎理性的认知，虽然研究可能会出错，但研究致力于获得理性的认知。

在研究中错误的信念也会导致我们形成研究偏见，排斥一些不在我们的信念范围之内的问题，也排斥与我们的信念相悖的证据和理由，从而导致我们提出错误的结论。我们在日常生活中、在自己的学术思考中都可能喜欢一些信念，或者排斥一些信念，我们觉得自己的信念是最可靠的，也理所当然是最好的。但是，我们最好质疑我们所持有的信念，特别是质疑那些我们喜欢的信念。一个研究者应当习惯性地问自己：我的信念是否合理？是否站得住脚？其根据在哪里？如果我们这样检审自己的信念，那我们其实就是在进行认识的辩护了；如果坚持这样，就可能免于相信一些虚妄的意见。

研究者所主张的观点应当是他经过确证为真的信念，所以，研究的过程其实是确证自己信念的过程。研究也必然涉及研究者在研究之前所持有的与研究相关的信念，研究者有必要对自己的这种信念进行理性的检审，这也是认识的过程。研究对信念的检审或检视，能够清理研究者的思想，形成正确的（真实的）信念。

我们在交流和学习中，在自己信奉的老师那里，或者在自己喜欢的学派那里，获得了众多的信念，其中有些是我们没有加以深刻的检审就接受了的，这会形成我们偏颇的思想，成为我们所迷信的东西。研究者可能有一些偏颇的信念，这些信念往往成为研究之前的先入之见，构成了研究的先在立场。我们常常在自己的信念范围内拓展自己的观点，我们不可能提出与我们的信念相矛盾的观点，我们也常常不去引用与我们的信念不一致的论点。但是，作为研究，一定要提出合理性的观点，这就意味着必须反思那些先入之见，把研究建立在合理的信念之上。所以，一个清醒、智慧的研究者往往对自己的信念进行彻底的清理，以免它们对追求真理形成阻碍。

信念需要确证。如果我们不去追问自己所持有的信念的合理性，如果我们成为信念的奴隶，即盲目地相信我们所喜爱的信念，那我们就可能是心灵闭塞的。(参见斯泰宾，2008)[38]如果我相信，人与人在社会中的行动都是为了实现自己利益的最大化而相互竞争，那么，我就会把这样一个意见作为自己的信念。假如我研究课堂中的师生关系，基于我有这样的信念，我可能就会选择这样的路向，即把教师和学生的交往行动都看作是扩大自己利益的行动。所以，我会提出二者处在相互冲突的利益竞争或博弈中，教师和学生就是相互算计的，其中有阴谋，也可能会有共谋。然后，我就在各种各样的证据和观点中选择与我一致的，作为对我的信念和观点的支持。这样的观点似乎具有某种所谓的独特视角，但是，师生交往的行动真的如此吗？即使有一些个案事实，但能证明师生关系事实上如此吗？师生交往关系应当如此吗？假如我有这样的研究结论，你能相信我的结论吗？如果你基于某种原因真的喜欢人的行动都是在进行利益博取这一信念，也许你会相信我的结论。但是，这样的结论能够全面而真实地反映师生交往吗？如果不能，说明我们掉入了自己信念的陷阱之中。心灵的开放其实意味着真正在理性的基础上思考自己信念的合理性，放弃那些没有完整性根据的信念，而不是抱住不放。

康德把我们所拥有的见解分为三个层次，即“意见、信念和知识”。意见属于最低的层次，仅仅是个人主观意愿的一种表达，还没有得到主观的确证和客观的检验，因此是一种不仅在主观上，而且在客观上都没有确认的看法，不能视为真的。虽然有的意见是正确的，但意见牢牢地与个人立场相连，缺乏知识所具有的稳定性，不能得到普遍性的确认，所以，意见不是知识。尽管在现实生活中，我们常常发表自己的意见而不加以详细的证明，但学术论文不是发表意见，不是仅仅表达自己的一种看法，而是要对我们所主张的观点进行严格而规范的论证。

至于信念，在康德看来，是认识主体所持有的一种态度。信念高于意见，信念在主观上被主体所明确证明，主体所援引的理由，能够支持信念的真实性。所以，信念是主体所确信的，是确定的。主体运用理据而确证信念，证明信念在主体间性基础上的理性真实性，而且他的信念对于他的行动和观念具有积极、真实的意义。康德的信念具有广义性，即信念可能是一种具有主观意义的纯粹观念、态度，只要具有意义，就是可持有的。当然，信念比意见更具有可辩护性。信念要成为知识，还必须在客观上是充分的，须通过客观性的检验。学术研究是否表达研究者个人的信念？严格意义上不是，但是，我们表达的观点和理论往往是我们所确信的，甚至我们研究一个问题的立场、我们研究的框架、我们使用的方法和方式都是我们自己所确信的。特别是研究的立场是研究者所确信的，一些基本的假定与预设也是研究者所确信的，而且研究者的论证方式、提出的观点，隐含着自己的信念，研究者相信它们，并在此基础上开始研究的论证。

康德把知识定位于最高的层次，它是经过充分验证的、正确的经验。没有知识是错误的，一旦称为知识，就是正确的。所以，知识既在主观上充分，同时也在客观上充分，知识因此具有确定性。①康德的知识观排除了意见在认识中的位置，因为意见总是出于某种局限性的偏好而提出的，在主观意义确证和客观检验上不充分，具有可击败性。意见经不住全面的检审，因而缺乏普遍性。当然，在科学、数学领域中，必然性是根本的要求，意见没有必然性，所以，这里没有意见的位置。而在道德、政治、教育等社会实践领域中，尽管有很多意见存在，我们也不能依据意见来行动，如“很多人都是闯红灯的”并不能构成我们可以闯红灯的理由。道德行动也要遵循普遍的道德法则而行动。所以，在道德领域中，意见也是没有位置的。

虽然在科学领域中信念是不充分的，但信念是知识的一个阶段，经过确证为真的信念就是知识。在道德领域中，客观的事实经验无法

① 康德把主观上根据的充分性叫作“确信”（Zulänglichkeit），客观上根据的充分性叫作“确定性”（Gewißheit）。

检验或支持道德法则；道德法则是理性的信念，康德经过一系列的批判，确定了道德信念的普遍性和有效性。康德认为，我们在“实践”“理性”与“道德”三个方面持有正确“信念”具有重要意义。

在实践领域中，信念起着为行动提供根据的作用。我们常常只能凭借自己所相信的情况（信念）进行行动的选择。康德把这类信念称为“实用的信念”。这种实用的信念，好像是我们经过一定的实践而获得的策略性或技术性的经验，我们把它放置在相关的情境中，“通过实践的关系”而证明它有用处、有效果。在学校教育中，许多老师可能具有这样的实用性信念，这些信念对于他们处理一些教育事务具有有效性。

在理性方面，康德指出的诸如“善良意志”这样的理论设定，就属于理性上的信念。其实，康德提出这一信念，是出于对人性、世界的“合目的性的统一”之解释的需要。由于这一设定在学理上是必要的，而且有其用处，因而即便它不能得到经验的支持，不具备什么客观的充分性，也仍然在主观上有充分根据，从价值论上是可以充分确证的。规范性的知识往往也是信念，这种信念虽然无法得到经验性的、事实性的证明，但是的的确确对我们的行动具有意义，合乎人性，合乎目的性，能够得到道理上的辩护和确证。如康德提出的道德命令“人是目的”这一命题，在某种意义上是一个信念，但是对于我们如何看待人及维护人的尊严却具有无比重要的意义，其对于我们行动的指示具有真实性，因此是规范性知识。教育学领域中有许多规范性的信念，这种规范性的信念是非事实的，也是非经验的，但却是客观的，即具有客观的道理，作为信念它们的意义不可或缺。“教育引导人的精神变革”“教育是提升灵魂的艺术”，等等，这些命题所包含的信念，也具有意义真实性或客观性。

在道德方面，道德信念是客观有效的，因为道德信念是经过理性确证的，理性检验使得道德信念具有客观性和普遍性，而且道德信念是作为理性所确立的普遍性原则而起作用的。康德认为道德的信念是最坚定的，这是因为道德规范就是理性存在者信奉并确证的行为准则，它符合理性存在者的理性及其意志，是理性存在者自己发出并愿意听从的道德命令，从这个意义上说，道德信念是真实的，是不会动摇的。

康德主要将信念归结为非科学认识方面，并且与经验知识无涉，信念属于实践、理性与道德的领域。“目的性”构成康德信念论的基本特征。康德的信念论指出了经验或事实知识与信念的不同。仅仅具有对某事物的信念，并不一定说明具有某事物的知识，相信并不一定能够成为知识，错误的信念、不能确证的信念不构成知识。但是，知识与信念的相关性也是明显的。我知道某个原理，或者说我具有某个原理的知识，就意味着我相信这个原理；如果我有所怀疑，那就说明我觉得这个原理可能不是“原理”，因此并不构成我所拥有的知识。知识是信念的一种形式，信念的外延比知识广。(参见陈嘉明，2003)[53]

我以为，教育研究提出的知识形式，更多的是在实践、理性和道德领域中的信念，这种信念包含经验性的知识，也包含规范性的知识。这种信念可能以不同的形式出现，如事实判断的形式、价值判断的形式与标准、规范性原则或规则，等等。因此，对各种信念进行确证是教育研究的任务。从一定意义上说，教育研究实际上是对所主张的信念进行确证或证成的过程。教育研究可能不像自然科学那样，目的在于能够提供纯粹客观性的纯粹经验知识。在教育研究中，纯粹的事实性研究是有限的，更多的是规范性研究，直接面对或处理的是各种各样的信念。研究者提出的假设命题，以及经过论证的观点，都是一些实践、理性或伦理领域的信念命题，即研究的结论可能不像自然科学研究那样是客观性事实知识，而是价值性知识或规范性知识，是价值信念或规范信念。这并不是说这样的信念是主观随意的或偶然的。信念有真假之分、正确与错误之分，研究者依然需要进行严格的论证，需要证明信念是真的、正确的，需要运用充分的理据论证自己的信念是正当的，而不是随意发出的意见。这意味着教育研究的论证尤为复杂和困难。

3.6 观点包含思想

学者在根本上依赖于伟大思想家们的作品，伟大的思想家们直面问题，不屈从于任何权威。学者则谨小慎微，持守法度（methodic），并不大胆（bold）。学者不会像伟大的思想家们那样，逐渐超出我们的视线，遁隐在我们难以企及的高峰与雾霭之中。……正是伟大的思想家们看法不一，学者们才有其存在之可能。……简言之，我们所做的不过是思索我们从伟大思想家那里领会到的些许东西。

——列维-施特劳斯：《海德格尔式存在主义导言》

研究是一种思想活动。① 一项研究的深刻性常常体现在思想的深刻性和独特性上，因此，我们常常判断一篇文章或者一项研究是否具有独特的思想。这说明了思想对于研究的重要性。研究运用思想，也提出思想。思想包含在研究提出的观点之中，这种观点经过研究的论证被确证为合理的、真实的，而且这种观点表达了关于重要事物的深刻道理，因此体现了思想。这种观点本身可以看作是一种思想，或者是具有思想性。从这一点可以看出，思想与想法不同，任何人对于任何事物都可能具有某种想法，但不一定具有思想，任何人都可以针对一个问题提出某个观点，但这个观点不一定具有思想性。想法仅仅是某种偶然性的意见，观点可能基于部分道理，而思想体现出对道理的深刻揭示，体现出理性的审慎，是经过深思熟虑的辩理而确证为真的深刻观点、信念或主张。

---

① 雅各布·布朗诺夫斯基（Jacob Bronowski）和布鲁斯·麦兹利希（Bruce Mazlish）在他们合著的《西方思想传统》（The Western Intellectual Tradition）中，提出了思想活动的三大类型：（1）追求真理类，这是哲学、科学和宗教所共同关注的；（2）追求正义类，这是法律、政治、伦理所共同关注的；（3）追求趣味或品味类，这是各种艺术所共同关注的。（参见 Bronowski，Mazlish，1960）

思想是追求真理的，思想力求为真，荒谬的想法不可能成为思想，或者，我们无法把荒诞的想法称为思想。一方面，思想是合理的，也是符合价值的，我们无法把不合价值、不合目的的想法称为思想。这一点是明确的，人类思想史一直在启发人们进行思想的思想，思想之所以不断闪亮，就在于其合理性，而不在于它是谁的。另一方面，思想是明理的，即是揭示（解释）道理的，它不是提供信息，也不是表达某个意见。思想以明理为宗旨，因此是非对象化之思，对象化的认识不是思想。（参见陈嘉映，2011a）[270-271]这意味着思想总是把自我与事情、与世界联系起来，连通其中的道理，即发现引导自我、理解世界的意义，让世界中的事情显示出其道理，而不是纯粹的关于自然事物及其客观规律的描述。思想就是认识自己，贯通物、世界而认识自己应当如何生活，如何在世界中存在。思想揭示了道理对人的意义。“思想需要不间断的努力以保持其自身为反身性之思。”（陈嘉映，2011a）

思想朝向真理，以追求真理为导向，否则就不是思想。思想具有合理性，即具有深刻的道理，因此才具有意义。思想不是意见。意见是武断的说法，意见本身没有经过严格的论证，也可能缺乏真正坚实的理由的支持；意见只是符合了某些欲求，才为某些社会习惯或做法所信奉。在任何一个时代，肤浅的意见可能无所不在，深刻的思想则凤毛麟角；而且，深刻的思想，因为讲的是深刻的道理，往往不合时宜。

在知识论上，知识指一切经过确证的真信念，这当然也包括经过确证的思想。思想蕴含在知识之中，也就是蕴含在经确证为真的信念之中。但不是所有的知识都是思想，事实性知识、见闻之知就不是思想；同样，不是所有的思想都是知识，如正确的意见可能包含一定的思想或道理，但不是知识。思想是认识的结果，但不是所有的认识都是思想。思想可以以深刻和清晰来评价，思想向我们解释（揭示）的是深刻的道理，思想总有个人的印记，而知识则没有。思想是独创性的。自然科学的研究，形成的多是知识，但也有思想的成分；而人文学科的研究，形成的多是思想，但也有知识的内容。在哲学意义上，思想是关于生活的命运的，是睿智而正确、深邃而明晰的见解和洞识。赵汀阳说，思想是用来形成思想和生活的诱惑的。（参见赵汀阳，2001）[91]我觉得，思想之所以具有这样的力量，是因为思想是智慧的表现，它给予新的思想和生活一种值得追求的理由。思想不仅仅是一种知识的眼光，而且是一种智慧的眼光，思想是创作性的。（参见赵汀阳，2001）[94]或者说，思想是原创性的或创造性的，它给现实引入新的道理，建立了新的观念关系，是对新道理的明晰揭示或深刻解释。

有学者这样认为："对于某种思想深刻与否的评价并非是以纯客观的尺度丈量的结果，而是以对己有利的主观标准加以比较与选择的产物。将某种思想评价为深刻或更深刻只是一种表面的言说，支撑着这种言说的是其背后的未必会明言的利己动机。"（吴康宁，2005）这种看法认为，对思想的深刻性的评价只是基于个人"不可告人"的利己动机。我不否认，有人会这样对待思想。但是，就人类思想史上具有重大影响的思想本身而言，对它们的深刻性的判断还是具有基础的，这些思想体现出来的深刻道理和理性智慧，使得思想自身显现出意义，而不是说这些思想家因为有利己动机而提出这些思想。如果思想没有揭示普遍的道理，思想就是没有力量的。这意味着对思想的判断建立在其所创造的思想智慧及其蕴含的道理之上。对某个思想的评价，是追问其道理的正确性、真实性、深刻性和清晰性，而不是把自己的偏好或利益加在思想上面。我们可以根据对思想与事物的不同联系的理解来评价思想，而不能站在某个自己偏好的立场上评价思想。尽管现实生活中有人根据自己的偏好或利益而评价或取舍思想，但那不是真正地去理解思想、尊重思想，不是真正地去思想那个思想。根据自己的偏好评价思想，只不过是按照个人喜好在选择思想，而不是对思想进行判断和评价。一个思想的生产者或者研究者这样对待思想，可能意味着他并不是从思想本身，而是从思想是否对自己有利来看待思想的。

> 作为研究者，自觉或不自觉地都有其自己关于思想深刻与否的评价标准，研究者有时也会明确感到需要这样的标准，否则便无法对各种思想加以评价，无法在评价的基础上予以取舍。这是可以理解的，但研究者不能因此而否认一个事实，即研究者所需要的其实只是一个“符合研究者需要的标准”。且更重要的是，除了研究者之外，还有他人，他人也需要思想评价标准。研究者无法自作多情，说他人所需要的正是为研究者所制定或认同的同一标准。这是不可能的！他人需要的乃是符合他人需要的标准，除非他人的需要与研究者的需要别无二致。当研究者的标准和他人的标准不尽相同、相互冲突甚至完全相反时，研究者以自己的标准去评价思想，说这个思想很深刻或者比那个思想更深刻，他人也以自己的标准去评价思想，说那个思想才深刻或者说比这个思想更深刻，在这种情况下，对于思想深刻与否或哪个思想更深刻的问题，谁能作出思想裁决？谁也没有这个资格。（吴康宁，2005）

的确，没有一个终极的具体的思想裁决者来对思想做出终极的裁决，而且人类也不需要这样的终极裁决，思想本身不可能也不需要被做出终极的裁决。思想是鲜活的。一种思想对人类的文明起到了启发思想、引导实践的作用，不是说这种思想被裁决了，而是思想本身的意义不断地被理解或诠释，不断地被激活力量。这实际上意味着思想不断地被评价。这种评价不是估算思想是否符合我们的“功利”或“利益”，是否与我们一致，而是评价思想本身的理由以及价值意义。就学术而言，研究要运用思想，自然需要评价以及理性地检验思想。如果一个研究者评价与其研究相关的思想所依据的是“符合研究者需要的标准”，即能够支持研究者的标准，那么，研究者就是根据自己观点的需要而取舍和否决思想的。这意味着研究者只是基于主观需要来选取适合（支持）自己的思想观点，即与自己所主张的观点一致的思想，而拒绝那些持有相反观点的思想。如果一项研究是这样来评价思想的，那这样的评价是合理而公允的吗？如果一项研究否决一个思想观点仅仅是因为它不支持自己的观点，那这样的研究不也是一种暴力吗？仅仅因为某个思想不合自己的需要就否决它，这样的研究能够提出合理的观点吗，符合充足理由律吗？一项研究能否对与自己观点相左的证据或看法置之不理？当然，持这样的立场的人，不会把研究看作是通过论证而发现道理的过程，而仅仅把它看作是基于自己的需要而提出能够满足自己利益的观点的过程。这样的观点，不过是把人的判断力看作是一种个人得利的估算而已，不过是把人类的思想降低到意见的层次而已。

学术研究与思想是一体的。学术研究是探问：或者是对未知的追问，或者是对观念的反思，或者是对主张的论证，或者是对事实的验证。这些都是思想的事情，面临着思想的转换、进行、运用。没有思想，或者思想没有真正地深入下去，学术研究要取得真正有意义的成果是不可能的。没有思想的学术是不深刻的，是没有创造性的，同时也是没有个性的。因为，任何学术研究都建立在追问道理的基础上，即建立在合理性的基础上，或者说，学术研究追求真理，表达着一定的思想，没有学术的思想不是真正的思想，只是空洞的幻想，或者是空想。偏执、激进不是思想深刻的表现，不合理的观点不是思想。

学术研究只有“问道”，即追问根本的道理，才会是有思想的。思想表现出学术的境界，因为挖出了深刻而清晰的道理，思想使理论更深刻。学术研究与生活一样，与人格一样，其境界体现出学术的高远、深邃与睿智，就是说学术研究的观点或思想体现出智慧、道理、意义。这意味着，学术研究不是处理细节性的琐碎问题。放弃对于根本问题的理性思索，不把思考看作是主体间性的，而仅仅把眼光集中在越来越小的鸡毛蒜皮的事情上，试图在琐碎问题上提出某种操作性的技术，或者基于自己的某种需要而放弃了对真假、美丑、是非、善恶的根本认识，放弃了对人类追求更善的生活的认识，这种学术研究是不会有深刻的思想的。

学术研究的思想体现在其所主张的观点对于我们生活的重要性上，这可以说是学术研究的处身性。一项学术研究如果把视野放置在生活的根本问题情境上，并能够把握根本的命脉，即本质性的存在关系以及生活的出路，表现出对人类生活命运的根本关切，表现出研究的精神情怀，就会提出真正有道理的观点，能够表现出思想的关怀，也能够体现出思想及其境界。

思想把思想者、现实世界、生活的理想、超越性、理性联系在一起。研究者成为一个思想者，就意味着他把自己的研究与现实生活结合起来。他不是一个冷冰冰的描述者，仅仅提供某些事实信息；他试图把研究及其结论与更宽广的世界联系起来，从而试图让研究更能够表现丰富的意义。对象化描述产生不了思想，只可能提供信息，而思想则把对对象的理解贯穿于更广泛的关系之中，从而把事物具体的道理解释出来，给我们提供更多的启示。信息提供让我们“知道”，而思想激发我们寻找人类、社会共同的命运和处境，让我们体悟某种智慧、道理和意义，或者说思想激发我们去审慎地思考我们生活的命运，从而负起理性言行的责任。从这个意义上说，思想关联了世界与对象、他者与自我、现实与未来。

思想具有合理性基础。对学术思想的理性批判是学术研究的组成部分。理性批判不是否定思想，而恰恰是追问思想的意义与理由。历史主义、相对主义把思想看作是特定历史阶段或情境的，甚至是个人性的，因而否定思想的意义；它们对思想的历史性批判，目的是通过说明思想产生的具体阶段或情境而否定思想的超越性。任何思想都产生于某个时代，也可能针对那个时代的某个问题情境。但思想之所以不同于意见，在于思想试图寻找本质性和普遍性的道理，而不是基于一些个人立场的权宜之计。在思想追寻道理的意义上，思想是超越于任何一个时代的，尽管思想有局限性。思想的批判就是为了思想的进步，就在于意识到贤者思想在道理上的局限或不完备，而不是把他们的思想看作是过去时代的陈腐过时的废物，不是把思想归于个人的私己立场，也不是把思想者的思想看作是完备的或终极的。思想不是终极真理，但这并不意味着思想仅仅属于它自己的时限，没有超越性和启发性。如果是那样，人类会没有思想史，思想也不会进步。因为，任何以往的思想都不会启发进一步的思想，人们只会把思想当作是过去人们遗留的痕迹，而不会关注思想对于我们的意义。历史主义、相对主义都把思想看作是过眼烟云，否定过去贤哲的思想对于我们的意义，也否定我们现在所做的思想的事业对于我们的共同未来的共同意义。(参见施特劳斯，2003)

我们当前特别强调学术研究出成果，而不在意学术是否有思想；我们追求把文字发表在杂志上，而不在意学术文章的思想。有些所谓的研究，就一些鸡毛蒜皮的小话题，通过一些所谓的研究方法，提供一些貌似真结论的观点，这些所谓的研究，不过是为了研究之名。也有一些所谓的研究，运用繁杂花哨的文字，提出了一个似是而非的结论，似乎显得有思想、有知识，但其实从来不尊重思想，不认真对待研究，也不去关切那些在人类思想中一直回响的根本问题。

人类存在的历史在变化，生活的各种技术器具发生了变化，生活方式和生活样态发生了变化，我们心灵的态度也可能会发生变化，我们对历史、对自然、对世界、对自我等我们所面临的一切的理解会有变化，我们也会遭遇新事物、新现象的挑战。但是，涉及人的根本存在命运和人性本质的根本性问题可能不变。如果针对这些根本的问题，或者以这些根本的问题为基线去思考其他的问题，学术研究所提出的思想，就会对我们认识具体问题真正具有重要的贡献。倘若学术研究及其思想不能超出具体的立场或利益环境，不能或者无法提出真正有意义的、有效的、超越狭隘处境的道理，或者无法在其所切中的问题上表达真正的道理，那么，学术研究就不可能具有深刻的意义。在历史主义或相对主义看来，任何学术研究所针对的现实都是变幻莫测的，它作为研究本身只能针对具体的现实，没有永恒的问题，也没有超越时代或立场的思想。但是，按照历史主义或相对主义的意见，理论研究和思想对现实的针对性是无效的，因为现实情境的变化是连续性的，严格地说，一个思想理论一旦提出，它所针对的历史现实就已经不复存在。所以，学术研究对当下的关怀，不是说仅仅满足当下的“利益”需求，而是基于根本问题提出普遍性道理，从而引导当下的现实去超越自己的局限。在这个意义上，学术研究要抓住回响或折射在时代中的基本问题，进行普遍性道理的追问。学术研究不是去迎合历史主义，反而要具有追求超历史的普遍性的学术关怀和气度。我非常赞同的一句话是：历史不是判断一时之是非，而是判断永恒之是非；不是判断你我之是非，而是判断人间天下之是非。研究也是。

柏拉图说过，哲学的眼睛永远盯着真理，这是对于永恒的、普遍性的本质事物的思考。但是，我们的时代是拒绝普遍真理的时代，也是无视永恒事物的时代。在当下教育学的领域里，纯粹的、形而上的思想是没有地位的。通过回溯古典思想家对于人类面临的重大问题的思考而关照时代的问题，被看作是无用的，研究古典思想被看作是“思想贩子”；对本质性、本源性问题的思考被看作是过时的；超越性的思想研究被看作是没有“实践性”。对我们时代的严峻问题进行严肃的思考，不合我们教育学的时尚需要。

不论如何，研究如果没有思想，就没有生气，没有情怀，也没有境界，就不能展现智慧，不能揭示道理。思想出自心灵，是有生命的。这不仅是指思想显示出来的那种精气神，犹如看到思者的人格与情怀，也是指思想在交流和对话历程中的那种亲近、生机、启发，那种绵延不绝的可以不断被阐发的智慧源流。教育研究的所有问题，都是与研究者的心灵、思想联系在一起的。那种没有心灵感的所谓的学术研究，那种为了发表文章而进行的鹦鹉学舌式的写作，其实是割裂了研究者与研究对象的精神关联，也割裂了思想与世界的关系。那种不会抱着尊敬的心情去深刻、郑重地理解别人思想的所谓的研究，不过是在贬低别人的思想智慧，也不尊重自己的理性。

思想具有关怀、志向和指向。学术思想是为了世界的美好。林毓生曾在芝加哥大学社会思想委员会攻读博士学位，当他为博士论文选题而苦恼不已的时候，他的导师哈耶克并没有给他讲如何选题，而是谈起了自己对学术的个人关怀，哈耶克的这番话令林毓生犹如醍醐灌顶。我读到这个故事的时候，激动不已。学术研究不是为了发表文章，而是为了实现对世界的爱：你如何通过学术建立个人与世界的关系，建立个人与更向往的生活、更向往的社会的关系？哪些问题令人动心、动情？什么关怀如何引发你的思想的激情，引发你探究的好奇？你为了什么而进行思想和研究？你的个人关怀就是你的思想和学术的关怀。这一关怀与你的心灵的品质和志向密切相关。

学术思想的志向指的是你在学术研究中试图达到的高度。你期望你的学术达到的境界在哪里？学术思想的志向是否宏远，是否有气象，就在于你的学术研究的志向。志向表现为你所选择的议题，你针对议题提出的问题，你在怎样的思想高度去思考问题，也表现为你如何充满热情地、以纯粹的方式看待问题和研究问题。具有学术志向的研究者立意恢宏，选择对于世界和人生具有重大意义的根基性问题，看待问题的角度是纯粹的、高尚和高远的，能够把握问题真正具有价值和意义的方面，能够避免对于鸡毛蒜皮的琐碎纠缠，以免忽略至关重要的问题。这样的研究不庸俗，不肤浅。研究是通过对重要问题的理性思考而在世界、宇宙、人间寻找照亮心灵与世界的根本道理。在这个意义上，思想是研究的灵魂，研究提出的观点具有深刻的思想，是研究具有深度和高度的一种表现。

研究要有思想，就必须尊重思想。约翰·罗尔斯的学生科斯佳（Korsgaard）说，罗尔斯在领着学生读书的时候，总是教导他们要带着敬意去读。这种精神颇有“同情的理解”的意韵，是以感通的方式去阅读的。我们不能忽略人类思想史中的伟大资源。经典思想是人类最为杰出的思想者对人类永恒的贡献。以任何方式蔑视它们或者对它们视而不见，其实是心灵的自我封闭，或者是把自我蒙昧化的一种方式。[①] 接受或者运用人类的思想资源，是研究必不可少的基础，也是我们拥有一种经过确证的观点的方式，更是我们通过理解和诠释思想家辩护过的思想而生发自己的创造性观点的方式。做研究几乎总是要援引著名理论家的思想理论来为自己的观点提供真实的支持。不要以为他们的思想是他们的现实处境下的某种相对性的意见，不要以为他们的思想是私己立场的结果，而要倾听他们的思想，抱着崇敬的心灵与他们展开思想的对话，理解、解释、运用、检审、辩护他们的思想，与他们的思想融通，这样我们才能提出独特的观点。不去关注那些伟大的心灵对人类生活和世界的思考，就等于放弃了自己的思想源泉，就等于放弃了去经历人类思想过程中最美好的事物，就等于甘愿处于思想的庸俗之中。（参见施特劳斯，2005）

怀特海有一段名言常被引用："欧洲最可信赖的一般特征是，它是由柏拉图的一系列注脚所构成的，我这样说并不是指学者们充满疑虑地从他的著作中所抽引出来的那种系统的思想图式，我是指那些散见于这些著作中的由一般观念所构成的思想财富，他的个人天赋，他在那个伟大的文明时期广泛体验的各种机会，他的那些尚未由过分的系统化所僵化的理智传统的遗产，使得他的著作成为永不枯竭的思想源泉。"（怀特海，2003）我想，怀特海对待思想的态度可能更多地表现出"人作为一棵会思想的芦苇"应有的态度。

他者的思想是我们思想的肩膀。我们都在阅读、判断、思考思想中接受教育，也在学习思想中进行思想。我们是在运思中进行教育、进行学习的，即我们在学习如何思想的事情中接受教育，思想本身与

---

① 我们常常以某种轻蔑的态度认为，人类历史中的思想者不过是他的时代的产物，对我们所处的时代而言，是相对的、落后的、无用的。我们过于轻率地对经典思想进行这样的排斥。我不是说，经典思想是解决现代问题的全部答案，而是说，经典思想所提出的问题恰恰是人类永恒面临的问题，因此构成了对我们思考这种人类存在的根基性问题的一种杰出的参照。我们只有学习这些思想，才能明白我们从何处开始，又向何处去思考。如果我们忽视了经典思想，我们可能永远仅仅是思考的矮子。

被思想的事情的一种关联，使得我们接受了教育，既接受了如何运思的教育，也接受了来自事情本身的教育。在这个意义上，教育何尝不包含学习思想运思的过程呢？甚至是否可以说，教育是在运思中引导和丰富心灵的，是在思想中引出人的灵魂的健康的？当然，我们也是在运思中获得知识的，没有思，何来知和识呢？没有思想，不学习别人的思想，何来转识成智呢？海德格尔追问：何谓在思想中受过教育和未曾受过教育？海德格尔的回答借用了亚里士多德的话，那就是，未曾受过教育就是不能分辨何处必须寻求证明，何处不需要寻求证明。(参见海德格尔，1999)[88]我觉得，思想要通过辩理而去蔽，辩理就是在思想中去思考思想，在思想中直观思想所面对的事物，在澄明、无蔽的状态下去思考思想，去思考事情。

研究以什么方式对待思想，以什么方式获得思想？我颇喜欢的一段话说明了这一点："有些深刻的思想者喜欢在思维的边缘徘徊：'可以听见的旋律很美，而听不见的更美。'智者愿意表达思想，但他更愿意探索思想，而且知道自己必须轻手轻脚。思考的过程像是扑蝴蝶，而不是近观暴风骤雨。"（沃特斯，2011）这段话的作者认为，思维与思想是有尊严的，而且深刻的思想不总是用大喊大叫的方式表达出来的，它有时只用耳语。这似乎回归到了柏拉图和苏格拉底的看法：人因为思考和论证，才具有人性，才能够实现有尊严、值得过的生活；贬低思考或论证的人，就是贬低人性。①

虽然思想可以说出或者不说出，但就我们人必须共同生活在一起的事实而言，我们需要表达思想，这样才能互相理解。研究表达思想，是为了获得关于生活的事情的思想，是为了使我们的生活问题得到关注、得到思考。尽管有些事物不可说，"对于不可说的我们必须保持沉默"（维特根斯坦，2013），但人生活中的各种事物、事实毕竟是可思的，世界是可思的。可思是否意味着可说？我的回答是，思想是可说

---

① 参见柏拉图在《斐多篇》中的相关论证。

的。思想虽然可说，但不是乱说，也不是滥说，“一个人只有在必须打破沉默的时候才应该开口”。

研究只有致力于提出思想，才能创造出多样的、丰富的思想。诺贝尔经济学奖获得者科斯说过：在自由的、多样化的思想市场中，错误的观念与行动很难严重地侵蚀社会的根基；如果一个社会缺乏开放的思想市场，缺乏丰富的、多样化的思想，那也就无法培养具有批判性思维和理性精神的公众。（参见科斯，2012）只有思想的丰富和开放，才能使一个社会有效地抵御偏见、迷信、愚昧、蒙昧、错误甚至邪恶。在有意遏制思想多样化的社会和教育中，公众的理性精神和智慧一定是枯萎或扭曲的。

3.7 理论是什么

教育学研究，同其他人文研究一样，不可能单纯地收集事实，而是要说明教育过程与人的发展的内在关系，解释教育存在的意义，并且追问或论证教育行动与观念的理由与原则。这意味着研究的过程是一个理论化的过程，不仅具有理论思路，而且是构筑理论的过程。就理论思路而言，我们或者运用其他人的经典理论，或者建构一个理论分析框架或视野去分析问题。“如果我们没有一种理论思路，我们在开始一项研究或解释研究结果时，就不知道如何着手进行。”（吉登斯，2012）[9]就构筑理论而言，研究要拓展理论，提出新的解释范式。

理论在希腊语中是动词“*theorein*”（观看，旁观）的名词形式。观看是把探寻的目光投向一切存在事物，是对万物的观察、观看和理解，这也包括对宇宙整体、存在本身的静观、沉思。人有理智之眼，即有理性，理性的观看是人的特性之一。亚里士多德说的对，人在本质上有理论的倾向，理论的观看是人的特性之一。所以，理论是以理智的形式，去观看存在，得出系统的深刻道理。理论的观看意味着，人既以一种理智的眼光去看、去思，也通过观看产生理论。亚里士多德所说的为认识而认识（或为学术而学术），主要是指理论。理论或思辨是一种自由的认识，即摆脱了一切功用的束缚，完全以获得认识为目的。在这个意义上，理论就是纯粹的认识。“理论用整体的道理对世界作出整体解释，而整体解释把我们带到对世界的更深层或更高层面的识见。”（陈嘉映，2008）在这个意义上，理论认识超越了经验地描述现象。

“理论”这个概念表示，人出于惊奇而观看，出于被世界万物所感动（wonder）而观看。世界本身存在和人在世界中存在，这是先验自明的，因此，人必定与世界相遇，被世界所惊异，进而去认识世界。理论是人纯粹地与世界同在的一种方式，人的理性透过现象看出道理以及道理之间的关系，形成了一个解释的意义系统，这就是理论。人的认识把认识的心智投入世界之中，把可见的或不可见的世界，澄明地展现在经验和理性面前。理论因此是让存在以及存在者显明在人们面前的方式。自然、宇宙是值得观看的，存在本身是值得沉思的，人所制作的事物、人的美德等是值得观看的，甚至人的语言和思想本身也是值得反思的，人被观看和认识世界的热情勾住了。所以，理论不仅是一种对待世界和存在的态度，而且也是一种使得世界或存在明亮显现的方式。理论的观看，希望以理论的方式，呈现世界或存在的真实性。因此，理论地认识世界和存在，就是公正而理性地，也就是客观地看。“人成了世界的公平的旁观者与监护人，他成了一个哲学家。不仅如此，从那时起人的生命还获得了一种感受力，从而能够感受到仅仅对于这种态度才是可能的那些动因，能够感受到思想的新奇的目标和方法。”（胡塞尔，1988a）[155]

理论对世界和存在的思索与探究，是理论独特的视野。理性的观看与感觉器官的观看是不同的。理论不仅可以用来观看可见的或可经验的事实现象，也可以用来想象和理解那些不可见的形式、理念、价值，不仅看事物正常存在的现象，也看事物反常存在的现象。语言的沉思和推理论证，使得我们对不可见的存在的理解成为可能。经验仅仅把握现象或表象，而理论把握本质或本真。就事实研究而言，理论以一定的范式或框架处理感觉经验，形成了对事实的理论解释框架，从而更清晰地看清事实。就规范研究而言，理论通过辩理或论证建立道理之间的关系，形成了一个解释道理、言明道理的框架，从而更深刻地看清了道理的构成。阿伦特说过，语言的力量帮助我们消除感觉器官产生的错误和错觉。她之所以这样说，是因为语言中的论证力量、语言的思维性质使得理论超越了单纯的感觉经验，而把事物从可见的表象推向了本质的显现，即理论把事物的本质意义展现给认识者。（参见阿伦特，2006）[160]

理论试图获取的是思想的财富，而不是获得掌控事物为我所用的知识工具，理论是一种交往性的认识财富。财富可以分为三种：需要的、消费的以及交往的。交往的财富是不属于任何人的，既无法占有也无法分配，是一种精神财富。思想是交往的财富。思想和理论摆脱了为了利用物而对物的操作或制作，成为纯粹的认识活动，它超越了单纯的经验性感觉，是纯粹的对世界的理性解释。① 在这个意义上，理论摆脱了意见，与柏拉图所说的知识是同义语。理论的建造，超越了意见。形成意见（*doxa*），不是真正的认识（*episteme*）；只有理论，才是认识。第欧根尼说过，奴性的人追求意见及其利益，而哲学是为了真理而追求真理。所以，纯粹的理论在希腊思想中是高尚的。“理论”一词就来自旁观者。旁观者清，只有作为旁观者，才能在一个更高的位置上看清世界生活剧中的真理，才能理解宇宙和谐而有序的存在，理解万物的本源。理论作为生活的观照者，是客观公正的，是不受出于利益的意见（*doxa*）所影响的。（参见阿伦特，2006）[101]从以上理论的本质意义看，研究本身是以理论的形式去观看世界的，理论本身就是观照世界、让世界显明的形式，它以符合世界的方式建构起一种理性解释世界的形式。“理论就要建构抽象的解释，可以用来说明广泛多样的经验情境。”（吉登斯，2012）[7-8]理论将各种经验现象的解释联系在

---

① 胡塞尔曾在《欧洲科学的危机与超验现象学》中说明，近代科学理论的产生，使本来最无用的东西成为最具效用的东西。科学理论知识，被用来征服对象、获得财富。理论理性或思辨理性逐渐地转变成为一种工具理性。（参见胡塞尔，1988b）

一起，成为一个系统化的整体理论，从而解释不同的经验环境。当然，理论不限于说明经验情境，在规范性研究中，理论也可能解释作为理念的价值，或者建构纯粹的理性行动的法则。如，认识理论就是解释认识行动的规范性法则的，道德理论是解释道德行动的法则和理想的道德品格构成的。

研究可能提出一个理论，理性地给现象、事实、价值、行动赋予一种意义形式或结构，用来解释研究的对象；或者说，研究提出的观点可能构成一个系统的解释体系或框架，这个解释体系或框架能够更多地揭示世界和存在；抑或说，理论是研究建立的概念系统，这一概念系统能够帮助我们形成对现象、事实或其他实在的认识，即能够帮助我们对事物形成原理性的理解与解释。理论其实提供的是一种观看、解释的系统方式或模型，它本身具有一种解释力。针对一个对象，一种理论的解释力可能比另外一种理论更强。在这个意义上，研究提出的理论是一种知识体系，一种原理，一种关于事情本质的理解。因此，理论来自认识或思考，同时能够使我们更好地认识、理解或思考事物，包括理解可见的经验现象，或者不可见的事物，如观念、思想、精神、情感、心灵等。如果一项研究提供的理论模式缺乏解释力，这个理论就是失败的、不真实的、无效的。

教育理论作为解释系统，更可能是一套原则体系，也就是规范理论。沃尔夫冈·布列钦卡把提供规范性理论的教育学称为实践教育学。提供原则体系的规范性理论能够解释人们教育行动的意义，解释建立教育制度的规范性基础，解释和指示正当的教育行动所具有的形式和意义。因此，教育理论虽然包含事实理论，但更是一种规范性理论，在解释的基础上规定教育制度和行动。规范性理论既是指示性的，也是解释性的。如，康德的道德绝对命令的理论包含了道德原则体系，对道德行动具有指导性，同时也解释了道德行动的本质。在这个意义上，规范性理论是面向实践的，它本身的解释性和指示性是结合在一起的，具有对规范的解释力，也就具有对行动的指示力。因为，一旦有效、真实地解释了行动的规范基础，也就揭示了行动的正当性，从而对正确的行动、实践提供指引。

在一般常识的情况下，人们在与实践相对立的意义上理解理论，把理论看作是与实践截然不同的抽象思考的产物，甚至把理论看作是无用的、虚妄的，是研究者脱离生活的文字游戏。所以，在教育学的领域中，“理论”这一概念常常也在这种常识的层面上使用，它甚至不是一个褒奖性的概念，而被认为是脱离实践的空洞说辞。当然，虚假的“理论”是存在的，但是这并不代表任何理论都是没有意义的。总的来说，教育学研究的理论建构能力较为薄弱，所以，在教育学传统中，富有解释力的系统理论并不丰富。这意味着，不仅教育实践缺乏真实、有效、正确的理论的指导，而且对于教育实践中存在的各种观念可能也缺乏理论的审思。由于任何教育实践（制度实践、教育活动、学校发展等）都包含着观念的假设，如果这些假设没有经过严格的批判性检验，教育实践与行动就会被误导。

教育研究如果不积极建构理论，就会被似是而非的意见所控制。当下的教育学理论性不强，就在于教育研究的理论化不强，在于教育学对于理论的抗拒。建构有效的教育理论，就要理性地反思与批判，就要诘问已经存在的意见、传统观念、流行观念，就要立足经验现实，想象和追寻本质或本真的教育形式。这样，研究不再仅仅局限于获得日常朴素的感觉经验，不再是为了满足某种政治利益取向的需要，不再发表似是而非的肤浅意见，而是基于对真实性认识的反思，基于认真的研究证实或论证，是为了研究真实的理论认识。这样的研究才真正称得上是理论的，才称得上是学术。

许多研究者仅仅承认经验现象的存在，而拒绝理念、价值等非经验性的超验存在①。他们拒绝理论的想象，也拒绝对经验现象的理论

① 康德的“transcendental”（先验的）与“transcendent”不同，前者是指“虽然不依赖于经验，但还在经验之中”，后者是指“超出经验之外”。

建构。他们也许为自己辩护，认为只有自己的感觉器官真正看见的事实才是存在的，因此拒绝一切看不见的真实，也仅仅承认对可经验的事实的叙事或描述。这仅仅是根据研究内容与目标可以选择的研究方式，而不是教育研究的全部。如果教育研究都是这样，我们可能无法理性地把握那些以本质方式或者以价值方式存在的教育事物，无法感受到通过思维和语言而展现给我们的教育价值、教育理念和教育理想，因为它们都不是现象事实，但却是应当予以研究的。任何现场观察等研究方式中都排斥了对不可见事物的理解，放弃了对纯粹事物的困惑、惊奇、想象，因而无法理解那些比教育的现象事实更重要、更纯粹、更完善的教育的本质形式。这样，放弃了理论建构，认识就不可避免地具有局限性。

3.8 研究观点是被建构的吗?

教育学领域流行建构主义。不少人认为，知识或理论都是建构的，这也许对了一半，知识的确是心灵对世界的认识，世界如此存在，实在有此形式，我们的心灵才会形成知识。知识不完全是世界的，但也不完全是心灵的；心灵不完全是镜子，但也不是模具。建构主义反对镜式反映的认识，它把知识完全归于心灵的模子，而且不同的心灵之模具有不同的建构或塑形。这意味着，知识、理论、真理都是由主体、情境、方式、时间等规定的，所谓的客观性和普遍性都是不可能的。所谓的知识、理论、真理等，都是“谁的”“哪里的”“哪一个”。果真如此吗?

知识与认识过程分不开，也与认识对象分不开。康德用心智的先验结构说明认识的可能性，但是康德并不认为知识完全是心智结构建构的，他肯定了人对世界的知觉。离开了感觉材料，认识操作本身无法形成知识；离开了理性，人也无法形成知识。同样，人的认识面对并适应世界的存在，离开了世界，认识也不可能产生。我认为，康德的知识论把认识的心灵把握认识的对象说得非常清楚。康德认为，人在认识自然世界的时候，没有全然的自由。这是说知识不是认识主体的自由建构，世界本身有其存在的方式。而建构主义在说知识是建构的时候，意指没有客观的知识，任何知识都是主观建构的，判断知识、信念、理论的普遍基础并不存在，理论仅仅是偶然的想法，知识仅仅是个人所持有的意见。①

很多研究者喜欢站在建构主义的立场，主张一切都是人的意识建构的，现象是，事实是，观念是，问题也是，知识也是，甚至外在世界都是。建构主义进一步推论，由于人的意识都是在具体处境中的个人的意识，不可避免地带有个人的偏好、立场、利益等，因此，知识、思想、理论等都是被个人的这些因素所建构的，并且以这些因素的存在为特征。这些因素使得建构主义相信，没有脱离个人立场的知识与真理。当然，在建构主义看来，一切都是建构的，这也就意味着一切都是可以解构的。所以，建构主义也怀疑知识或真理的存在，试图解构它们。

在社会现实生活中，对我们更有意义或者更真实的是，有些事情的的确确是建构的，有些事情的的确确是可解构的。对我们来说，分清楚我们的偏见和盲信，分清楚事实和世界的客观性，也许对于我们清楚而真实地认识世界，进行有效、有意义的行动并取得成果而言是真实的，也是有意义的。我们应该怀疑那些必须要怀疑的，也应该相信那些值得相信的，也就是说，我们必须把建构或解构、怀疑或反思放置在合适的位置。普特南说："杜威和维特根斯坦在他们哲学的成熟时期的著作中表明，完全诚实的哲学反思如何可能动摇我们的偏见、我们特别受宠爱的信仰以及我们的盲点，而不必华而不实地主张'解构'真理本身或世界本身。如果解构的道德是一切东西皆能被'解构'，那么，解构就没有任何道德。"（普特南，2008）[205-206]

人有主观的爱好、成见、立场、视角场域，等等，但这并不意味

① 知识论认为，知识具有不可击败性，即知识必定是真的，假的不是知识。

着世界的事质的客观性是人的主观因素如语言、偏好、利益取向、情感态度等建构的，也不意味着真理的存在是能够被解构的。建构主义忽视了人的处境性、视角与客观世界的区分，也忽视了人的行动与认识的区分。我想，人的行动是建构性的，尽管存在着各种各样的情境和条件的限制，但行动总是有一种“做”（doing）和“制”（making），总是会产生事件、事情并带来状态或结果的变化，也会产生新的行动(行动建构行动)。在这个意义上，行动的建构似乎是明确的，我们人为的一切、我们的社会制度、我们的教育制度和教育实践、我们的生活，毫无疑问都是人的行动建构的，但也不完全是根据主观因素随意选择和建构的。人的理性对事情本身或本质的把握，也会要求人按照事情本来的样子或本质的规定性去做事情，所以，人也要去适应事情的本质。

人的行动也有建构的界限，人不可能建构自然（从整体意义上说如此)，人只能对自然施加影响，而且这种影响是有限的，而不能建构出一个自然。人不可能造出一只鸟来；人造出的“鸟”是飞机，而不是自然之鸟；尽管人可以克隆，但是，那不是“制造”。我们都知道，人对自然的改造是非常有限的，马克思的“人造的自然”不过是指人在自然中留下了一些痕迹而已。就算人克隆出了人，其实也只是在影响或干预自然，并不是真正地制造自然。行动都是如此，何况认识呢?

如果说人的行动是基于人的意志和自由的，即行动是理性的，是意向性的，那么的确，人的意识观念决定着人的行动，尽管处境中的种种因素会制约行动，但行动发出者的自由是根本的。在这个意义上，人的观念会建构人的行动，因此也间接地建构现实。但是，说现实世界或者实在本身都是观念建构的，似乎既不全面也不深刻，因为观念不是行动。我想，在行动上强调建构主义，肯定人的观念和行动的主观性，改造人的事情，如社会现实、社会制度、生活方式等，那是可取的。因此，在行动上强调建构主义可能更有意义，这突出了人在改造可为的事情上的主体性和自由，也突出了我们的责任，突出了实践意义上的事情可为性。

至于我们对世界和社会的知识是纯粹由认识建构的，还是对实在的反映，这的确是一个复杂的问题，我在这里无法论述。建构主义无非是主张知识都是人的建构，而且是认识者出于个人立场的建构，而不是共同建构。知识都是个人（谁）的知识，如果说存在某些共有的知识，那一定是权力压制或控制的结果，都需要解构！这是对认识论的一种敌意，知识论需要的是重构，而不是被相对主义解构。（参见哈克，2004）人对世界的认识是人的意向性的表现，因此对于人来说，认识是必然的，人的认识的方法、视角等都会影响认识的结果，这一点毫无疑问。但是，方法和视角都不是对象本身，也无法建构对象，而且方法和视角不是主观随意确定的。康德提出的"认识的先天形式"，以及乔姆斯基的语言学习的"先天结构"，其实都试图在理论上为认识的可能性确立客观性。否则，如果一切认识皆是出自不同身体状况、心灵状况、立场、利益的人的任意建构，那么人类文明中怎么可能形成具有共通性的经验呢？人类又如何交流自己的思想呢？我们又如何形成我们共享的关于世界的经验知识和关于人文实践的规范知识呢？

对于社会生活的大多数事情，如政治、法律、道德、教育、科学等社会共同协作的事务而言，对认识进行正确与错误、真实与谬误的区分，比不区分更有意义，强调知识的共享和共识、强调知识的普遍性，可能比强调知识的个人性更有意义。因为，就政治制度的知识或政治行动的合理性而言，由于它们对于政治行动的重要性，也由于政治行动对于我们生活的建构性，我们必须有共享的真实而正确的信念、观念，必须有普遍合理性的理由，必须有一些人类共同的价值，必须对所选择的政治行动具有正当性评价，必须有共同确证的知识，否则，我们不可能共同存在。就共同生活而言，我相信，坚定的建构主义者在与他人一起处理共同事务的时候，希望听到的是真实的信念，而不是荒谬或虚假的说法；希望看到真相，而不是谎言（参见阿伦特，

2006)[65]；希望学习有道理的思想，而不是学习无法辨别正误、真假的东西；希望制度建立在真实的价值基础之上，而不是建立在混乱的个人意见之上；希望在自然问题的处理上有科学的根据，而不是基于胡言乱语。

社会学家布迪厄自认为是建构论者。不过，他认为，社会是客观实在的，它独立于社会行动者和社会科学家的感知，但是，社会行动者和社会研究者是在意义的生产中建构社会现实的。布迪厄指出：人的行动在建构或改变着社会现实。基于这种建构性，布迪厄主张：反思是社会研究的自我指示，社会研究的范式、惯习、场域都会影响研究；反思的目的是让社会科学的知识在社会现实中变得清晰而有意义。布迪厄其实强调的是社会行动对于社会现实的建构能力，强调的是社会研究的知识对于社会行动的启发，让社会研究成为一种社会批判知识，成为社会结构的影响者，批判性地介入社会建构。我赞成这种建构。我觉得布迪厄的重点不是社会研究的知识纯粹是被建构的，而是社会研究的知识应当是批判性的，他实际是在社会行动建构社会实在的意义上提出社会研究的批判介入范式的。

知识建构主义，具有强烈的相对主义取向。建构主义容易导致知识相对主义，而学术研究与知识相对主义是对立的，因为学术研究意味着追问更融洽的道理，去实现信念的真实性、可辩护性，即为信念找到坚实的理由。假如在教育研究中，一个研究者持有知识相对主义态度，那他的研究所建构的知识和理论就只是他自己的，只相对于他自己是真，对别人可能是假，那么，研究的意义何在呢？他如何开展一种他人能够理解的研究呢？如果研究者是彻底的建构主义，那他根本就有可能不承认自己能与他人共享一些基本的理论。他所持的“研究”“教育”“问题”等概念与他人不一样，他人如何能够理解呢？彻底的建构主义使教育理论、教育思想变得不可理解了（unintelligible）。当然，可能不存在如此彻底的建构主义者，因为建构主义者确实在共享一些基本的教育理论与思想，也可能确实在交流中讲出超出个人立场的普遍性真话，否则，他就难以作为一个正常人进行交流和行动了。所以，建构主义是表里不一的。

建构主义比怀疑主义更绝对。怀疑主义认为，任何人所持有的信念都是可怀疑的，也是可以被追问的。任何人在经验上和信念上都是可错的（fallibility）。怀疑主义仍然相信真理的普遍基础，但对经验、信念抱有追根问底的态度。建构主义与此不同，在建构主义看来，任何观点、理论、知识、思想都是主观因素建构的，所以，建构主义非常喜欢问这样的问题：谁的知识？谁的真理？等等。

我认为，建构主义者并不持有理性态度，因为他不能理智地对待自己和他人的观点或思想，不能理智地对待知识，而是把知识和真理理解为具体的视角或者相对的意见。理性的态度，在于承认真理不以人的主观立场为转移，在于在认识或研究中摆脱主观立场、利益、偏好的干扰，依据客观的理由、程序和标准，获得具有真实性的研究观点或理论。一个人变得理性或理智，意味着他承认我们可能有共享的意义基础，有共同的逻辑原则，有共同追求真理的普遍理性。说到底，我们的人性中有共同的心智结构与认识准则，我们能够共享知识、思想、理论或行动的原则与规范。

持有理性态度的研究者并不把真理看作是谁的而加以批评、拒绝，也不把研究仅仅看作是自己意见的表达，而是把研究看作是追求普遍的道理，为观点寻求普遍的理据，努力提出正确的思想，建立具有普遍解释力的理论。研究追求真理，就是在这一层意思上而言的。这并不意味着任何一项研究都是正确的，而是说，研究致力于追求正确的思想，研究建立的观点、提出的理论、主张的思想，依然具有可错性，是可以挑战的。

研究的观点不是研究者的心灵所建构的，更不是研究者的主观立场或偏好等主观因素所建构的。这是因为观点、理论或思想对应着客观存在的问题，也需要客观事实的证据或者普遍的道理的支持。世界的存在由客观事实构成，研究者的认识有主体间性。事实、实在都是客观的，而不是主观的，不然就不是事实，就不是实在，因为事实的存在独立于我们是否主观上意识到它们，实在的存在不是我们观念的结果。一个事实，不能因为我们没有意识到它或者不知道它，就不是事实；一个实在，不能因为我们没有看见它就说它是不存在的，实在存在于观念中并不意味着它是观念建构的。实在、事实的真实不是我们加之于事物的。我们的研究认识，是按照事物、实在本身的样子去认识，而不是按照自己的构想或臆想去建构。研究形成的观点，是关于事实的认识，不是事实本身，但也不是研究者的主观建构。

也许，对研究来说，把获得“真理”作为我们人类总体上对于认识某一问题的最终的目的，对我们的知识和智慧的发展更有意义。我们研究所获得的观点或思想，可能是真的信念，具有真实性。但是，我们可能不掌握真理，研究所获得的真的信念、观点或者思想理论，都是对真理的接近，或者是真理的反射，而不是真理本身。这样，虽然研究所说的或所主张的，通过论证的检验，试图接近真理而成为真的、正确的，但其本身不是真理。因此，我们会具有一种不断为自己的观点寻求更为合理的证据的态度，从而形成更真实的信念、更融通的理论、更完整的观点。这一过程在人类的认识和研究中永远没有终结。我们不能说我们已经掌握真理，我们只能说真理等着我们；不能说前面没有真理，不能说真理仅仅是个人的真理，只能说，只有在我们共同的辩理中，只有在我们以普遍的理据检验我们的观点时，我们才是在追寻真理。也许，我们可能具有观点的分歧，但那是面对真理的分歧。没有观点能穷尽所有的真理；观点的分歧，并不意味着所有的观点都是主观建构的，都是不可辨明的。

4

合理性论证

哲学一词意指爱智（wisdom），但是，哲学家们真正爱的却是推理（reasoning）。他们构建理论，并组织各种理由加以佐证；他们考虑各种反对意见，并努力回应它们；他们还阐发各种反驳其他观点的论辩。即使是那些宣传理性（reason）有限的哲学家（如古希腊的怀疑论者们、大卫·休谟以及质疑科学之客观性的论者们），也无一不是提出各种理由来支撑自己的观点，并提出相反观点的各种棘手问题。而宣言或者格言警句却并不被视作哲学，除非它们也崇尚并勾画推理。

——罗伯特·诺齐克：《合理性的本质》导言

4.1 观点的合理性

研究是认识活动。在认知意义上，认识在于获得合理性的观点或主张。合理性（reasonableness）是指观点、信念或思想符合理性。研究提出的主张或观点合乎理性，是指其具有可靠、深刻的道理，具有意义（make sense）。研究通过寻找理据（证据或理由）而使观点合乎理性。我们不能想象研究提出的主张可以随意给出某个不合乎理性的借口或缘由作为合理的依据。对于研究而言，合理性就是通过论证给出的理据而证明观点为真，证明观点有道理或有意义。对于事实性研究而言，事实性判断在于发现充足的客观性事实依据，从而把关于事实的判断建立在证据强有力的支持之上；对于规范性研究而言，规范性判断在于提供充足的理由，通过理性论证，把主张建立在普遍道理之上，从而形成道理融通的观点。

虽然理性由于工具化而在当今备受怀疑，但没有人否认理性本身在认识与行动中的价值，不论认识和行动是个人的还是群体的。希腊人说得没错，尽管人有情感和欲望，但人本质上是理性的动物，它是人之为人的独特能力，是成就人性的独特能力，这个意义上的理性是逻各斯（*logos*）。人是依靠理性去追溯真理、价值、理由、理念、原因的动物。人依靠理性去探究和确立获得信念、进行行动的理由，所以人是基于理性而思想和行动的动物。这就意味着人通过理性而认识世界、认识自我，为自己的思想和行动立法，对自己的思想、行动进行自我约束。

人凭借理性而超越自己的动物性。诺齐克说得好："持续赋予人类以某种特殊地位的依然是人类的理性能力。也许，我们并不是一以贯之地践履这一可贵品性，但正是它使得我们具有了独特性。理性为我们提供了去探究和发现每一样东西的（潜在）能力；它也使得我们能够经由理性和援引原则来控制和指导我们的行为。"（诺齐克，2012）[3]

理性是一种探究（inquiry）、论证（justification）的规范性能力，它为信念和行动提供审查。我们能够探究知识，具有追问行动理由的意向性，能够确证共同行动的伦理原则，是因为我们有理性。

我们有理性是指我们有能力运用理由来为观点或思想进行理性的辩护，有能力追问观点所依赖的道理基础。社会的多元、人性的多样、世界的复杂，都不是否定理性的普遍性的理由。理性是人的本质能力。理性能力（capacity-rationality）是我们人所具有的通过思考（thinking）或推理（reasoning）形成信念、找寻道理、做出决定、按照伦理原则而行动的能力。（参见 Raz，1999）[69]理性精神和理性能力是人之为人的高贵品质，它所蕴含的公共性、共通性、普遍性是我们的生活不得不依赖的。尽管理性能力需要培养和实践，尽管理性能力的水平不同，但这种能力是人的内在能力。

尽管人们在日常生活中不一定都是理性的，但每个人潜在地都有援引理性而追寻理由的能力。理性能力尽管有差异，但是为每个人所拥有，这是人性的共通性和共同性的基础，是人交流、理解、感通的基础。在这个意义上，理性是我们在共同的生活世界中生活的基础，我们凭借理性寻找、修正、改变、更新我们的知识、观念和思想的理由，我们也凭借理性确证我们行动的规范性目的和伦理原则。理性使得我们能够生活在一起，并且共享对我们来说十分重要的东西，如，我们可以共享概念，共享知识和思想，共享行动及其伦理。我们与他人辩理（在一起讨论、商谈或表达），其实就是共同运用理性追寻共同的道理，就是进行慎思（deliberation）。论证或辩理开创了一种相互性和共契性，使得我们能够共享经验、观念、知识或思想，使得共同生活的普遍价值观念成为可能，使得共识（common sense）成为可能。所以，运用理性不是指一个人强词夺理，不是利益算计，而是参照他人的理性，寻找普遍的道理，以理性的眼光去瞩目他人，与他人展开真诚的对话（隐性或显性的）。

理性并不是指时时刻刻都算计自己的既得利益。尽管人的工具理性也表现在对目的-手段关系的考虑之中，表现在对行动-结果的考量之中，但理性并不是人的计算能力。理性是人进行反思性省察（reflective scrutiny）的能力，是人追求真理和发现规范的方式，是人检视各种意见和观念的正确性的方式，是人审思社会习俗、法律、体制、体例的正当性的方式，也是人认识行动的正当理由、为自己的行动立法（确立普遍原则或规范）的方式。理性表现在人们相互交往、商谈、讨论、对话、辩理的活动方式之中，也表现在人们的直观、默思、思辨、言辞之中。理性意味着人们具有一种信念，那就是在宇宙万物那里存在着自然律，在人类事物里面存在着道德律，存在着共同的道理，在人与人之间存在着共情同理。我们的理性追溯道理或理由，能使我们的思想和行动符合道理，是为了把思想和行动放置在具有普遍性的理由之上。这样，我们的思想和行动才不至于愚蠢或荒谬，才能够尽量少犯错误。

合理性是指理性的检验。理性是判断或确立知识、价值、目的、规范、标准、形式的审思方式。合理性也关乎理性的认识、合理的行动、合理的生活。凭借理性或者说凭借合理性，意味着不论是在认识、思想的根据方面，还是在行动的理由方面，都以理性作为获得根本辩护的根本基础，以理性作为形成判断或行动的根本来源。所以，不论是思想还是行动，都寻求合理性。寻求合理性就是以理性来确定思想与行动的规范原则、合理形式、价值标准、理性依据、正当理由，等等，追溯其中是否有道理，追问其是否符合理性，也就是看其是否真实与正确。因此，合理性既是评鉴意见、观念和信念的方式，也是评价我们行动的方式。

追寻合理性，这就要站在普遍的理性立场。理性的检验，意味着分析或判断思想、事情是否合乎普遍的道理和标准，合乎道理与事实的信念或观念就是合理的、真实的，合乎道理或价值准则的行动就是正确的、正当的。理性为思想和行动提供了可能性，理性本身及其所建立的规范性的标准，提供了进一步运用理性修正观点、改善行动的方式与机会，并且为思想的求真目的和行动的求善目的提供了规范性的方式。因为，我们提出的思想和采取的行动，必须依赖于合理性的论证才能证明其正确性和正当性，因此，理性是我们据以审查我们的欲望、希望、观念、意见、偏见和行动错误的不可缺少的构成性方式。“合理性标准乃是我们据以超越或者审查我们自己特有的希求、愿望和偏见的一种手段。”（诺齐克，2012）[4]

理性是规范性的。（参见 Raz，1999）[68]理性也是检验我们持有的观点或信念的规范或标准。在研究中，合理性的论辩恰恰就是追寻道理、纠正错误、放弃偏见。观点、意见、信念是否成立，是否正确或真实，都要看其是否合乎理性，即是否具有融通的道理，或者是否具有事实的证据。“把一件事情、一个行为或一个信念称为合理的，就是评估做它或持有它的理由（以及人们反对做它或相信它的诸理由的方式）。”（诺齐克，2012）[67]理性意义上的符合理性的论证，是研究之所以为研究的根本特征。合理性的论证意味着，研究提出的任何主张及其论证过程都是建立在理性基础上的，接受理性论辩对理据（论据、证据）的理由的检验，没有理由的就不是合理的。合理性因此意味着具有普遍的理由。

理性对我们的任何主张或观点的合理性检验是客观的。理性是主体间的，是主体间性的重要内容之一。理性使人具有共通性，合理性检验就是建立在理性的这种共通性基础上的。这意味着检验不是建立在个人的偏好、利益取向、成见、态度情感之上的。换句话说，合理性检验就是检验真实性、正确性，这只有在客观性基础上才能实现。客观性能保证检验是在追寻普遍的道理。① 有些人对这种合理性检验不以为然，认为人不具有这样的理智，任何知识和思想都是人的特殊立场的反映，不具有客观性，人也没有权力去分析或判断他人的观点和

① 普遍性是针对知识的真实性的。知识被理性所确证，就意味着在主体间性意义上是真实的，对每个人而言是真实的。这里的真实也具有正确的意涵。文中的普遍性不是指绝对普遍性。

思想的合理性。这其实是对理性的拒斥。这种对理性的拒斥否认人类审查自己的意见、偏见、错误的必要性，或者认为人的理智无法找寻超越偏见的手段。如果我们对理性进行彻底拒绝，或者对理性试图发现普遍道理进行拒绝的话，那么我们就显得过于可笑了。因为，这等于说真实和荒谬的观点是没有任何区别的，没有理性能够甄别它们，人们在交流思想的过程中无法也不需要判断真假。这种观点可能觉得我们的错误和偏见是不能去审视和改正的，我们每一个人所持有的信念、观点都是在自己个人意义上的，是可以不加理性审思的，我们生活世界中的观点或信念是正确还是荒谬根本就是无所谓的。

正是基于这种认识的相对论立场，有些研究把合理性的论证仅仅当作是如何把自己的观点合理化的过程，而不是把自己的主张或观点建立在普遍性的道理之上。这样的研究的“合理性”论证不过就是筛选符合自己观点的证据，而把否决自己主张的证据过滤掉，或者仅仅去发现支持自己的材料；这一过程不过就是把自己的主张合理化，强化或凸显自己的立场与成见。但是，这样合理化的观点并不一定是合理性的观点。这是一种态度在先的论证，即以自己的态度决定自己的论证，而不是在客观道理上——不是在理性上——对观点进行论证。

许多研究者都可能存在把自己的主张或观点合理化的取向。我们常常把基于自己信念、成见或态度而提出的某种主张，作为唯一正确的观点，并仅仅寻找适合自己观点的证据材料。这种合理化的过程，仅仅看到自己喜欢或者想要看到的事实和理由，结果其观点的真实性就值得怀疑。“如果所有的‘合理论证’都仅仅是合理化，那么，不仅试图为任何观点作合理的论证是没有意义的，而且坚持任何观点也是无意义的。”（普特南，2005）[182-183]一个理性的研究者需要清理自己的成见、态度，需要证明自己的信念，不把自己的观点先入为主地作为正确的观点加以合理化，而是站在普遍理性的基础上，既检验能够支持自己观点的证据，也检验不能支持自己观点的证据，从而把自己的观点建立在合理性的基础上，而不是简单地单方面维护自己的观点。

研究需要合理性论证，或者说，研究离开了建立在客观的、普遍的理性基础上的论证分析，就不可能取得正确的结论。研究本身就是要去证成（justification），证成就意味着以普遍道理、真实的证据，合理性地为观点做出真实正确的辩护。那种否认普遍性的研究者，其实也是否认自己的研究本身，他潜在地不认为自己的研究是在讲道理，或者他认为他是在讲“自己的”道理。但是，观点的合理性不在于“自己的”道理，仅仅讲“自己的”道理是把自己的观点合理化，而不是在找寻普遍性的道理。道理都是普遍的，没有道理是私人的；如果道理是完全私己的，那就意味着没有共识，意味着思想交流不是辩理，而只是根据喜好接受或拒绝。一个观点只有建立在普遍的道理之上，才能被理性客观地认可。因此，合理性意味着我们积极地进行批判性反思，检视我们的思想与观点，积极寻找任何与我们的论题相关的证据、依据、理据，哪怕它们与我们的观点有些不一致。我们通过细致的分析，依靠理据修正我们的观点，使得我们的观点具有理由，具有有效性和可靠性。在这个意义上，研究的合理性是研究的构成性特征。一项研究如果不追求合理性的论证，那么，这项研究就是失败的，或者根本就不是在从事研究，而是在从事宣传或灌输。

虽然有些研究者可能基于某种外部原因而有意做出具有某种偏向的论断，虽然有些研究者过于迷恋自己的主张而失去明智的判断力或理性精神，虽然有些研究者在自己的成见影响下提出某种错误的信念或观点，但是，这并不意味着在重大的利益、诱惑、自我中心等条件下，形成客观和合理性的判断是不可能的或者是无希望的，也不意味着根本没有任何的客观理据或者没有正确与错误之分。合理性意味着研究站在客观的基础上，而不是站在主观偏向、立场之上，意味着把研究的结论放置在普遍的理性之上。所以，研究就是努力寻求经过合理性论证被证明为正确的观点或主张。如果研究不承认这一点，那我们真不知道研究的目的是什么了。

事实研究的证据客观性与普遍性似乎较少受到怀疑，这是因为事实研究的证据客观性似乎是较强的。就价值研究或规范研究而言，其客观性和普遍性会遭受更多的怀疑，这是因为人们直观地觉得价值判断没有客观性或普遍性，或者人们不愿意接受价值或规范的客观性。马克斯·韦伯反对价值判断的客观性，他认为在伦理问题上，不可能获得理性的人共同认可的价值判断，只有在选择实现某种目的的有效手段上才有合理性证明。（参见韦伯，1999）价值判断是否能够获得合理性的证明？实际上，规范研究或价值研究的合理性论证也是必要的，它是对价值判断或规范判断进行客观性和普遍性辩护的必要方式，特别是针对共同价值、道德规范与原则方面，规范研究提出的主张需要理由，也就是说，需要客观性的价值判断。

价值判断或者规范性判断也许真的不可能获得如科学知识的合理性或者技术合理性那样的事实证据，因此也不像科学研究那样能够提出关于事实性知识的结论。伦理问题、价值问题、政治问题、教育问题、文化问题等实践问题，错综复杂，我们也许不能获得大多数人都能够认同的像科学知识的解释那样的确定性和客观性，也许不能获得多数人一致的经验判断，但是，这并不意味着价值判断的正确理由是不存在的，或者价值判断的客观性和普遍性是不可能的。恰恰在价值研究领域或者规范性问题的研究中，一个研究者可以依靠自己的智慧、见识和敏锐的判断力，对价值问题或规范问题进行合理性论证，对规范性主张进行理性的审查，融通深刻的道理，提出真知灼见，为我们解决所面临的价值或规范问题提供指示性的启发。这样的事例举不胜举。

价值研究或规范研究的合理性判断，不是依据实证研究那样的事实说明和经验描述，不是依据多数人的同意和一致，也不是在现实世界中找出几个事例来举证，而恰恰是追问或证成价值判断或规范判断的根本理由，是以概念分析、观念先验论证等方式呈现普遍的理由，从而证明规范性判断的合理性，即证明其蕴含的普遍道理。规范性判断或价值判断发现客观道理，这不仅是必要的，也是可能的。在规范研究中，一项研究可以追问价值判断的合理性，检验行动原则与价值理想的合理性，形成融通的道理关联，证明价值判断蕴含的意义。普南特说：“合理性的最高表现之一，恰恰是在人们不指望令多数人满意地证明一件事情的地方进行正确判断的能力。某些事情不可能人人满意地加以证明这一事实居然成为关于这类事情的信念的不合理性的证据，这是不可思议的。”（普特南，2005）[200]

实际上，在事实研究中，科学研究发现证据以支持科学结论，其证明方式是归纳的、印证的，即那些客观事实印证了某种理论或某种观点，这包含了发现新的证据来推翻结论的可能性。但是在规范研究中，由于无法全部援引事实来印证我们的观点（信念或主张），我们只能运用道理来证明，这样的证明反而是必然性的。从普遍的道理前提，推理出正确的后承结论，这是建立道理之间的必然联系，运用道理进行推理。这种推理论证建立在必然性之上。所以，维特根斯坦说，证明不是做实验，证明建立在必然性推理之上。

规范性（normative）涉及的是一个“应然”（ought to do）的问题，即一个关于做什么是正确的问题，一个根据人的理性本质应当做什么的问题。规范性的论证提出的是获得信念的基础或指导行动的原则、观念等，这样的论证必须提出说服自己和他人的理由，因为，规范性论证的目的是检验自己的思想观念的合理性和行动理由判断的合理性。提出的信念只有被确证为真实的、正确的，才值得接受或交流；提出的行动原则必须是正当的、合理性的，才值得承诺与遵守。正是这样，规范性论证必须为提出的观念或原则建立坚实的理由，必须向他人证成原则和观念的正确性和必然性。否则，这种规范性原则是没有任何力量的，即是缺乏理由辩护的思想，不为理性所接受，是缺乏正当理由的原则，不为理性所遵从，因为，它们都通不过理性的审查。思想或认识是人的理性的体现，原则或规范、价值也是我们理性的反映。①

---

① 理性的思考和行动就是为思想和行动追寻合理性，即普遍的理由或道理。

规范性反思和论证是合理性论辩不可缺少的部分。

4.2 研究的确证责任

从合理性来看，教育研究需要确证或证成观点。研究者的主张、信念、观念、观点是否为真，取决于确证或证成。“确证”的意义是“证明……为合理的”，或者是“证明……为正当的”，是以理据来支持结论的正当性。这里的正当性就是正确性，它与真实性是相通的。

认识论给出了知识的三个要素——真、信念、确证，三者缺一不可。一个命题是真的，才能够表达真实的意义。我们有可能是鹦鹉学舌，说了一个真命题，但自己并没有慎思，或者我们偶然地猜测，获得了一个正确的答案，但并不知其中的原理。所以，单纯真的标准，并不构成真正的知识，只有确证了或证成了，才真正地表达了知识。确证或证成是知识的重要因素。我学会了知识，那是因为我在理智上真正证成了这个知识。否则，没有理解某个知识，不知道其如何证成，我就是记得滚瓜烂熟，也不是真正地具有了知识。一旦我经过确证而获得真知，也就意味着我确信。一个研究者不能说一个经过他确证为真的观点是他不相信的，如果是那样，只能说明他不诚实。（参见陈嘉明，2003）[32]

前文论及经验研究是通过经验证据证实事实判断，其实，在教育研究中，许多主张、信念、观点并不可能通过经验的证据获得验证，只能通过道理确证或证成而追问这些主张、信念、观点的真实性、合理性和正确性，确定其有效性和意义性，这就是理性论证，或者是追问理性真理的过程。不论是事实性的还是规范性的，教育研究就是一种观点确证或证成的过程，为我们主张的信念提供足够（充分）的理由、证据。确证或证成是研究的根本性规范。

确证或证成在于证明信念的真实性。这意味着我们提出的任何观点、信念、思想应当是真实的，我们不仅知道它们是真实的，而且知道它们为什么是真实的。所以，研究旨在求真。

作为一个规范性的概念，确证或证成意味着研究所主张的信念，须经过理性的评价或检验。这种理性评价或检验就是证成，其目的是获得正确的观点或真实的信念，即获得真知。在这个意义上，确证或证成是学术研究的根本方式和标准。如果一项研究不能够提供充足的理据、证据来支持自己所主张的观点，那么，这样的研究就会站不住脚，其研究结果就是令人怀疑的。研究作为一种认识，所追求的目标就是形成真实、合理、正确的观点。因此，确证或证成就是让研究所主张的观点获得好的理据支持的方式。从这个意义上说，研究负有正确认识、形成真实合理的观点的责任，也即负有避免产生不合理观点的责任。① 一个研究者要负责任地主张自己的观点，就必须确证或证成自己的观点。

研究结果——自己所主张的观点的确证或证成——也许看来是不言而喻的事情，但现实情况是，研究者们常常不能很好地为自己提出的观点进行确证或证成，也就是说，研究者仅仅主观地相信他具有某些理由来主张自己的观点，或者说，研究者仅仅把自己觉得是理由的证据拿来支持观点，他所谓的理由不过是主观的。这样的研究者其实忽视了客观的确证，忽视了把自己的观点建立在客观的普遍性理由基础之上。这样的研究就是自说自话。如果讲的“理”不是客观之理，研究的结论就没有充分的可靠性。

确证或证成的义务意味着研究不应当违背一些基本的认识义务，如“证据不足的情况下不能轻易主张某个观点”“你主张的观点与自明的道理必须是相互融通的”“不能把未经确证的信念当作一个真的信念”“不能把你的前设信念当作是自明的”“应当相信真信念，而不应当相信假信念”“不能以你的偏好态度决定你的论证，决定论据的选

---

① 在知识论上，确证或证成作为认识的规范意味着它是认识的义务。确证或证成意味着认识者理性而负责任地主张某个信念，并提供充足理由以证明其为真。

择”“如果已知一个观点是假的，则不能接受这种观点，而且有义务批评”，等等。

确证义务说明，学术研究作为探究活动具有构成性的规范，如果学术研究（包括相对主义者和建构主义者所做的研究）违反了这些规范，学术研究的活动就是荒谬的。这些规范虽然显而易见，但却规定了认知活动；违背了这些规范，认知活动就达不到认知的目的。学术研究是认知活动，这些认知规范毫无疑问是学术研究活动的构成性条件，学术研究不遵守这些规范是不可想象的。不服从这些规范，就意味着学术研究不成其为学术研究。这些规范也意味着学术探究的论证活动的构成性标准包含着真实性、正确性、真诚性和可理解性，即不论是研究本身还是交流都应当满足这些标准。当然，在学术研究中，也有不讲道理和不遵守认识规范的人。

学术探究包括两种不可缺少和不可分离的认知行动。一是探究活动，学术研究探索、论证、表达真的观点或主张，这是研究者与研究议题及其探究的关系，在这种关系中，研究者以论证的方式接受、拒斥、提出作为观点的判断。二是交流活动，学术交流是研究者表达、学习、理解各种被确证为真的观点或主张的过程，表现了研究者把自己的观点放在公共理性中进行判断、批评的态度和责任，也表明了研究者的探究及其观点只有在公共理性的判断中才能进一步确证为真。交流活动是学术研究群体的交流行为，在其中研究者们可以以论辩的方式进行判断、批评、否定、反驳或者保持沉默。

这两种活动是不可分离的，一方面研究要展开充分的探究、论证，另一方面研究要展开充分的主体间交流。充分的论证与各种形式的充分交流相得益彰，这样才能够提出新问题并展开充分的新论证，同时交流也促进思想的创新。所以，就探究活动而言，没有人可以是孤立的，或者是“唯我论的”，我们每一个研究者都是有局限性的，而且我们总是会有盲点，也会犯糊涂、犯错误。因此，观点的真实或正确不是“我说了算”，也不是“你说你的”“我说我的”，而是我们运用共通的理智或理性，以交流的方式来检验我们的主张是否为真。如果缺乏这样一个共同检验的条件，或者基于人与人的各种差异不相信这样的共同检验的理智可能性，而把判断真与假、正确与荒谬的基础仅仅看作是个人私己的偏好或利益，那就意味着，就那些我们共同的问题，我们只能各自站在自己的狭隘立场上说出自己的意见。我只表达我的立场，你只表达你的立场；我不是让你接受，我只是说明我的立场。这就意味着认识、道德、规范等都是私己的，其标准或理由也是私己的。维特根斯坦在《哲学研究》一书中批判了这种把真理私己化的意见。他说："有人也许会说：任何在我看来将是正确的东西，都是正确的。而这只意味着我们不能在此谈论正确。"（维特根斯坦，2009）[137]

站在私己的立场而主张某种观点，就丧失了合理性。然而，学术探究或交流，如果不以合理性为标准，即不以观点的真实性或正确性为标准，那探究本身的意义何在呢？事实上，不管那些相对主义者怎么说，他们都不会辩解说他们的研究不是为了观点的真实或正确。他们要开展研究，就意味着对保证真理性或正当性进行承诺，尽管他们扭曲了普遍真理或普遍正当的语用学上的公共含义，尽管他们不承认普遍理性和普遍真理的存在。

确证或证成的义务不单纯是一个应当怎样认识（研究）的义务，而且也是获得正确的研究结果、使研究成为一个"好"的研究的方式。在这个意义上，一项研究是否完成达到客观性的确证或证成，成为评价研究是否有效、成功、有意义的规范与标准。从认识的规范上看，学术伦理也包括对认识规范的遵循；一个不遵循认识规范的研究者，其实也就是一个缺乏学术伦理的研究者。

4.3 论证——检验你的观点

什么是论证？奥凯弗（O'Keefe）把论证区别为两种类型：一种类

型是作为一种思想辩理的论点（argument），它被看作是由主张及其理由所组成的；另一种类型是不同观点与主张的论辩交流的特殊过程，即就特定主张做出论证的论辩过程（arguing 或 argumentation）。（参见 O'Keefe，1977）就认知意义上的学术研究而言，研究的论证是第一种类型。当然，在学术争议或商榷的过程中，或者在不同学术思想观点的对话交流中，第二种论证也是不可缺少的。

论证即证明，或者说是明证。这个词的意思就是显明道理，使道理闪亮，所以，相关的证据或理由意味着让论点闪亮，论点只有进入光明中才能闪亮。什么是光明？那就是公开运用理性辩理，就是让观点处在理性辩理之中，在公共的理性审查中显现出普遍的道理。观点在证明中闪亮，道理在其中显现，论辩的理性使得事情本身敞开，唯有理性之光才使道理闪亮，使观点闪亮。(参见海德格尔，1999)[80-81]

研究的论证过程，就是利用相关的普遍性原理、观察的客观性结果以及确证的道理作为理由支撑自己的观点，得出自己的研究结论为真的过程。用逻辑学的话说，论证就是运用某些理由去支持或者反驳某个论点的思想过程或语言形式，是提出理由或前提去推出真的结论或真的观点的过程。论证的目的是求真，在这个意义上，论证不是自我辩解，而是追问自己主张的理据，或者说，论证求真，就是为了防止自我矛盾。论证在语用学上是自我怀疑的，也是自我反思的。

论证由论题、论点、论据和论证方式构成。论题是研究的对象，可以是议题，可以是针对某个对象的问题（question），也可以是现象问题（problem）。论点是研究者要论证的主张，如假设、观点等。论据是研究者在论证中用来支持或反驳某个观点的理由。研究者总是会提出一个肯定性或者否定性的命题，论证就是援引真的前提（即理由）来推理出结论。研究的过程可能涉及许多复杂的论证过程和形式，表现为一个论证系列。由于论证的目的非常明确，即提出真实的以命题形式表现的观点，因此，所使用的论据必须是真实的，即合乎理性的，这样研究的结论才能为真。当然，一项研究的论证不一定成功或有效，这就要根据它的理由和论证形式来判断。有时候，我们提出了一个真实的主张，但是论证的方式不对或者提出的理由不充足，那么，这个观点还不足以令人信服。

教育研究有各种各样的方法，这些方法的运用都是为了回答、解释、解决（address）、辨明研究提出的问题。不管运用什么样的方法，要回答、解释或解决研究提出的问题，都要通过找寻证据、阐述道理的方式，为自己对问题的解决提出论证，这就是道理辩护。研究就是为假设、主张（论点）寻找证据或论据，说出如此主张的理由，贯通主张和论据之间的道理。不管是理论或学理上的追问，还是具体事实的实证，这一过程其实就是论证的过程，就是追寻道理或理由的过程，或者追寻事实的经验证据而印证观点的过程。论证就是让观点建立在合理性的客观理据基础上。观点或主张只有通过论据提供理由，显示出可辩护性，才是正确的。

要对一项研究提出的假设、观点或者主张进行论证，就必须建立论证的结构。论证具有明确的结构，即建立前提与结论之间的关系。一个论证的结论，就是以论证中的前提为根据所得出的那个判断，即推理出来的命题。前提之所以是前提，在于其必然地为结论提供理性的根据或理由，即前提蕴含道理，只有这样才能够必然推理出结论。学术研究是一种复杂的论证，可能包含着由许多命题构成的复合命题。不管多么复杂，论证都是由前提和结论组成的推理结构。也就是说，作为结论的命题，必须是作为前提的其他命题所支持的，前提对结论具有必然的支持作用。复杂的学术研究可能涉及大问题及其分问题，所以结论可能是一组具有逻辑关联的命题。作为前提的命题可能也是非常复杂的。研究因此有必要分清楚结论之间的逻辑先后关系。

研究要得出真实正确的结论，必须满足两个条件：首先是研究所援引的所有理由都是真的、正确的，即合乎理性的；其次是论证的推理过程必须是合理的、合乎逻辑的，推理的形式是有效的。唯有满足这两个条件，研究的论证才是可靠的，结论才是可信的。

陈嘉映认为，论证是说理，即为主张或看法给出理由、提供理据，当然，他主要讲的是哲学论证。我认为，说理或者论证是所有研究的构成性特征。事实性研究，把真实的事实证据作为前提，推论出事实性结论，从而证明结论与证据之间的道理关系，说明结论的合理性，这也是论证。研究中的主张或者看法总是有针对性的，教育现实中的一个具体问题可能会引发各种不同的看法或主张。研究者可能会提出自己独特的主张，也可能会针对一种现象，试图探明现象的前因后果。不管是基于对他人主张的怀疑而提出自己的主张，还是对一种现象的困惑，或者是对假设的验证，都是论证。研究是非常正式的复杂论证，针对研究的问题的性质、研究者所提供的理由或理据，可以运用事实证据，也可以运用道理论据。教育研究的事实证实，不是简单地拿出某些事实来证明某个假设，研究者往往还要说明事实与假设之间的关系，因此论证在事实研究中也是不可避免的。一个研究者可能研究某个教育现象，提出某些假设，并通过各种各样的研究方法提供事实性的证据，但是，这些证据与假设之间是什么关系，形成结论的理由是什么，研究结果呈现了什么道理，等等，都是需要研究本身来说明的。所以，事实研究不是简单的证实，它也通过道理的论证而阐释更深刻的意义。不论是事实研究还是规范研究，一个研究者必须基于论证而提出自己的主张或观点，必须针对自己的主张提出理据，说明如此主张的普遍性道理，即普遍性理由。

论证因此与学术研究具有密切的关系，或者说，学术研究主要是以论证为根本方式的。尽管事实研究有时候是纯粹解释性的，但是对所解释的结论也需要以证据、理据等进行判断。一项叙事体的研究——如卢梭的《爱弥儿》或者黑塞的《在轮下》——是通过故事说理的，虽然说法不同，但其实是让人在故事中发现道理，从而看到故事对普遍道理的言明。所以，研究离不开论证。理论性的教育研究也是从论证出发的。教育研究不仅仅是陈述表面现象，或者仅仅知道事情是怎么回事，还必须知道为什么。就事实研究而言，一种教育现象是什么原因造成的？产生了什么后果？原因产生的具体机制是什么？现象显示出的意义是怎样的？现象背后的观念及其理由是什么？这些都是需要研究明确地进行论证或说明的。就规范研究而言，行动的原则或指导观念是什么？它们是否正当或正确？应然形式的合理性在哪里？这些问题也需要通过研究明确地提出普遍的理由。这都是教育研究避免不了的。

论证面向合理性，因此不仅仅是寻找支持性的证据或理由，而且必须认真考虑所有理据，尤其是那些反对性的证据。合理性的论证必须同等地考量两种理由，即支持的理由和反对的理由。如果仅仅选取支持自己主张的论据，那就是单方论证（one-sided argument）或隐瞒证据（suppressed evidence）。这是一种非形式的逻辑谬误，只提出支持论点的理由，而忽略不谈反对的理由。

在研究中，寻求支持性或确证性的证据是容易的，研究者很容易倾向于排斥那些不支持的理由或证据。这样的研究表面上看起来理由充分，但是因为没有考虑反对的理由和证据，所以其论证是不充分的。不论是事实研究还是规范研究，都必须考虑和分析可能的反例，必须考虑和回应可能的反驳，从而把自己的论点建立在更具有合理性的基础上。研究的辩证或者辩理就是充分考量反对性的理由和证据，在辩护中寻找合理性的结论，而不是先定结论，然后寻找支持性的证据。如果反对性的理由更普遍和融通，如果反对性的证据更有理，那就必须修正自己的主张、观点和假定。如果不是这样辩证，那么研究就是片面的。

任何观点只要论证依据的理由不充分，即论证不充分，就可能是错误的，具有可击败性（defeasibility accounts of views）。如果在论据的重要方面欠缺深入考虑，没有把重要证据和理由考虑在内，那么就会降低论证的有效性和可靠性。当且仅当一个观点得到不可击败的证成时，这个观点才是正确的。所以论证应当对所有重要的证据、理由、事实进行细致考量、分析和辩护。

就社会科学和人文学科的研究而言，社会可击败性（social defeasibility）也是研究必须考虑的一个标准。因为我们研究的问题都是社会问题和人性问题，我们提出的任何观点，不论是事实性的还是规范性的，都必须经由社会性的判断，即是否是其他人的理性所认定的事实和规范。我们常常援引一些学科领域的专家的观点来支撑我们的论点，这是寻求可靠证据的一种渠道。我们也就相关事实寻求目击证人，这其实也是防止产生社会可击败性的一种方式。考虑社会可击败性也包含共同理性的认可性，就是在共识基础上的论证：如果一种观点违背常理，这种观点就具有社会可击败性。如果我们提出的理论或观点没有考虑相关人士的意见和情况，那么我们的观点就可能是有局限性的，可能会被击败。如，关于教师的工作焦虑状态的研究，如果没有相关教师的意见，那么就是有缺陷的。社会可击败性要求我们考虑如下几个方面：（1）人性的普遍性和常理常情（普遍性的道理）；（2）研究领域的专业人士的观点；（3）见证人和相关人的观点或意见；（4）普遍的价值。当然，这些观点或意见本身需要细致的理性考量和价值判断。

前面说过，研究观点的论证不应当避免任何反对性论据或理由，但是研究必须避免任何的假证据，即虚假事实、非正当理由、错误观点。我们的论证不能援引错误的观点，不能以非正当的理由来支撑观点，不能建立在虚假的事实之上，更不能捏造事实。这似乎是不言而喻的，但是在研究中，还有不少捏造数据、伪装事实、援引错误观点的案例。这不仅是学术诚实的问题，其实也是论证错误或者被击败的问题。避免错误的方式，就是对所有的证据进行反思性考查。

论证是推理，而不是猜想。研究中的论证需要从已知的道理推论未知的道理。已经证明为正确的前提本身所包含的普遍道理能够为推导出的结论提供支持，结论就是真的、正确的。论证的有效性是研究获得正确的、有意义的结论的根本保证。研究的论证要具备有效性，就要保证从真前提推理出真结论。有些研究往往忽视了前提，忽视了对前提的正确性确认，或者忽视了寻找前提与结论之间的必然性，这样论证就可能是无效的。因为，前提及其正确性是论证的基础，而且前提与结论之间必须有充分的对应性，而牵强附会的论证只能是虚假的论证。

前提必须是真的，我们提出的主张所针对的问题必须是真的，我们提出的主张也必须是真实的，这样研究才可能进行论证。一项研究提出了一个虚假的问题，就意味着这项研究是没有价值的。一项研究提出了虚假的主张，那么不论论证多么复杂，都可能无法获得论证的有效性。论证的真实性就是论证的正确性，正确的前提充分地支持了结论，结论就是正确的，也就是真实的。论证的结构也必须是正确的，论证结构的正确性是论证的有效性的保证。对于研究来说，提出自己的主张或观点十分重要，研究的创新性在于提出独特、新颖的观点，但这是不够的，同等重要甚至更重要的是对自己观点的论证。把自己的观点与普遍的常理贯通，或者说，为自己独特而新颖的观点找出坚实、正确的存在前提，从前提可以充分地推导出观点，也就是说必须提出有道理、有理由的观点，这依赖于论证。因此，对于研究而言，论证的过程及其结构的正确性也是十分关键的。

相对主义者常常把每个人的看法、观点仅仅看作是个人的偏好，认为不同的看法之间不存在对与错之分。如：所谓的知识只是个人自己的知识，没有什么普遍性；道德都是文化相对的，或者是个人认定的，没有普遍的道德原则；等等。如此一来，相对主义者在学术研究中就无法开展论证，因为他不承认有共同的普遍道理；他把提出的观点仅仅看作是完全出于个人立场的，其正确性无法在主体间展开评价。所谓的前提没有正确和虚假之分，作为结论的论点也无所谓正确；只要自己说明缘由就是正确的，没有能够评价真实或正确的共同道理。如果按照相对主义的这种看法，那么学术研究是做什么呢？假如相对主义者说出一个命题，他又如何让我们相信他所说的是真的呢？在教育、政治、文化、道德等人们共同生活或共契的领域内，如果没有论证，我们可能难以对关于一些共同话题的不同见解、观点、观念进行区分，难以甄别正确的与错误的、真实的与虚假的。

虽然说不同观点之间的分歧是正常的，但是，就我们必须共同行动的领域而言，就那些影响我们共同行动的观念和看法而言，如果我们不对正确和错误的观念、真实和虚假的见解进行区分的话，我们如何能够正确地行动？我们需要辨别谬见或错误，辨别真假事实，辨别观点或主张是否合理，分清何为对错，这样才能减少偏见、错误等给生活造成的困境。学术研究的内容之一，就是针对一个议题判断一种学术观点是在何种道理上提出的，辨明一种学术观点的正确与错误。当然，学术研究提出的观点相互分歧或冲突，恰恰是思想和观点得以丰富和互补的必然方式，但这不是说，所有的观点都是同等正确的。

就论证的目的来看，一个论证要成功，须满足以下四个基本默认条件。(参见刘春杰，武宏志，1999)

(1) 理由律：论证必须为想支持的命题提供理由，没有提供理由就不是论证。因此，这一理由也可看成是论证的第一预设。

(2) 相异律：提供的理由和想支持的命题必须是不同的命题。因为命题自己证明自己将无法扩展认知，论证也无意义。主张与理由的不同乃是论证存在的先决条件。与主张相同的“理由”不是论证所要求的理由。

(3) 质疑律：理由的可疑程度必须比其想支持的命题的可疑程度小。如果理由比想支持的命题更可疑、更难以接受，论证就无说服力。理由的作用在于证明，论证之必要乃在于人们对某个主张的可接受性有所怀疑，为了打消这种怀疑，才需要提出理由。我们不能想象，一个可疑度较大的陈述会给一个可疑度较小的陈述提供可靠性。

(4) 可能律：理由必须有可能为真。如果理由不可能为真，便不可能支持想支持的命题。比如，逻辑矛盾、彼此不一致的理由或者与已被广为接受的命题相冲突的理由（除非另外提供理由来化解冲突），必然会导致不健全论证。必定为真的逻辑真理虽然可能性为100%，但它们空洞无内容，一般只用作形式框架。这里的可能性，相对于说服对象的知识与信念，应大于0而小于100%。当一个理由的可能性（或可信度）低到一定程度时，论证便无法被接受。

我非常同意陈嘉映的说法：论证是为了创造新的理解途径。研究的论证更是如此。教育研究的论证如果证明了新的见解或者观点，发现这种观点是有道理的或者是有根据的，就是开创了理解相关教育问题的新的途径。

4.4 论证的理由

任何一件事如果是真实的，或实在的，任何一个陈述如果是真的，就必须有一个为什么这样而不那样的充足理由，虽然这些理由常常总是不能为我们所知道的。

——莱布尼茨

我们如何判断一个研究提出的观点、主张或结论的真实、正确？如何判断研究提出的教育目的、价值、原则或规范的合理性？一项教育研究的观点如果是虚假的，就会导致我们对教育的错误认识；研究提出的教育实践的目的、原则如果是错误的，就会导致一个坏行动和坏结果。

学术研究是一种公共辩理的方式，它在探究、论证、辩理、讨论中进行。学术研究的结论要诉诸合理性的理由或证据，要放置在理性的天平上检验。诉诸理性，就是柏拉图所说的用一种理性真诚的态度和理性论证的方式，去检验我们提出的观点。①

任何命题陈述或判断必须具有充足的理由（warrant）。② 论证就是为我们在研究中的主张或观点提出理由（reasons for believing）。论证要援引理由。什么是理由？在论证一个命题时，我们相信这个命题的理由，是一个能够支持这个命题的理据。这种理据往往以真的命题形式出现。

研究的论证所使用的理由，是主张结论观点的诸种理由。这种理由是辩护性的，它们具有确证观点真实与否的力量。它们之所以具有确证的力量，是因为它们蕴含明确的普遍道理，亦即理由具有合理性。研究要主张自己的结论，就必须进行辩护，而只有理由才能辩护，因为理由来自理性的普遍性，是合理的根据。（参见霍奈尔，韦斯科特，2012）[11]不具有理性普遍性，就不是合理的理由。如此说来，理由是普遍的、客观的道理。所以，研究就是通过不同的方式发现关于议题的各种理由或理据，从中推出结论。寻找理由的过程，就是追问研究所主张的观点的合理性基础。正因为如此，研究必须发现充足的理由，建立理由与主张或观点之间的意义联系，或者说，建立证据与观点之间的充分关系。离开了在合理性基础上的理由，研究的结论或主张就失去根基了。

理由不是基于意见的，而是基于真理的。基于真理的理由由于其普遍性而具有辩护性。基于意见的理由辩护性是不足的，研究必须考虑理由的辩护性和代表性。（参见诺齐克，2012）[116]仅仅强调研究提出独特的观点是不够的，重要的是把观点放置在普遍性的道理之上，寻求理由来为观点提供支持；或者说，研究作为论证过程，就是建立作

---

① 柏拉图在《高尔吉亚》中说：“如果我说的事情是错误的，那么我乐意受到驳斥；如果别人说错了话，我也乐意驳斥他，我受到驳斥比我驳斥别人更使我感到高兴，因为我认为这样做有很大好处，使自己摆脱错误比使别人摆脱错误是一种更大的恩惠。”

② 世上自然万物的存在，繁杂纷呈，总有某种原因使其存在，这是因果律所决定的。人间万象，纷乱不堪；有些看似合理，有些看似不合理；合理有合理的理由，不合理有判断其不合理的理由。所以，任何事情总可以追问后面的理由是什么，这是充足理由律所决定的。基于充足理由律，研究的主张或结论必须建立在充足的理由之上。

为前提的理由与结论之间的结构关系，从而在理由中引出结论。如果从个人的偏好、情感以及利益角度寻找理由，那就不是在进行辩理和论证。因为，这种所谓的“理由”不具有普遍性，从利益角度或立场出发寻找的“理由”具有某种偏见，具有排斥性，可以说，它只是一些借口、原因、缘由，而不是辩护的理由。

理由就是符合道理的理据。理由包括信念、证据以及其他支持或证明结论、主张、观点的根据性陈述。在论证结构中，理由是作为前提的，因此，理由必须是合理的（即有普遍道理的），必须是正确的、正当的、真实的、普遍的、客观的，否则就不是理由，就无法支撑或者证明观点或信念的正确性、真实性。也就是说，对于所支持的观点或信念而言，理由构成了正确的前提，因为理由与观点所主张的事情之间具有真实、正确的道理关联。当陈述一个主张的理由时，如果这个理由存在与主张之间的道理关联，即合理的理由构成了主张的前提，那么它就构成了支持性的理据。

理由不是个体独有的，这是因为道理是普遍的，是人的理性所共享的。研究不是去寻找个人认为有理的理由，也不是把个人的偏好解释为道理，即不是在提出某个观点的个人缘故或原因上寻找理由。道理或理由一定是所有理性的人可以辨认的，而且是基于事情本身的道理。① 如果理由只是个人的，只有个人认可，就是个人的理由，那样的理由就没有公度性，实际上只是自说自话，或者是强词夺理。把个人的立场或偏好作为一个为观点辩护的理由，这样的理由其实是没有道理的。道理一定是共同的，是公共的，这样人才能达成共识，才能形成知识或原理，才能相互交流和评价，才有可能对一些事情或行动形成是非、对错等评价，才能形成辩理，否则，这一切都将是不可能的。运用理性而追寻的道理具有共通性，这样的道理才能够成为我们寻找

① 主张或辩护一个主张的理由与原因是不同的，我提出一个主张的原因的确可能是存在的，但却无法证明这个主张的正确性。理由能证明观点的正确性，原因仅仅说明研究者在个人立场上为何提出某个观点。理由是辩护性的，是公共性的。

其他道理的前提，才能作为理由。

研究提出某个观点的理由一定是在不同的语言之间、不同的人之间、不同的地方之间，具有可理解性或可解说性、可通达性的。（参见陈嘉映，2011b）这就是说，理由中的道理是可通达的，是普遍有意义的。不是说所有人都一定知道道理，而是说，有着不同立场的人提出的不同观念之间具有道理的可通达性。我们可能互相不同意，并且具有不同意的理由，但是我们之间还是有某种对话辩理，可以说明各自的道理在哪里。这样才能说明哪一个观点更有道理，说明为什么有的观点没有更深刻、更全面、更融通的道理。如果我们仅仅因为立场或态度的不同，而不认可具体普遍的道理可相通，那么不同的语言之间、不同的观念之间、不同的立场之间，就不会有任何的可理解性。没有共契的道理，那么观点就不具有可理解性，不具有可批评性，也就无所谓真实或正确。

因为理由是基于道理的，所以理由具有客观性和普遍性。研究的理性论证，其实就是寻求普遍性和客观性的理由。寻找理由就是排除偏见、偏执、独断、情绪、偏好等主观立场，避免唯我论，避免那些排斥他人见解的做法，也反对那些阻碍自由讨论甚至争论的做法，把观点建立在共有的道理之上。理性的运用是与批评、质疑、诘问、反思、反驳联系在一起的，不会将任何人从发生争论的对话中排斥出去，也不会以自己的价值立场来排斥他人的价值立场，因为这些都不是理性的，而是反理性的。论证的辩理，作为寻求共同接受的理由，就是公开运用理性、尊重理性的过程。所以，研究的论证，就是在理性的交流中追问真理。

理由（reasons）和理性（rationality）有密切关系。就行动而言，当我们宣称某人有理由做某件事时，我们通常就是在宣称，某人如果理性地行动，就是在经过理性慎思后做出行动。反过来说，当我们宣称对某个人而言做某件事是理性的，通常也蕴含了我们认为他有正当理由做那件事。就思想而言，当一个人为自己的结论提出了正当理由时，我们就认为他在理性上证明了自己的结论，因此我们会理性地考查他的证据和结论的合理性。如果理由不是出自理性，那我们就无法考查任何主张、观点，因为如果理由是一个人的偏好、立场、情感甚至利益，那我们就无法从理性上判断他的观点的合理性。

研究寻求证据或理由的方式，就是运用理性。运用一系列的假设、验证、推理、想象、解释、反思、诘问、辩证等方式，建立和发现事物之间相互依赖的关系，就是把观点或主张建立在普遍的道理（理性）之上。运用理性，其实就是援引共同的道理，使得理由成为观点的客观基础，也就是说，观点经过了理性的检验，为共通的理性所确证。指鹿为马，或者把白说成黑，只有通过霸权才能强迫某些人迎合或同意，但却无法得到理性的认同。任何一个人，只要理性上保持真诚，愿意思索或追问道理，也就是愿意运用理性，就可以分享道理，就可以发现和认可理由。尽管有些人可能不同意我们的观点及其论证，但是，只要他的理性能够促使他分析我们的观点及其论证所存在的问题，那也意味着我们在运用共同的理性，追寻共同的道理，把认识置于理由的基础上。

道理是共同拥有的，用来为观点提出确证的理由也是共有的，因为理由必须具有共同拥有的道理，才能为观点提供辩护。理由具有共同拥有的道理，才是正当而充分的理由，不然的话，任何观点，包括错误的主张，都可以被说成是有理由的。基于理性的共通性，包含道理的理由一定是共识性的。这种理由的共识性，不是来自一致同意，而是没有违背理性，即符合道理、符合理性或符合真理。一个观点合理，不仅仅是对一个人有理，而是意味着必须对所有人有理，否则就不是合理的；一个理由如果为真，就必须对所有人为真。

如果我们不把自己想象为理性共通的主体，不去想象与他人共同分享道理或者获得道理的方式，那么，我们根本无法进行研究，无法对自己持有的观点或观念提出真实性检验。正是因为理性的运用，人类才能对共同问题进行思想。我们是会思想的芦苇，其实就是指我们能够运用理性而使脆弱的芦苇成为有力量的存在。理性使人获得思想的力量，理由使观点获得确证的力量。

的确，很多人反对理性的普遍性和共同性，反对普遍真理的存在，他们认为普遍真理是一种武断的、专制的知识或思想霸权，只有否定真理的存在才能解放思想。在这种观念中，思想不是为了追求真理，而仅仅是一种意见表达，因此任何意见都具有平等价值，都必须尊重、倾听和宽容，而不是辩理、检验。但是，如果思想不追求真理，我们又如何辨别思想呢？难道我们要不加辨明地对任何思想（包括错误的思想、不真实的观点）都宽容地接纳吗？其实，这种看法是反理性的，也是不尊重人的理性能力的，因为，尊重他人的理性能力，就是尊重他们辩理的能力，而不是放弃对观点的辩理。

理性其实预设了每个人具有辩理、寻求理由的能力。每个人都具有运用理性认识事物的可能和权利，没有人天生就是被他人灌输观点或信念的，没有人天生就是服从别人的观点或指令的。理性也预设了人是多样的，每个人的观点和信念是不同的，每个人的经验是不同的。由于偏见、利益、情绪、视野等多方面的影响，不是每个人的每个观点都是正确的。虽然每个人具有表达自己意见的平等权利，也具有形成自己的看法和信念的平等权利（这种权利是十分重要的），但是，在认知意义上，正确的观点与错误的观点是价值不平等的，只有那些有更好的理由来支撑自身的正确观点，才是我们应当接受的。错误的观点是没有道理的，是不真实的，因此，我们不应当拥护或者赞赏错误的观点。我们在生活中追求真理、具有理性精神，其实也意味着我们应当选择正确的观点而丢弃错误和不真实的观点。我们具有接受正确的观点的认识义务，也具有批评或不接受不正确的观点的认识义务。所以，一个理性的人，积极形成自己的观点，也尊重任何他人形成和表达观点的权利，并做好随时放弃或修正自己的错误观点或意见的准备。他开放、接纳和倾听，并质疑、反驳和对话；他不固执独断，也不盲信盲从，他用理性来解决争论，随时都有一种被他人的观点说服的开放的心灵状态。

好的理由与观点具有密切的相关性或针对性。如果没有针对性，证据再多也没有说服力。研究的论证就是要给出充足、相关的理由，提供必要的证据，符合逻辑、符合道理地进行思考，融通观点与理由之间的意义关系，让理由中的道理支持观点。所以，论证就是认识到观点与理由之间的必然性关系。由普遍客观道理的理据推论出来的观点，才是必然性的研究结论。尽管现实现象是复杂的，但研究不是提出一种偶然性的看法（*dogma*），或者说，研究提出观点不能依靠偶然性的依据，因为偶然性依据缺乏证明力。

从理由的必然性来看，比喻、类比等都无法作为好的理由去确证观点。尽管我们似乎运用比喻、类比等说明了一些道理，但这仅仅是例证，不能证成普遍、可靠、必然的结论，因为比喻可能只说明了相似性，而无法揭示必然的相关性。不论是事实性研究还是规范性研究，都可能运用比喻、隐喻等修辞方式，尽管写作的生动离不开这些修辞方法，但不论比喻如何揭示相关性，它都无法作为观点成立的理由。因为，比喻、隐喻、类比等可能显现一定的道理，但无法提供直接而充足的理据。比喻、隐喻、类比都是较弱的论证。因为它们不是从论题本身寻找理由作为论据，而是把不同事物的相似关系作为论据，所以，它们都是试图说服人的修辞方式，而不是说理方式。①

类比在说理中经常被滥用或误用。我们往往以类比等比喻方式说明一个观点的对与错，但是类比并没有正确与错误之分，只是相比之物间的类似关系有远有近而已。一般来说，关系近的就会显得比较合理，而关系远的则会显得牵强附会，因而暴露出谬误来。类比关系无法说明一个观点的对与错，因为它不能提供真实的依据和理由，虽然比喻可能会激发思维，引出一个结论，但是它本身完全不能确立一个结论。(参见斯泰宾，2008)[131] “教育像一棵树撼动另一棵树，像一朵

① 研究文献中比喻的确常见，也是可以使用的，但是必须在辨理的主导之下使用。

云推动另一朵云”，这句话并不能说明教育产生教化力量与价值的依据，也不能说明关于教育的意义与价值的结论或主张。它所提供的只是说明和修辞渲染，而不是能支持结论的理由或道理。学术研究是对正题的直接讨论，不论是理论假设还是某种规范性主张，它要求的都是提供证据和理由，要求去证明假设或观点的真与假，而比喻并不能承担这一任务。

4.5 外在理由与内在理由

如果我们的思维没有得到良好的理性训练，我们就不能有效地建立论证，即不能有效地为结论寻找充足的理由支持。我们可能仅仅偏爱某种观点，或者我们是基于某种特殊的意见立场而提出研究结论的，如果是这样，那我们的结论就是教条式的独断论。在我们的时代，用口号代替原则、用偏好代替反思、用自己的立场代替合理理据的话语和文字太多了。如果我们的研究不顾论点是否有理由或者理据是否合理，那就是违背理性的独断论。研究虽然不像宣传术或洗脑术那样灌输观点和信念，但如果研究把没有合理性论据的观点展示给学术交流共同体，那么这样的研究不仅仅是不负责任的，也是不诚实的，更是否认或轻视他人的理性的。这种狂妄自大的所谓研究在我们教育领域中何其多也！

当我们在分析、思考和判断一个观点、主张的正确性的时候，我们主要是批判性地分析支撑这个观点的理由和证据。如果一项研究或者一篇论文不告诉人们其主张的证据或理由，那我们就无法判断它的根据的可靠性，也就无法相信或接受研究所主张的观点。因此，研究不提供充分理由或证据，或者把根据建立在偶然性因素之上，实际上是拒绝承认观点需要理由的支持，拒绝对议题的合理性进行论证。这其实是在逃避理性的责任。研究必须具有理性的责任，必须对自己的主张、信念、意见、观点提出何以为真、何以为正确的理由与证据。

“当一个人运用理性的时候，她的信念存在被驳倒的可能……作为一个知识的探究者，勇于接受被驳倒的可能性，乃是一种德行的表现。如果一个人逃避这种风险，她不就停止探究活动了吗？若是如此，她所持有的信念，是不是就无法得到证成？”（Hetherington，2004）[155]一个研究者的信念、主张、见解要得到证成，就必须自觉而理性地提出支持该信念的理由。这是避免独断论和教条主义的唯一办法。

论证具有外在理由或内在理由。外在理由的主张是知识论的外在主义（externalism），内在理由的主张是知识论的内在主义（internalism）。内在论者主张一个信念、主张、意见的确证来自我们的内在状态，认知主体的心灵具有了解、洞察、反思其信念的状态、条件、能力和方式。① 一个信念的确证，是它与其他信念或理由的关系所决定的，由于信念或理由被看作是心灵的所有物，表现了心灵认知的状态和条件，所以是内在主义的。在内在主义者看来，确证完全建立在内在的心灵上面，是从认知者视角（perspective）出发的。认知者视角之内的东西，例如经验、信念和记忆，还有认知方式，都在认知者的心灵直接可达的范围之内，因而是内在的。在知识论的外在论者看来，确证观点、信念、主张的因素是由知觉等有效的认知过程所反映的客观事实。作为世界中的客观事物，它们并非心灵的直接对象，因而是外在的。外在论者在确证一项主张、一个信念的时候，基于主张、信念与外部事实提供的客观证据来建立关系，也即从外部寻找支持假设、主张或观念的理由。真实的认识是由外在于心灵的相应的事实所引发的。当然，知识论中的内在论者和外在论者是非常复杂的。（参见Hetherington，2004）[149-171]

虽然我们对知识论意义上的外在论者和内在论者不能做简单庸俗的理解，但是我们可以从一个议题或问题、一个主张或观点的性质上，

---

① 区分知识论意义上的外在论和内在论的方法就是回答这一问题：对信念或主张的辩护或证成是完全取决于内在于认知者的因素，还是取决于客观现实的现象或事实？肯定后者的是外在论者，肯定前者的是内在论者。

提出外在理由和内在理由的论证方式。当我们的研究涉及的是关于事实的信念（假设或主张）时，我们的论证可能需要援引外在理由。如，如果我们要研究学生学业不良的具体症状与原因，对提出的假设进行证实或证伪，那我们就需要通过合理的认知方式查明客观的现象及其原因，而这一现象的表征和原因的事实都必须是真实的，而不是虚假的。这就意味着从认知过程的确定性、合理性和客观性来考查支持或者否定某个主张或观点的客观事实，从而确证观点的真实性。针对这样的议题及其主张，以这种方式确立论证的理由，无疑是正确的。

对于规范性问题的研究，论证提出的主张或信念是无法从经验事实中获得证明的，我们只能从普遍性的道理出发来论证我们的主张。当我们论证“学校教育应当平等保护和促进儿童的权益”这一主张时，我们无法把既存的事实作为理由，因为从事实性中无法推出规范性。事实给不出为什么应当的理由，事实只能说明什么是什么，说明什么现象存在，其原因是什么，而无法说明为什么“应然”，也不能推出我们应当如何行动的原则，不能给出行动的价值理念或理想。我们只能就我们关于“儿童权益”的正确信念，进一步为“学校教育应当平等保护和促进儿童的权益”提出论证的理由。这意味着我们也需要论证“儿童权益”的本质及其意义，从而在普遍性的道理基础上论证为什么儿童权益是学校教育应当保护和促进的。

在面对不同的研究问题时，我们可能要清晰地分辨在何处寻找和建立合理性论证，在何处发现理由。如果我们在需要了解事实真相的时候，提供的不是关于事实的证据，那我们就不能做出合理的论证。当我们需要追问我们行动的应然的价值理想和原则，论证我们关于行动的信念或观念时，如果我们通过经验事实来说明应当行动的案例，那么我们也无法提出普遍性的理由来支撑“应当”付诸实践的原则、理想和目的观念。

我们也应当避免虚假的外在理由。有时候，我们提出的外在理由往往回避了提出某个观点的正确理由，没有自觉地为观点提出充足而坚实的理由，或者是从外部提出与观点并没有直接相关性的证据。如，我们提出“一个好的教师是教学技能娴熟的教师”这一主张，然后只是援引数位校长或者教师的看法作为理由，这样做似乎提供了证据，但其实仅仅提供了一些人的看法。这些看法仅仅是相关人士的看法，我们并没有提出“好教师”之为好教师的充足的理由和判断的理性依据。所以，这样的论证是外在论的论证方式。我们常常会说“人们都是这么做的”，从而为自己的行为提出理由，这也是外在论的。我们在研究中也常常会列举大量别人的说法，作为自己的结论或观点的证据，但这都是不充分的。外在理由的相关性越高，其理由的充足性就越强。

即使有些论文提出一些理由或观点来支撑自己的主张，也可能无法证成自己的主张，因为这些理由与主张的相关性不高，对证成没有任何助益。内在理由也可能是虚假的。观点或主张的证成，如果仅仅以研究者自己的另外一些没有经过公开证成的信念和主张作为根据，那么论证理由就是不充足的；以自己的欲求、偏好或价值预设作为我们论证主张的理由，其实是虚假的内在理由。如果我们把关于行动“应然”的论证建立在我们的欲求之上，那只能说明我们想要如此，而不能说明“为什么应当”的正当性。我们在日常生活中常常会给出这样的理由，在研究中也常常会提出虚假的内在理由，把自己的某个想法合理化，并为自己另外的想法做出论证。如果我们提出了一个命题，如“学校教育应当是精英教育”，我们的论证方式是“我认为儿童的天赋具有巨大的差异，只有高天赋的精英才值得去受到教育，因为精英对社会贡献最大”，这时我们提出的作为根据的内在信念本身并没有得到充分的论证，因而把它作为支撑我们观点的证据就显得不足。这样的论证仅仅提出自己愿意相信的证据，而不是客观的相关性高的证据。一个算命先生为自己的预测提出的理由是“我心里这么想的，就是这么认为的”，他的预测就不是建立在理性证成基础上的。内在论者往往看不到别的证据，或者故意忽略别的证据，如相反的证据。

4.6 理由的空间

有些事情只存在道理，看不到事实或现象，因此我们只能按照道理去思考或研究，只能按照道理去说。例如，对于“教育是什么”的问题，我们只能从道理上去想、去说。有些事情，虽然有现象或事实表象，但是仅仅按照事实上的情况去感觉或经验，就会局限于我们所感觉到的，就不可能想象某种超越现实的可能性。也就是说，我们对这些事情的认识或理解局限于现象，而无法从事情的本然道理上看到事情可能具有的可能性形式。这样，我们关于事情的知识和想象就受到了经验的限制，同时，我们做这种事情的可能性形式也可能被限制了。事情需要做，而且要做得好，如果我们仅仅限于可知觉的现象所提供的内容，那我们就不能从道理上理解事情，就不知道比现在的现象更好的可能性形式。这样一来，我们又怎么能够做得更好呢？教育是人需要做好的事情之一，因此，我们需要从教育这个事情的本然或应然道理上去思考它或研究它。我们需要通过道理来思考那些知觉经验所不能触及的教育事情的可能性，需要超越教育现象。

有些人可能否认现象之外的可能世界的存在，也否认事实感觉经验之外的思考。按照道理去想一件事情，事情本身有道理吗？如果否认道理上存在的事情，否认能够按照事情的道理去想，那么，我们就可能无事可想，也无法做事。这是因为，如果认为事情是自然表现的，那么我们的实践就是随意的、偶然的、没有理性参与的。只要我们觉得有些事情还是有道理可寻可说的，那我们的理智就不限于仅仅运用感觉经验去“知”这件事情，我们可以“理解”事情的本然道理，理解事情好的可能性。这就意味着我们可以超越现象去想这个事情本然好的道理。哲学家拉兹在诠释理性时把理性看作是规范性的，也就是规范性地按照事情本然的形式去思考这个事情。（参见 Raz, 1999）[69]不仅仅如此，我们的实践理性也应当是按照事情本身好的形式去做这个事情。

在理性上，我们可以看出一个道理上的世界的存在，这个世界是可能的世界。[①] 这个道理的世界就是理由的空间（the space of reason）。数学的世界是理性的世界，也就是以理由论证的世界，即由理由主宰的空间，所以是道理上存在的世界。道德的世界、逻辑的世界也是这样。道理具有理由，道理也具有道理的纯粹形式，也就是说，道理的纯粹形式给出了一个应然的、由道理主宰的可能世界。这颇有点类似于柏拉图的理念世界。可能的理念世界就是纯粹运用理性讲话的，是按照事物本然的方式——道理去构想的，这是一个纯粹的理性世界；只有在理性的纯粹形式中，理念的世界才是可能的。可能的世界、可能的教育，等等，都是以理性的方式去想象其必然可能性的。我们顺着这个可能世界的必然可能性道理去思想这个世界，把它看作是一个由道理决定的世界。这种对理由空间——可能世界的理解，与我们对现实世界的认识不同。现实的世界不完全是道理上可以想象的世界，现实的事情有些常常看起来是不合理的、不应当的。

理由的空间与“规律领域”（the realm of law）不同。自然规律的领域是科学所对象化研究的领域，科学是对自然世界的客观认识，并且以规律来表示。在这个意义上，科学展示出一个对象化的世界，一个通过事实经验描述而理解的世界。科学知识确实具有一套理论体系，在科学理论所展示的自然世界里，人处理自然事物的行动只有遵循自然规律才能有效。

很多人认为，除了科学所研究的客观世界，一切都是主观的，没有道理可讲。这就是说，一方面，科学占有了全部的真理，另一方面，科学之外的世界就是一个主观的、任意的、没有道理可讲的世界。描

① 我们在理论上会理性地思考一个可能的世界。可能的世界是我们的世界有可能如此，或者理应如此的世界。可能的世界在观念和意义上是可想象的实在，但不构成具体的实在。可能的世界无法通过事实经验验证，但是，仅凭无法通过事实经验验证，不能说明可能的世界是不可能存在的。

述的事实世界是由科学主宰的世界，而这一世界之外的世界是由主观性主宰的世界。这种说法只肯定了一个事实的世界，一个具有因果关系的世界，而否定了一个理性的世界，一个存在道理或理由的世界；只看到了一个现实的世界，而没有看到还有一个可能的世界。

我们虽然生活在现实世界，但是我们的行动也在创造可能的世界，如，我们的教育实践行动可能在创造一种可能的教育。与我们相关的世界不是科学全然能够进行客观研究的世界，因为这个世界是人为的、人的行动所给予的，也是我们运用语言去评价或审视的。这是我们的生活世界。教育的世界是一个现实的世界，也是一个可能的世界；既是一个事实上存在的世界，也是一个道理上存在的世界；它同时是一个讲道理的世界，也是一个需要理由的世界，就是说它是一个理由空间。我们在其中需要思考或探究关于教育世界及其事情的道理，我们需要在道理上思考这个世界应当是怎样的，这个世界的事情应当怎样做，这个世界如何才能好，我们的行动应当是怎样的，好的教育形式应当是怎样的，等等。如果我们在这个给予性的世界里，只讲现实而不讲理由，只讲事实的有效性而不讲道理的意义性，只看到现象而不想象可能的世界，那我们的教育信念或行动就会失去合理性的方向。

就我们的生存经验来说，我们始终不可能单纯生活在对象化的世界里面。我们生活的世界也是有道理的意义世界，而且是一个多重可能的世界。在其中，我们可以用不同于科学的语法去言说或诠释意义，我们把这个世界叫作理念世界、意义世界、价值世界或者规范性世界。不管我们怎样称呼，这都是一个我们必须通过探索其道理才能理解其意义的世界，它与我们的现实世界不可分离。凭借对这个世界的理解，我们在现实的世界中行动，我们建立规范、原则、价值标准来规导我们的实践。如果说，现实的世界是事实的，是需要描述的，那么，这个理由的世界就是道理的，是需要辩理的。我们不能只看符合不符合现实世界，我们更需要在这个理由的世界中，通过辩理而看出为我们的言和行奠基的道理，看出道理上的可能性。

4.7 规范性论证

我们的理性（rationality）能否按照事情的道理去思考事情的规范性？我们能否做出规范性论证？教育研究的规范性论证是否可能，是否必要？或者规范性论证是否具有客观性？规范性论证是否仅仅是个人偏好的问题？规范性论证是否可以得到辩护？

规范性论证提出的是规范性知识。规范性知识，不能也不必经过经验验证，因为经验世界的事实不全然是按照原则规范、理想标准、价值应当而存在的。规范性论证涉及应然的问题，指向可能的实在，而不是经验性实在，也就是说，规范性论证指向只能按照道理去思想的实在。它提出的是非经验性命题，也就是说，这种规范性命题不能进行事实判断或检验，不能依赖于经验验证或经验证据，而只能在其道理的合理性上做出判断，即判断提出“应然”的正当性理由是什么。教育、政治、人，等等，都是可以按照规范性实在去想象应然形式的存在。它们既是现实的存在，又是可能的生成性存在。

规范性论证不是在某种经验事实框架里进行的，不能看是否符合现象或事实，而只能是思辨性论证，也就是说，是追寻道理或理由的，即追寻其规范性。因此，规范性的知识是先验的，它不由经验或范例来证明。规范性知识指陈事物存在形式的规范、理想、应然的可能性，可以放置在任何经验环境之中，适用于所有可能的世界，尽管规范性知识与现实存在的现象之间有冲突。① 当然，规范性知识虽然在论证中是非经验的，但是其构件是可经验的，其事例在现实中也可能是可经验的。如，“教育应当关爱儿童的生命”这一规范性命题中的“教育”

① 刘易斯在《先天真理的性质及知识中的实用要素》一文中说：“我们无论在什么经验面前都坚持的真理就是先天真理。”（参见刘易斯，2007）[121]

“儿童的生命”“关爱”都是可经验的，我们的确也认识到在现实中存在对儿童生命的关爱。

规范性论证涉及的是反映我们的信念、知识的命题的对与错、正当与不正当、合理与不合理的问题，是在学理上对规范性问题进行的考查或检验。这一论证方式就是寻找规范性命题的根据，或者说追问规范性命题的道理，也即是否有合理性。理由代表了这种合理性。规范性论证与事实经验论证不同，它只能是先验的，即无法通过事实经验归纳，而只能是先验之推理。先验是指超越经验的，但它依然在人的意向性之中。[①] 事实经验的说明是验证的，而规范性论证只能是证明的，即证明其正确性。规范性的命题无法通过经验验证其真实性，只能通过先验论证证明其必然性、有效性，证明其合理性，所以规范性的命题不必经过经验验证，但是必须经过合理性证明。[②]

规范性论证作为先验论证是必要的，因为先验论证在特定的对象范围内是有意义的，即在规范性问题和事情上具有适用性。经验事实可以通过感觉、观测等过程提供认知材料，形成事实判断。规范性实在，如人的心灵、自由意志、道德原则、实践行动的目的与原则、理想、价值，等等，是非现象事实的，是规范性的。只有通过先验的规范性论证，才能证明涉及这些规范性实在的判断或命题。虽然有人可能认为，有关教育、政治、文化等人类重大实践的价值理念、目的、原则等方面的判断，可以在社会实践中得到验证，但实际上这类价值理念的合理性判断也是非经验的、非实证的，它们是应然的，而具体的社会实践现实由于各种各样的原因，有可能不遵循规范性的价值准

① “先验的”（transcendental）是指不依赖于经验事实，但还是呈现在人的经验意识之中；而“超验的”（transcendent）是指超出经验之外，不为经验所把握。

② 先验论证的命题一般包括：（1）一般形而上学的概念或命题，如范畴、个别与共相、因果性问题、他人心灵的问题，等等。这类概念或命题无法通过经验材料来证明，它们是先验的，能够给感觉对象的认识提供一种概念框架。如，康德的十二范畴就是提供经验框架的。（2）道德形而上学和宗教哲学方面的概念与命题，如，正义、自由等概念，上帝、灵魂等方面的命题。道德哲学方面的概念和命题，需要证明其合理性。

则而进行。因此，是否具有实践上的有效性无法证明规范性知识的合理性与正当性。当然，经验现象有时候也能够提供某些印证、例证或佐证。

规范性论证提出一些一般的理论假设，然后考查什么样的可能性条件才能够使这个理论假设成为合理的，通过理由的追问而发现这个理论假设的正当性。这一论证程序不是“经验”的。（参见普特南，2005）[17-18]规范性论证是道理上的论证、概念上的分析，或者说是运用概念及其关系进行论证。“既然无法诉诸事实，也不能凭借单纯的逻辑推理，那么所能做的就只是在设定的前提与所要寻求的构成该前提的必要条件之间进行概念上的分析。”（陈嘉明，2009）

当下的教育研究过分推崇和看重经验“证实”，我们往往把规范性论证看作是个人主观偏见的表达，甚至不承认规范性实在的存在，认为存在的只是现实中可见的事实，而“形式”“原型”“理念”“理想”“价值”“原则”“标准”等都是空想的，没有事实现象可以对应它们。因此，许多研究者拒斥对规范性实在的规范性研究，认为其没有现实性。现在流行的质性研究，虽然是对定量、统计、实验等研究范式的补充，但其实说到底都是经验主义的研究。只不过定量研究是运用数据来证实，而质性研究是研究者用某种方法收集经验材料来进行，其本质还是经验性证实，是实证的，是从现实的经验材料中总结、引申或者归纳出某些结论来。因此，质性研究是经验主义的研究。

教育研究的经验主义倾向否定了教育研究中的规范性问题。事实上，教育实践是规范性实践，应当面向更好的可能。这是指教育制度的价值基础、教育行动的目的、教育行动的原则都是根据理由确定的，教育实践具有理想的形式，具有应当承担的内在目的，具有应然的形式，具有应当履行的伦理义务，受伦理规范的制约。不论就国家的整体性教育制度行动而言，还是就教育者个人的教育行动而言，教育实践都需要寻找正确行动的目的、理由、原则和方式。这意味着教育实践者对教育目的与方式的正当性的反思，也就是说，教育行动者依靠实践理性去追问和提出正确行动的目的与方式，提出和反思教育行动的普遍准则（maxim），反思教育实践本身及其后果的伦理责任，从而形成正确的价值判断，并且明智地按照原则行动。这是教育者在实践中形成规范性判断的方式。正因为如此，我们可以说明教育行动具有“理由响应”（responsiveness to reasons）的特征，具有通过原则规范而规导的特征，其所有选择、行动均具有规范性或合理性。所以，教育实践是规范性的。

既然教育实践是规范性的，教育是规范性实在，“教育”概念本身是规范性概念，既然教育行动者是依据原则、价值、理想而行动的规范实践者，那么，教育现实中也就存在规范性问题。如果教育研究中的经验主义倾向对规范性问题避而不答，那就意味着从根本上误解了教育实践，可能把教育实践仅仅看作是一个现象的、经验的描述性实在，而无法看到教育实践的规范性。所以，在教育研究中，我们必须直面规范性问题，分析各种已经存在的规范性判断，运用规范性论证，确定就教育实践而言我们应当相信什么，应当去做什么。或者说，教育研究必须提出规范性问题，必须进行规范性的思考，必须运用规范性概念提出规范性的知识，否则，就是遗忘或忽视教育的规范性本质。

如果我们想知道现实中一所学校的课堂是怎样的，我们只有亲自到学校看到课堂的样子，才能描述课堂，形成关于课堂的事实性知识。这依赖于经验的验证。如果我们想知道一个 3 岁儿童是如何形成关于卡通的知识的，我们只有通过一定的经验方法（empirical methods），才能描述儿童对卡通的认知方式。这些都是经验证据。规范性知识可能无法通过经验证据获得。假如我们想知道“一个理想的好课堂是怎样的”，我们可能会去 100 个或者 1000 个课堂，去总结出一个理想的好课堂的样子，但怎样评价我们去的某个课堂是理想的好课堂呢？如何设定判断理想的好课堂的标准呢？设定的标准的合理性理由是什么呢？于是，我们看到有一些更根本的问题没有办法通过经验性方法获得认识。

由于规范性知识是先验的，所以，任何经验例证都无法推理出普遍的规范性知识。我们无法根据具体经验事例推导出教育的理想、价值标准和伦理原则，无法推导出所有涉及教育实践的“应然”形式。所以，对于教育作为规范性事物的意义解释或道理追问，我们无法用“可证实”作为论证的标准。规范性知识是仅仅通过合理性追问的思辨方法获得的。凭借理性进行规范性论证，就是按照道理去追问规范性事物的规范性形式（normative form），在合理性意义上确证价值、标准、理想、原则、目的及其理由，等等。要弄清楚怎样才算是一个“理想的好课堂”，就需要按照课堂本然的内在目的去思辨，按照一个好课堂的本质去确定合理标准，进而做出判断。以这种方式，我们可以推导出关于理想的好课堂的命题。我们不是依赖某个具体的课堂的经验，而是依据合理性去形成“理想的好课堂”的规范性知识。而且，这一知识不依赖于任何具体的经验环境。也就是说，规范性知识说明的是，在任何可能的教育中，理想的课堂都应当是这样的。当然，一个具体的课堂的施为（performance）是否符合理想的好课堂的规范，那是另外的问题，而不是规范性论证本身的问题。我们不能以现实的课堂无法达到理想的好课堂的规范来否定规范性论证，因为，如果是那样，就会犯以偶然性的具体经验事实来否定必然性的规范性知识的错误。

规范性知识是必然性的，一个真实、合理的规范性命题是必然真理，必然真理是不可能为假的真理。（参见 Hetherington，2004）[141]规范性知识是从道理上推导出来的，经过正确的推理程序，从一个正确的前提推理出一个正确的结论。因为是演绎推论，是必然的，因此，没有设想反例的可能，反例是荒谬的。偶然真理是指有可能为假的命题，也就是可能有反例。如，你看到的都是白天鹅，你形成了一个“天鹅都是白的”的判断，你的经验证明这是真的，但是这可能是有反例的，而且，我们可以设想有反例。归纳推理无法形成必然性真理，原则上，归纳推理形成的判断有可能存在相反的事例，是可以设想反例的。但是，规范性知识作为我们用先验论证得出的真理，不因经验变化而变化，它们是恒定的、普遍的、必然的。

描述性论证的客观性是由对事实的符合性描述而获得的，而规范性论证的客观性是由理性上的一致性和融贯性来保证的。由于我们是理性存在者，世界存在的方式本身，事物存在的方式本身，我们认识世界与自我的逻辑与范畴本身，使得我们认识到自然事物具有规律，认识到世界和存在中有一些自明的真理。同时，我们在语言和文化传统中习得了许多的规范性真理，它们在我们的心灵中沉淀扎根，成为我们的共识常理。我们运用这些规范性知识来表达我们已经接受的道理。如果一项判断与这些规范性知识或信念不一致，与公理不一致，与自明的真理不一致，我们就能够发现其荒谬性。

因此，规范性论证也常常使用“归谬论证”的形式。这就是诉诸荒谬性。由于我们的理智或心智具有普遍的道德直觉，具有人性共通性，具有知识，我们会觉得某些话语在语用学、语义学上是荒谬的，也会觉得某些命题判断是荒谬的。我们使用概念表达意义可能具有一些前提条件。范畴的错误、语境或语用的不一致，将导致无意义和荒谬性。对于认知意义上的概念的、语用的前提条件是真是假，我们可以根据语用条件是否具有意义来进行判断。无意义、经验或常识上的不合情理都是荒谬性的表现。

如，我们基于人的平等人格提出一个关于教师行为的洞见——“教师应当尊重儿童的人格”，这似乎是常识，是自明的，但是，我们如何论证以这个常识作为教师行动的合理原则，或者我们如何知道我们所确立的这个原则是合理的？我们无法援引经验事实，因为事实经验告诉我们很多教师不尊重儿童的人格。我们可以基于人性的平等性或人性尊严来说明尊重儿童人格的缘由，我们也可以基于功能论证说明尊重儿童人格是教育实现其培育儿童健全人格的使命的基础。正是在这种理由所包含的道理基础上，我们可以运用归谬法，即运用反证法，看相反的命题是否有意义，从而进行论证。“教师不应当尊重儿童的人格”，这一命题使我们直觉地感受到它的荒谬性，从而反证了“教师应当尊重儿童人格”这一命题的合理性和可接受性。①

规范性论证可以区分为“规范性判断”和评价判断。前者是没有描述成分的价值判断，只是传达一种纯粹的伦理命令、道德原则或者行动原则，如，“教育应当促进儿童品格的发展”“教师应当平等地对待每一个学生”。这一类的规范命题所包含的判断是非描述性的，表达了行动的命令或规范。做出这样的规范性论证，意味着说话者传达了对规范命令的赞同。后一种评价判断包含着描述成分，如，“那个教师对待学生常常很冷酷”。这个命题可能不仅描述了那个教师的行为的某种状态，而且也表达了某种价值判断。这种价值判断蕴含了命令，即不应当“冷酷地对待学生”。这是因为“冷酷”在语义学上具有价值意蕴，它的意义在师生交往关系中是不可接受的，是不合理的，即没有理由的。并不是所有的价值判断都蕴含着命令，只有伦理或道德的实践行动的价值判断蕴含着命令。

教育研究中的许多问题都需要进行规范性论证，即进行规范判断和评价判断。在一定意义上，这是教育研究的核心问题。规范性论证是非经验的，但这并不意味着它对我们所经验的教育世界没有意义。规范性的研究提出对于我们的教育思想与教育行动富有意义的规范性命题，从而表现了规范性知识对于实践的指导力，同时也说明了教育作为规范性实践离不开规范性知识的根本指导。

4.8 证据与理据

基于证据的教育学（evidence-based education）方兴未艾，但同时也受到了批判。（参见 Biesta，2010）我不赞同基于证据的教育实践，因

① 反证法虽然简单，但是在规范论证中常常使用。归谬法或反证法在这个意义上是初步的，并没有昭示进一步的意义。反证法没有提出对论题的进一步理解，并没有增加知识，也没有深刻性。与其获取没有深刻意义的四平八稳的真理，不如提出富有张力和风险的真理。也正是出于这一原因，康德反对在先验论证中使用反证法。

为它把价值性或规范性的教育实践看作是技术性的操作过程，让任何行为的施与都基于某种证据。其实，对于伦理性的教育行动来说，知道理由可能比知道证据更重要。当然，教育研究要对提出的观点进行论证，就必须有理据，包括证据。教育研究援引的证据不一定是纯粹数据或者经验事实材料。自然科学研究的证据，可能来自观察或实验的数据，具有明确的客观性和普遍性；而人文研究的证据可能更复杂，这是因为人文研究更多涉及的是思想、观念、价值。即使涉及的是具体事件、事情、行动，人文研究追问的也是原则、方式及其理由，进行的是价值判断、观念批判，等等。教育实践的规范性，使得教育研究难以把研究仅仅落实在经验事实范围内，不能只在乎经验证据，而更重要的是落实在普遍的道理之上，即理由根据之上；或者说，教育研究所需要的证据不都是经验事实的。这意味着，教育研究的论证比提供经验事实的证据更为复杂。

证据是信念与命题确证的关键支持，从一定意义上说，证据本身的真实性为信念和命题的真实性提供了支持。知识论中的证据主义（evidentialism）干脆主张证成完全取决于证据，一个信念的证成是由认识者提供的确证该信念的证据所决定的。

证据或理据是客观的，是明证的（evident）。当然，证据或理据的明证是评价研究和认识的一种标准。接受一个事实或者一个理由作为证据或理据，是看其是否明证，这是证据或理据的根本特点。当然，在研究中，有些证据是能够合理接受的，有些是不能合理怀疑的，有些则是确定无疑的。如果有两项证据，其中一项比另外一项具有更高的合理的不可怀疑性，那么其作为证据的力量会更强。这意味着证据不是以主观意识为转移的，或者说证据不是相对的。一个信念或一个观点，要援引可以证明其为真的证据，这种证据不是持有者主观决定的，不是“自以为是”的，而必须是客观的，是能够合理接受的，是不能合理怀疑的。研究所援引的证据，对所有认识者来说都必须是合理的。这意味着证明是“按事实的本来面目考查，不加个人偏见”，所以证据或理据是普遍的、确定的。

证据或理据要明证信念和命题，就必须是合理的、真实的、不容怀疑的。询问证据或理据的典型问题是“你有什么理由认为你主张的这个观点是真的、正确的”，或者是“你有什么根据来证明或明证你提出的这个命题”，也就是追问研究者提出一个命题的合理的依据是什么，要求把研究建立在可靠、有理、有力的证据或理据上面。作为研究者，我们应当常常在研究中问自己这样的问题。

给出理由的证明有两类：一类是，一件事情的根据是由相关的其他事情所给出的，而不是自身给出的。如，我们给出一个命题“教育培养政治共同体的公民促进公共善的品质”，这一命题的正确性，依赖于“对于政治共同体的公共善的促进，公民品质是不可或缺的因素”这一命题的真实意义。这是间接证据，提供的是间接证明。另一类是，一件事情的根据直接在于这件事情本身的意义，这件事情本身直接明证其意义，或者说自身展现其根据，是自我明证，即自明的。自明的事情是自我展现的。矛盾律就是自明的。“我思、我说、我存在”等就是自我展现的，就是自我明证的，是直接证据证明的表现。

在教育研究领域中，事实性的研究，需要事实性的证据，这是事实性理由。田野或问卷调查、统计、实地观察、访谈，等等，是提供事实性证据的方式。如，我们想了解一个地区中小学校长的管理水平如何、是否胜任，只能通过某种方式收集事实性证据，才能回答这个问题。但是，有些教育研究的主题无法运用事实证据。如，要研究教育制度的价值基础是什么，我们无法依靠事实根据得出某个观点，因为由事实无法推出价值。对于规范性的观念理论的论证，只能依据规范性的理据，这种规范性的理据是规范性理由或价值性理由。或者说，规范性论证可能依赖的证据，只能是在理性或逻辑上自明的道理，即依据公理，以特定的命题作为基础前提，通过保真推理得出结论。①

4.9 印证

我们在评价博士生的学位论文时，常常用到“印证”这个词。“这项研究印证了某个理论”，或者是“现场研究和深度访谈印证了论文的假设……”。这里的印证是指佐证、验证，在确定性上“支持”了相关的观点或假设。

论证包括印证，但印证与证明不同。证明是指明证了结论为真的必然性，也就是说，我们提出或主张的信念，建立在根本的理据之上，从而证明我们的信念为真是必然的。如果说我们的信念获得了证明，那就是说，我们的信念被证明是必然真实的；如果说我们的信念获得了印证，那就是说，我们的信念得到了一些证据的支持，获得了某些佐证，但不一定获得了必然性的根据。

证明是发现逻辑必然性，而印证是获得参考性、支持性证据。证明依据的理据是普遍的，其结论也是普遍的；而印证仅仅展示了佐证，即使在统计意义上具有较高的概率，也无法推理出必然性。合理的证明、推论过程，在前提正确、真实的情况下，其结论必然为真。印证无法获得推理论证的必然性，这是因为推理论证是演绎的，而印证是归纳性的。

在教育研究中，证明和印证都是存在的。规范性研究是需要证明的，因为，印证对规范性问题而言是不完备的，也许有些事实证据能够印证研究的规范性主张，给出事例，但无法推理出这个主张的必然性。有些事实性研究通过现场观察、访谈、调查等方式获得的仅仅是印证，而不是确定的必然性。假如我持有“教育改革是利益之争”这

① 保真（truth-preservation）在逻辑学中是针对推理的，意思就是有效论证。也就是说，有效论证就是保真的论证，在这样的论证中，前提为真保证结论为真。

样一个观点，不论我举出学校之间的竞争、国家利益与个人利益的冲突、个人利益之间的博弈，等等，都无法推论出我的这个观点是必然真实的，这些举证只是在某个方面印证了我的观点，而无法推出这个命题判断的必然性。教育研究中的实验研究、现场研究、叙事研究，等等，其实都是在印证研究提出的设定或假设命题，而不是在证明。我们不可能断定我们所看到的、所听到的、所收集到的就是全部的事实，就是综观上确定无疑的。一只火鸡每天早上九点可以得到食物，它归纳得出一个结论："每天早晨九点我吃饭"。也许在它长肥之前，它的这种结论得到了印证，但长肥以后的某天九点，它在"每天早晨九点我吃饭"的结论中被厨师宰杀了。

在日常生活中，有些事情无法获得证明，只能获得印证。在彻底的怀疑主义面前，我们的确无法彻底证明"我是清醒的，我不是在做梦"等许多事情，但是，我们可以用许多事实印证"我现在不是在梦中"。所以，许多怀疑尽管是可能的，但却不是合理的怀疑，或者是没有意义的怀疑。就学术研究的本质而言，我们需要对提出的主张、观点进行证明，以确定其真实性和正确性，我们合理的怀疑是有意义的。

规范性命题是建立在理性证明基础上的，我们无法用印证去证明规范性命题的真实性、合理性和正确性。只有事实性研究可以进行印证，但不能进行证明，因为事实性研究必须通过提供事实性的证据而证实或证伪假设。但是，事实性研究的印证只能提供间接支持，而不能得出必然性的结论。归纳性的结论都不是完备的，不能证明必然性。即使我们举出众多的实例，可以印证我们提出的主张，我们也无法举出所有的综观的情况，证明事情必然如此。在这个意义上，事实性研究的印证是有限的，它无法得出必然结论，我们不能把得到了印证的观点当成必然的结论。

可能对于描述性事实来说，要求完备的证明或推理是不合理的。事实现象的描述性依赖于经验的印证，而不是从意义上阐释或道理上证明。"信念的确定性所要求的不是完备的证明，而是普遍的印证。"

"普遍的印证不等于完备的证明，这意味着即便我们的信念系统得到了生活中的一切事情的印证，这一点本身并不能证明我们的所信为真知。"（刘畅，2011）

4.10 假言判断

在教育研究中，不论是诸如所谓质性研究中的事实研究，还是规范性研究，都可能存在假言推理。假言推理是前提中至少有一个假言判断，用相关的联结词作为联结项，如"只有……才……"等，并且根据假言判断的前后件之间的关系，推理出结论。假言推理也是一种演绎推理，我们根据假言判断的一般性，推理出具体事物的相关具体属性。

在教育研究的论证中，假言判断是常用的。假言判断也叫条件判断，是断定一种事情状况存在是另一种事情状况存在的条件的判断，反映的是条件与结果之间的关系。在教育研究中，我们常常会假设一种条件，不论是理想的规范状态，还是一种可能的条件预设，试图判断这样的状态或条件所必然带来的结果，从而说明我们通过行动而创造可能的条件或状态的必要性。教育实践是一种施与性实践，或者说是一种给予性实践。实践主体的行动的各种形式，可能会带来不同的结果和状态。运用假言判断，其实也是想象不同的制度、行动、模式、形式作为条件可能会产生一定的结果。这样的探究方式也是必要的。教育现实中的事实现象始终是已经发生的现象，而研究如果仅仅面对已经发生的现象，就会局限于现实。教育研究或者人们的观念探究通过运用假言判断，而建立与现实不同的条件的构想和判断，建立对期望的可能形式、可能结果的想象，从而为教育实践的制度创造和行动创造提供更多的基于理性的可能性。

在教育研究中，正确运用假言判断，不仅需要区分是否具有条件与结果关系，而且必须区分假言判断的条件与结果的关系是充分条件、必要条件，还是充分必要条件，因为这反映了假设的条件与结果之间的关联水平。

充分条件是产生某一结果的充足条件，即有这个条件必然产生某个结果或状态，而没有这个条件不一定没有这个结果。也就是说，这个条件一定会产生这样的结果或状态，但是这样的结果或状态不一定完全依赖这个条件。有之必然，无之未必不然。例如："学校教育给予每一个儿童平等的尊重和关怀，使每一个儿童获得了平等感。"这一条件判断是充分条件判断，即"给予每一个儿童平等的尊重和关怀"是"儿童获得了平等感"的充分条件，有充分的平等尊重和关怀，儿童一定会具有平等感。但是，儿童的平等感可能来自不同的方面，平等感的形成具有不同的缘由，尽管"给予平等的尊重和关怀"是儿童获得平等感的充分条件，但儿童的平等感也可以来自其他源泉。

必要条件是产生某一结果所必需的、不可缺少的条件，缺乏这个条件不可能产生这个结果，但有这个条件不一定有这样的结果。无之必不然，有之未必然。例如："一个教师只有具有扎实的课堂教学技能，才能上好课。"这一条件判断中的"教师具有扎实的教学技能"，是"上好课"的必要条件，而不是充分条件，因为"上好课"依赖的条件可能包含教师必须具有丰富的专业知识等，仅仅具有教学技能还不够，但是，要上好课，教师必须有高超的教学技能。

充分必要条件既是充足的条件，又是不可缺少的条件。有这个条件必有此结果，没有这个条件就一定没有这个结果。有之必然，无之必不然。例如："一个人是道德的（或道德上正确的），当且仅当这个人实际上是有美德的人并且他的行动出自他的美德。"这一表述出自著名的德性伦理学家迈克尔·斯洛特（Michael Slote），"一个有美德的人以及行动出自美德"在他看来是判断一个人是否道德的充要条件。没有美德及其行动，一个人无论如何都不是道德的；有了美德及其行动，一个人自然就是道德的。

在假言判断中，有一种非常特殊的判断，这就是反事实推理

(counterfactual reasoning)。反事实推理也是一种表述论证的方式。反事实判断或推理建立在假设的条件与期望的结果之间的联系之上，或者用逻辑学的语言来说，建立在假言判断之上，可以说，反事实条件句都是假言判断。反事实推理以条件句形式进行，如“如果……就……”。例如：“如果张老师有良好的职业道德，那么他就不会贬低或歧视学业不良的儿童。”这样的论证在教育研究的论文中并不少见。虽然反事实判断或推理有时候是针对一个特殊的事实，做反事实的假设和判断，但反事实条件句可以看作是一种假言判断。反事实推理的方式是，设定与事实、现实相反的条件，以确定这个条件与结果直接的必然联系。这样，就可能通过将真实现存的状态与假设的、希望的理想状态进行比较，而得出想要获得某种期望的正当、合理的后果所需要的必然条件。由于人文研究不同于经验事实的科学研究，其提出的命题的论证通常采用反事实推理的方式，来探讨某个条件或前提的重要性、必要性或必然性，来假设在另外的条件下教育现实可能会发生的某种变化。

虽然反事实推理在事实研究中没有深刻的、真实的意义（因为我们无法假设历史），但是通过反事实假设，可以推理出获得正当结果的基本条件。在规范性研究中，反事实推理是经常使用的。这是因为反事实推理方式可以设想反映一种理想形式或价值标准的条件，把这一条件看作是形成某种正当结果的根本前提，从而推理出基本的命题结论。当然，反事实推理也可以设想一种坏条件下的结果，从而为我们提出某种警示性的指示。

希拉里·普特南在《重建哲学》中说，反事实条件句分析可能依据两种情况：(1) 哪些可能的境况（或者哪些可能的世界）与现实的世界具有必然相关性，或者哪些可能的境况与我们在实际境况中所做的陈述相关，依据可能的世界、可能的境况，我们可以推理出一个与现在的境况描述不同的陈述，从而表明我们期望达成的结果所依赖的必然条件；(2) 在哪些假定的可能境况中会发生什么，或者在某些可

能的理想形式或理想条件下，会产生什么样的可能的世界境况，从而证明条件的规范性或价值性。(参见普特南，2008)[68]

4.11 反思的平衡

罗尔斯在《正义论》中提出的“反思的平衡”(reflective equilibrium)，曾被誉为哲学思想中重要的理论贡献。在《正义论》中，罗尔斯运用“反思的平衡”的论证方法，在反思深思熟虑的判断与原则之间的融通关系过程中，确证或确立适切的正义论体系。(参见罗尔斯，1988)[44-48]反思的平衡是一种一般原则与特殊判断之间相互调整的过程。如果我们的判断与某些原则是以某种方式相冲突的，那么我们就要开始调节我们的各种信念，直到它们能够达到相互融通的平衡状态，从而能够为实践提供一致的指导。反思的平衡是建立在融贯论(coherentist)基础上的，或者说反思的平衡就是融贯论的，它是一种非常重要的论证方式。我们需要在我们的事实判断与证据之间、规范判断与理由之间、我们所寻找的道理与意义之间，通过不断的修正，达到反思的平衡。

反思的平衡的理论意义，不仅仅限于道德原则的确立、道德主张的提出方面，在认识过程中，反思的平衡也具有重要的意义。在认识和形成信念的过程中，我们不断地根据我们的判断、观念与事态之间的关系而修改我们的判断、观念或思想理论，以达到与事态、道理一致或平衡的思想状态。所以，反思的平衡是一种认识、论证方法，它指向信念的融通性(coherence)，通过信念或判断的整体的可修改性(total corrigibility)而实现融通性。在这个意义上，反思的平衡也是一种重要的研究方法论。(陈常桑，2012)

在社会实践的研究方面，我们具有不同的看法，这是正常的。我们不仅运用反思的平衡来建立个人的不同观点之间的关系，也通过主体间广义的反思的平衡来形成融通的观点。罗尔斯指出：“证明是对那些不同意我们意见的人们或者当我们犹豫不定时对我们自己所作的论证。它假定在人们之间或一个人自身的不同观点之间存在一种冲突，并寻求说服别人或我们自己相信作为我们的要求和判断的基础的那些原则的合理性。证明是被设计来用推理使分歧意见达成一致的，它首先从讨论中所有各方所共有的见解开始。”（罗尔斯，1988）[568]为了消除分歧和不确定性，我们要找到一致的前提。在这个一致的前提基础上，我们运用反思的平衡，不断地回溯分析，然后再建构出整个合理的也就是平衡的论证。所谓合理的、平衡的论证，是寻求判断、信念与理由、证据之间的最佳的关系，就是不断地在证据与信念之间回溯、反思，对比其融通性，从而把信念放置在更好的证明过程之中。

研究如何能够在证据、道理与自己的观点主张之间形成融通呢？反思的平衡，其实就是反思主张、观点、观念与理由、证据之间的融通关系，从而形成研究结论的稳定性和客观性。一项研究，必定寻求融通性，从而使得我们的观点是合理的、可辩护的。反思我们在研究结论中表达的观念是否与普遍的道理、与人性、与已经证成的真信念融通，是我们取得合理性的研究观点的方式。实际上，反思的平衡是一种不断修正我们的观点的认识方式，这一方式本质上是哲学反思的。

一项研究寻求事实证据与观念主张之间的符合或融洽，其实也是在寻找道理或意义上的融通。研究要面对不同的观点信念，也提出自己的以命题判断为形式的观点信念或思想。我们因此需要不断地反思我们的主张，以便达到可辩护、可接受的一致性。不仅我们的主张或信念之间要相互融通、相互一致，以便支持或提供更好的解释，而且，我们也要寻找我们的主张与已经确证的公理、原理、知识的一致性或融通性。在这一过程中，我们需要修正有必要修正的信念。当判断、原则、理论相互一致，达到高度的可接受性和可信度时，我们就达到了最优的平衡。研究的证成就是我们不断检验我们的研究的信念系统的各个部分，分析相对立的观念或信念，寻找信念之间、理论之间的相互支持的关系。

在学术研究中，反思的平衡开始于我们对于现象或问题的第一直觉反应，我们对这第一直觉反应进行批判性思维，厘清我们对于现象或问题的各种相关或不相关信息、经验、认识，厘清我们个人的偏好、成见或者立场是否干扰或扭曲了我们对现象或问题的认识。这也是我们对我们的初始立场的批判性审查。这样，我们就有可能初步修正我们关于现象或问题的反应，提出我们的初步判断。然后，我们又开始考查我们的初步判断。我们可能发现我们的初步判断需要更多的理据来支持；我们可能需要更坚实的理由来说明我们的判断的合理性，也可能需要考查那些反对我们的判断的证据。如果我们没有提出足以支持判断的理据或理由，就必须修订我们的判断。提出一个修正的判断，其目的是达成内在一致的、具有坚实理由的判断。最后，我们可能需要更广泛地考查我们的判断，也就是继续考查我们经过修订的判断。我们需要把我们修订后的判断放置在我们关于人、教育、社会的知识与理论范围之中，批判性地考查我们修订过的判断与更大的背景信念的关系。也许我们在此基础上可以进一步修订我们的判断，或者我们的判断足以让我们修正我们的背景信念，即修正我们关于人、教育、社会的知识与经验。总之，这一步步深入的反思最后将形成内在一致的、融通的、平衡的信念或判断。

反思的平衡在教育研究领域具有广泛的运用价值。我们的研究提出一个针对事实现象的假设，可能需要批判性地考查我们的假设与具体现象的事态的相关性，考查假设对事态的解释力，考查判断的真实性。在此基础上，我们会修订假设，修正观点，会找寻各种相关的证据，最后做出关于现象事态的真实的判断，提出内在一致的研究结论。这样的研究结论，就是在反思的平衡中获得的。我们也可能针对教育应有的形式、应有的行动方式提出规范性的理念，或者提出教育行动的原则，以规范性论证的方式寻求理念、原则的理由，批判性地考查我们对理念、原则的判断是否具有合理性。我们可能在相关理由的推动中修订我们的理念或原则，使其更具有合理性，或者我们的判断需要建立新的理由。总之，我们通过反思的平衡，形成合理的、相关的、融洽的观点、主张、信念或思想，从而使我们的研究达至正确、真实、合理。

4.12 研究能自圆其说吗?

我们常常说，一项研究只要自圆其说就可以了。这过于笼统，语焉不详。自圆其说是指能够给自己的观点提供普遍性的理据支持，还是仅仅提供自以为有理的意见支持？如果是前者，那也许能够解释得通；如果是后者，那不过是把观点看作是自己私人的意见，而与普遍的理据或合理性没有关系，这样的话，可能就无法自圆其说。我只把自圆其说理解为，必须为自己的观点找到普遍性的理据，把它放置在合理性基础上进行考查，看其是否合理或能否立得住，这是自圆其说的唯一基础。

任何研究都不是私人语言的。如果你的研究仅仅是为了提出完全私己的观点，那你自己想一想，写一篇纯粹私密的日记就够了。即使这样，你的所想也仅仅是私密的，而不是私己的，因为你的语言或概念依然是公共的。对于研究来说，一个研究者没有必要也没有理由把一个建立在研究之上的观点或见解，说成是“这是我的看法，我的看法建立在我的理由之上，这个理由不是任何人的，只是我的，我在我的这个理由基础上认为我的观点是正确的”。研究谈论的是公共可理解的内容，甚至就是公共内容，一个研究者对一个公共可理解的内容仅仅提出私己的见解并仅仅提出个人私己的理由，这是否真正地理解或关切了这个研究的内容？

研究使用的语言是公共的，研究者在研究中没有也不可能发明一种只有他自己才懂的私己语言；如果他想发明自己私己的语言来进行研究，那他的研究就是不可能的，也是不可理解的。因为研究者的研究不是空中楼阁，他的研究与世界的关系建立在公共语言与公共经验之上。他如果像一个语言紊乱症患者那样仅仅嘟嘟囔囔只有自己才懂的句子，那他就是无法理解的，即不可公度的；他的研究的结论就是建立在只有他自己觉得有理的证据之上的，这样的研究结果就是无意义的。杜威曾经说过，在社会问题上，根本就没有私人知识，私人知识根本就不是知识。（参见 Dewey，1954）

维特根斯坦在《哲学研究》中提出了一种他人不可理解的私人语言是否可以想象的问题。一个人有没有可能完全以任何其他人都不能理解的私人语言来描述纯粹私人的感觉？维特根斯坦认为这是不可能的，因为任何人都是在日常语言中学会说话即学会表达的，日常语言的这种公共性使得任何表达都是可理解的，即便是纯粹的个人感觉，如“我的胃疼痛”，也是在“疼痛”这个词所表述的一般意义上才可以理解的。（参见维特根斯坦，2009）[131-132,136-137,141,147]论证必须发生在公共语言之中。在公共语言中表达私人语言是不可能的。语言是一种游戏，这种游戏是公共的，所有的人都处在语言游戏之中，所有的思考、感受、感觉都处在语言的游戏之中，所以私人语言在语言游戏中玩不起来，不具有语言的游戏性，是无用的，也就是无意义的。实际上，所有的研究都处在语言的游戏之中，因此是公共的。你可以给你的观点提供一个私己的、独特的理由，但它本身是可理解的，你的私己理由是可公共批判的。我们因此可以判断你的观点是否合理，即是否具有公共的理由或理据。

我们在研究中提出观点或见解，我们自己或他人分析或批判这一观点或见解，就意味着我们是基于一定的普遍认识标准来理解或判断的。而认识标准不可能是私人的，我们不可能依据私己的标准判断自己的观点是否合理，我们不可能把私己的原因当作观点合理的理由。更重要的是，研究者有义务使自己的观点接受公共检验，或者说，研究者的义务就是使自己的观点展示在公共空间中，接受理性的检验。（参见 Standish，2012）任何私人的标准都不能够作为标准，标准具有公共性和客观性，这样标准才具有评判性。因此，私人语言是不可想象的，也是不可行的。维特根斯坦的私人语言的论证，其实批判了一种虚假的语言使用模式，即把语言方式看作是私己的，同时也把语言意义看作是私己的。这种情况在相对主义中是常常存在的。

一个人做研究，提出自己的观点，似乎表达的是纯粹个人的思想，似乎是在运用个人的语言，为自己的观点寻找理由、进行论证，这一切似乎都是个人的自圆其说。但其实观点或理由都不是私己的，论证也不是封闭的，因为个人只要运用我们共有的语言，就是处在语言的公共性之中。观点及其理由也是可公共理解的、可公共检验的。私己语言的不可能性，其实说明在任何思想和观点的表达领域，正确与错误、真实与虚假在语言和公度的理性标准中都是可以判断的。你不能说只有你自己的标准或规范才能衡量你自己的观点，不能说你提供的证据仅仅是你认为有理的、对你自己是真实的。因为如果是这样，你所谓的合理、真实就是无法得到证明或判断的。假如说，任何观点、任何思想都是个人的，无法公共地判断真假、对错、合理与不合理，全凭研究者个人说了算，研究者个人认为对就对，认为错就错，他人根本没有权力也没有能力进行判断，或者他人无法也不能依据理性标准进行判断，那么这其实就是从根本上忽视了语言本身的公共意义。我们用公共语言表达了一个自己觉得合理的观点，其他人也会借语言本身的公共性来判断并发现我们的观点是否真实。那种认为对于任何观点根本无法也没有必要公共地判断真与假、合理与不合理的主张，其实是故意对语言游戏的公共性视而不见；假如整个社会的人们都是如此，那么每个人发出的就只不过是不可理解的无意义的噪声而已。

任何探究、任何思想都处在公共语言之中，因此，我们给自己的主张提供的论据也处在公共语言之中，并且是公共的。如此看来，研究者的论据是可以公共辨认的，即论据是否合理是有公共标准的。这一公共标准不是谁制定的，而是蕴含在理性之中、语言之中的。我们如果对自己的观点负责，或者认为自己提出的观点是正确的，就不能仅仅给出一个私己的理由，不能一厢情愿地宣称自己的观点是真实的，而必须把观点放置在普遍的理由基础上。

很多人认为，研究只有基于个人的经验、立场、利益、偏好才是可能的，研究的正确与否是个人说了算的。这是一种研究上的唯我论。唯我论认为，没有“普遍的正确”，任何正确都是个人认定的正确，所以，研究不过是建立在“我认为是对的就是对的”基础上，研究所提出的结论及其根据都是在表明“这些就是我认为的，我认为是对的就是对的”。但是，研究上的唯我论混淆了“正确的”和“我认为是正确的”之间的区别，一个命题的正确不是以“我认为是正确的”来衡量的，“我认为是正确的”这样的辩护不是一个研究者或思想者所依赖的。研究者的主张如果是正确的，就意味着它有理由对每一个思考者都是正确的。

如果一个研究者站在唯我论的立场，他就会在研究中力图表达“这是我所说的，或者这是我所认为的；这是我看到或者是我认为的真实情况”。他不会大量地援引证据或者理据，来证明他的主张是普遍意义上正确的或者真实的。如果有人提出质疑，他也许会回答：这是我认为正确的，也许你的看法不同，但那是你的看法，我们都是正确的。他不会给出为什么正确的普遍理由，他只是说“我认为这是正确的”。如果一项研究是如此，那么其中的独断论是显而易见的。如果一个研究者主张自己的观点是对的，那么他必须有普遍的理由来证明自己的主张是对的，而不能简单地说“我认为自己是对的”。

研究产生的见解、观点或主张，不是取决于研究者如何认为，而是取决于研究者如何通过良好的论证以获得理由上的确定无疑。主张的合理性不是研究者自己认为合理就合理，只有具有公认的道理才是有道理的。(哈贝马斯，1999)[93]研究是思想的表达，而且力图表达正确的、真的主张，所以，研究的前提是客观的“正确”的存在。如果研究不承认某种“客观的正确”的存在，研究就不能说服人，因为它没有建立在真实的理据或证据之上。(参见普特南，2005)[134-140]对于一项真正的研究而言，不论是事实研究，还是规范研究，必须放弃或避免那种方法论的唯我论立场，因为其中包含着自相反驳或自相矛盾。

如果研究者采取的是相对主义的立场，不认为学术研究的立场应当是公正的，不认为学术研究的观点有理性的基础和正确的标准，那么，他们进行的研究可能仅仅是自己偏好意见的说明。如果我们认为研究不过是研究者的主观信念的表达，认为对于这些“主观信念”到底是否正确并没有可靠的、普遍的依据，那么，学术研究在理论和实践两个方面都是无意义的。因为，我们无法获得研究观点的真实性的确证，也无法获得对于现实状况的真实认识，无法形成对于实践原则的理性共识，只好什么都是、怎么都行。

4.13 普遍性

在教育研究中，一个经确证为真的主张或观点是否具有普遍性？一项研究提出的命题是否应当具有普遍性？一个支撑命题为真的理据是否仅仅是个人的？研究提出的行动原则作为规范在什么意义上是普遍的，抑或是具体经验情境的？支持知识信念为真的理由在什么意义上是普遍的，抑或是出于个人的经验、立场、偏爱或利益的？知识的普遍性是指什么？

不论是规范行动的理由，还是信念、知识、原则等，都涉及普遍性问题。陈嘉映说，哲学可能需要区别理性命题（规范命题）的普遍性和经验（命题）的普遍性。理性命题的普遍性是指在一切经验环境、语境中为真的命题，它不受经验、语境等影响，或者说，理性的普遍性是无法设想反例的，因为反例表示的是对理性的合理性的否定，会显示出荒谬性。从这个意义上说，理性的普遍性在一切可能的世界、现实的世界中为真。经验的普遍性是一种经基本经验印证为真的命题。经验的普遍性原则上是可以设想反例的。（参见陈嘉映，2011a）[222]

因为把理由、证据看作是来自传统的并受传统规定的，相对主义、建构主义否认真理与知识的普遍性，否定论证所基于的理由具有普遍性。（参见格根，2011）特别是在社会、道德、政治领域中，相对主义相信并宣称没有普遍性，即没有普遍的道德原则，没有普遍的社会真理，没有普遍的政治真理。应该说，相对主义的这一主张，似乎更符合人们的现实经验和现实欲望，因此更受到人们的欢迎。人们想当然地认为：一旦有普遍性的政治、社会、道德上的知识、真理或原则，多元化的人性岂不是会受到压制？人们所期望的各种不同的活动岂不是会受到限制？不同利益立场的人们的知识、道德、行动的多元性岂不是会受到压制？

但相对主义并不是没有底线、没有范围的。就道德原则而言，相对主义可能会说，一项道德原则在相似的语境或情境中是普遍适用的。其实，普遍主义并不是说一项合理的道德原则为所有人在所有情境中所遵循，只是说在相似的境地中应当为所有人所遵循。道德原则的规范性是对所有人而言的，因为一项道德原则的合理性表现了这项道德原则的普遍性，对每个人具有道德真实性。如果只是对部分人有合理性，那就意味着道德原则会根据具体境遇而被随意确定或否定，也就是说没有道德标准了，道德原则因此也就没有规范意义了。

就认识意义上的探究而言，相对主义认为，研究提出的任何思想、任何观点都是个人的，或者是研究者的时空界限所规定的，或者是基于研究者个人的主观状态，如情绪、偏好、心智能力、利益取向、立场、个人视角，等等。研究不可能形成普遍真实的知识或理论。任何主张或观点都是被立场、权力、利益所控制的一种话语，研究观点的真实性和有效性是主观的、相对的。相对主义的这种意见，毫无疑问地导向对研究致力于追求普遍性的反对。如果研究假设的证实、观点的确证仅仅根据具体的历史权力、文化处境、个人主观因素，那我们如何看待科学知识和规范知识的普遍性与客观性？如何看待逻辑知识的普适性？如果研究不致力于追求普遍真实的结论，那研究还是研究吗？

我认为，一个相对主义者是不会全然放弃把自己的研究放置在真实性或正确性的判断之上的，但他的真实性只是个人范围的：他认为真实就是真实，他认为正确就是正确。在这个意义上，相对主义者不是一个好的研究者，也不是一个成熟的研究者，因为他根本不理解研究的本质与义务。当然，相对的立场只不过是相对主义者所采取的一种情感态度而已，在实际的研究中没有一个研究者会采取彻底的相对主义态度。因为，相对主义的研究者也试图建立具有某种程度的普遍性的看法或理论，他没有办法彻底地拒绝任何其他的思想，他也渴望他的观点能够获得别人的理解与支持。这说明相对主义者无法否认在他的观点及其证据中有可理解的共同的东西，因为，既然能够理解，就存在使理解成为可能的某些共同的甚至是普遍的意义基础。温和的相对主义者，如理查德·罗蒂，也把真理看作是在某个群体中以某种方式实现的共通的、共有的东西，如共识。[①] 当然，相对主义可能认为一个研究的共同体不过是观点相似、立场相同的人们所组成的，观点只要得到他们的认可就是正确的，但这样又是在运用人群的立场来判定观点的真实与否。

学术探究进行的论证立足于普遍性，而不是相对性。前文论及了自圆其说的可能，其中提到，一个研究者不可能就自己的主张仅仅自认为有理，他必须在公共的基础上论证自己观点的合理性，也就是说，他必须使用具有普遍性的理据来支持自己的观点。研究者所使用的理由对于每一个理性主体而言都是普遍有理的。只有建立在具有普遍性的理由基础上的观点，才是合理的，即站得住脚的。如果研究者用于支持自己观点的理据是普遍的，那么，研究者提出的观点就具有普遍性，因为普遍性的理据对论点的支持，就是使其获得普遍性。否则，提出一个观点就不需要合理性的论证了。

---

① 普特南批判了理查德·罗蒂的基于团结和协商的真理相对主义，但罗蒂否认自己是相对主义者。这很奇怪，有人也把普特南看作是相对主义的。在哲学家群体中，很少有人认为自己是在相对主义的立场上提出主张的。

虽然在建构主义影响之下，一个研究者可能会拒绝承认命题、知识、规范的普遍性，但是，所有研究者，包括那些具有相对主义立场的研究者，都试图提出令人信服的观点，试图让人们接受自己的观点，哪怕只是在一定范围的交流群体之内。这给人的感觉是自相矛盾的：如果一切经过研究确证的观点都是相对的，那么，他人又根据什么来接受一个相对主义者的观点呢？难道学术交流仅仅是为了知道一个研究者说了什么吗？仅仅是为了知道某个研究者所持的立场吗？从认识相对主义的立场来看，所有观点都是相对的。那么，一项研究，哪怕是个案的研究，如果研究结论呈现的观点不具有普遍性，其意义何在呢？

在教育研究中，如果有人主张普遍性和客观性，一定会被认为是不可理喻的思想顽固分子，或者被当作是一个过时了的老学究。的确，研究者是研究行动的施为者，或者说是研究的建构者，但这并不意味着研究的结论是相对的，也不意味着支持研究结论的理由或证据是研究者私己发明的。研究不是研究者不顾研究对象的主观臆想。假如任何一项研究都是研究者自己的主观偏好或立场所限定的，是相对的，那么，针对某个问题的观点就不具有合理与不合理、正确与不正确、真实与不真实之分。或者说，假如研究者可以根据自己的某种主观性（或者是自己的意愿、旨趣、利益、立场，等等）任意地建构自己的主张，那么针对一个问题的观点之间就没有可比性，因为没有合理性的标准可以用来判断、检审这些观点的真实性和正确性。这明显违背我们关于学术研究的常识和常理。学术研究如果不去主张具有合理性的观点，那还是学术研究吗？学术研究本身包含着分辨观点的真与假、对与错，而要分辨，就必须具有某种普遍性的理由、标准和规范。

前文说过，建构主义者认为自己的研究仅仅表达来自个人的独特立场或视角的观点。假如他的立场是完全独自占有的，假定他的视角是其他人完全不可能拥有的，那么，他的观点似乎就是独一无二的，他的出自自己私己视角的观点似乎就是不可评判的。事实上，建构主义者就是这么认为的。但是，研究是否应当站在一个完全自我的立场上？有没有完全私己的视角？如果研究诉诸的支持性理由没有普遍道理，那么他人如何检验研究观点的合理性呢？其实，研究本身是在公共语言之中选取问题、方法、理论框架的，这已经说明研究处于公共立场或主体间性之中。当然，建构主义者、相对主义者总是把自己放置在彻底差异的立场上，即任何人在立场、旨趣、视角、利益取向、个人情性、认识能力、情感等方面是彻底不同、差异分明的，因此观点和主张之间没有任何的可辩理性，只具有可尊重性——“这是我的观点，我希望你尊重”。这样，建构主义者就把学术观点当作是自己绝对的个人感觉经验了。个人的主观感觉经验是不需要检验的，因为它完全是主观的。

任何一种模式或方法的教育研究，是否旨在提出一种具有普遍性的主张？不论采取何种研究方法，都可能形成某种结论，这种结论是否仅仅是一种说法或意见的呈现，或者是具有真值的普遍性主张？某个建构主义者可能认为，研究仅仅是呈现基于某个特殊视角或特殊立场的说法，而无法提出普遍性的观点，无所谓真假，无所谓正误。但是，当研究想要探究一个未知的现象，发现一个事实时，如果这个事实是以特殊的立场或视角建构的，那它实际上是一个事实吗？当研究想要诠释一个事情的道理，或者确立一项行动的正当理由时，这些道理或理由难道是基于研究者个人特殊的视角或立场的吗？仅仅基于个人立场的行动理由不能够成为充足理由，因为它不是被他人理性认可的。如果一项规范性的研究提出了教育应当如何行动的原则，或者提出了教师应当如何行动的原则或理由，那么，这些原则或理由是基于研究者个人利益或立场的吗？仅仅基于个人利益偏好的行动规范是没有意义的，因为，如果行动没有普遍性的规范，就意味着人们可以随意行动，或者可以根据自己的欲望随意为行动提出任意的规范。

教育的事实研究，要提出普遍意义上为真的关于事实的命题，而不能仅仅是对研究者自己的立场来说为真的命题；规范研究提出的教育行动的规范性命题，是对所有相关行动具有普遍指导力的规范性知识，而不是仅仅基于研究者的某个私己需要；一项个案研究纯粹研究某个单个的事例或对象，但也是在普遍意义上提出意义解释的，因此具有普遍性的启示或参照，而不仅仅是出于研究者的偏好。教育研究不管面对何种对象，采用何种方法，依据何种范式，都不可能是个人主观意见的单纯表达。单纯表达无所谓正确与否的意见是没有研究意义的，因为它不可能提出任何真实、普遍、正确的研究主张。研究所使用的方法、理论、概念分析框架都与研究的对象和内容具有相干性（relevance），因此是受研究的对象和内容制约的，而不是研究者主观随意建立的一个私己的立场或视角。研究如果立足于特殊的立场或视角，就不是研究。特别是在论证或提出研究的命题主张之前，已经具有某个特殊的私己立场，那就意味着研究者的偏好或利益涉入了研究过程，探究与论证就带有了个人偏见。

前文论及，教育研究建立在合乎理性之上。研究的过程是合乎理性的，即把论证建立在追寻理由——普遍道理之上。研究的结论也应当是合乎理性的，即主张必须是真的，必须是证成的。合乎理性其实蕴含着普遍性。（参见内格尔，2013）研究诉诸理性证据，其实就是说，在各种各样的意见面前，在各种各样的观点面前，理性能够考查它们的根据，考查它们站立的基础。这就意味着，理性是普遍的，理性所能够支持的也是普遍的。如果我们的研究本身试图为我们的主张提出具有意义的观点，试图证明我们的主张为真或者正确，那就意味着理性能够起到普遍性审查的作用。这恰恰就是理性的功能。我想，没有人会否认自己的研究是为了提出合理的观点吧？合理即合乎理性，那不是合乎偏爱或利益，而是合乎普遍性。研究致力于普遍性的真，而不仅仅是研究者想说什么就说什么的主观性表达。（参见 Mejia，2010）

学术研究中的相对主义对普遍性的拒斥，严重地伤害了学术研究对真理的追求，因此也扭曲了学术研究本身。这实际上导致了学术主张和观点的平庸，导致在学术研究中不能产生严肃的学术交流与争论。这意味着学术研究的非理性，也意味着不能真正理性公正地对待每一种学术观点，包括对待自己的观点。对于教育研究来说，这种学术现象也会导致严重的实践问题，也就是说，教育实践的行动，会被各种各样没有经过严格理性论证的意见所把持，甚至被虚假的观点所误导，这就会导致教育实践的正当性遭到严重的扭曲。

4.14 客观性

如果教育研究不过是有特殊利益取向的人基于特殊立场或视角的认识建构，那么教育研究提出的主张或结论就仅仅是主观的，只与研究者特殊的心灵情绪或状态相关，而没有客观性。所以，在当代时髦的教育研究中，客观性可能是一个不受欢迎的概念。一项学术研究是主观的吗？客观性能否成为评价一项学术研究提出的结论的标准？如果不存在客观性标准，那又如何来评价学术研究提出的主张是否真实呢？如果认为教育研究没有客观性，那么主张客观性就会被认为是错的，但错在哪里呢？或者，如果反对客观性是错的，那么又错在何处呢？

普遍性与客观性是联系在一起的。很多研究者像反对普遍性一样地反对客观性，主张思想、观点、认识都是主观的。这就意味着我们看待世界的眼光、视角、方式决定了我们看出来的是什么，所谓“横看成岭侧成峰”。客观世界和客观真理是不存在的，存在着的只是我们的立场、方式、方法。理查德·罗蒂主张我们应当放弃客观世界这个概念。他认为不存在客观世界的客观性，更不存在认识的客观性问题，认识的正确性都来自具体文化背景中的某种共识，客观世界的概念是没有意义的，客观知识是不存在的。在这个意义上，许多教育研究者也认为，没有什么所谓的客观性，研究无法也不能达到某种客观性。

客观世界的存在不以我们个人的愿望，也不以我们共有的愿望为转移，我们虽然置身于客观世界中，但是它的存在本身不依赖于我们的语言、立场或看法。我们关于客观世界的认识是否是真实的，也不依赖于我们的文化和语言；并不是因为我们同意它是真的，它才是真的。诺齐克认为，客观真理由四种特征所标示：（1）可以由不同的角度到达，虽然不同的角度可能显现了不同的表象，但世界还是那个世界①；（2）能够在主体间形成判断共识，即主体间的趋于一致的判断或推理；（3）能够容纳思想者和观察者的独立的信念和经验，也就是说对于这个世界，我们可以形成独立的思想和经验；（4）具有稳定性（invariant）。（参见 Nozick，2001）[286]这四种标示性特征说明，真理具有客观性。罗蒂认为客观性没有意义，世界不过是文化背景下共识的建构，因此，没有客观世界，何来对客观世界的客观认识？没有客观认识，谈论认识的客观性又有何意义？但是，我们要问，客观世界仅仅是文化建构的吗？只有文化相对性，而没有客观性，这就把认识建立在了主观性文化基础上。如果站在个体文化的视角上，那么，我们能否说客观世界是建立在个体文化基础上的？对客观世界的认识是主观的吗？学术研究是主观的吗？认识存在错误吗？错误又如何判断呢？

客观世界有别于我们的判断。世界是一个使我们的判断为真或为假的事实所构成的世界。客观的道理，也有别于我们的主观判断，它们是使我们的主张或见解为合理或不合理的客观标准。诺齐克区分了客观属性（objectiveness）和客观性（objectivity）。（参见 Nozick，2001）[287]客观属性是实在世界的事实性质，它与我们的判断、认识、心境、立场毫无关系，不论我们怎样，实在世界都是客观的，即客观地存在着。尽管彻底的怀疑主义可能会怀疑世界的存在，也怀疑自己是否具有双手，或者怀疑自己是否存在于世界之中，但世界作为自然、宇宙、存在是我们无法逃避的，它的存在属性独立于我们，这样的怀

① 世界是“一”还是“多”？这是个问题。实在可能是多重世界，如可能世界和现实世界，这是多；客观真理意味着在多的世界中的一致性，因此世界也可能是“一”。我们只是以不同的说法说来描述它，但是世界还是一个世界。我们的说法不是给了世界一种说法，而是给了我们自己一些有意义的说法。真理还是依据于那个“一”的世界。

疑是无意义的。忽略或藐视这个世界的客观性可能会给认识和行动都造成极大的困难。客观性和真理相关联，与我们的判断相关，是我们判断的性质（即我们的认识或判断是否是客观的）。诺齐克的这一区分既说明了认识的标准是客观性，又说明了认识的客观性来自客观世界的客观属性。认识的客观性意味着真的状态与品质，与认识主体个人的偏见（bias）、解释、情感等无关。（参见卡里尔，2014）认识的客观性的条件就是免除由情感、观念等产生的认知偏见，这是指公正的判断和推理。

客观世界的存在——不论是物理的还是人文社会的——是毋庸置疑的。尽管我们可以认为我们的语言“显现了”世界——是的，假如没有语言，我们可能无法辨认存在着的世界——但是，我们可能还是无法说我们对世界的认识只不过是某种文化的语言共识。因为，语言共识不是世界本身，语言所无法表述的世界层面可能还有很多。不仅文化共识不能指代世界本身，而且文化共识本身作为认识，可能仅仅是文化视域中的意见而已，而不是真理（科学认识并不是某个文化的共识）。罗蒂否认客观世界及其客观性，只不过是把知识、真理、世界、客观性的概念进行主观解构，从而扩张为对于世界的任意性意见。

世界的客观性意味着世界不依赖于人们如何看待它，世界如其所是那样存在着，不依赖于我们的判断。知识的客观性意味着，一项经确证为真的信念，不以人们的欲望、利益、偏爱、立场、需要为转移。研究的客观性是指，基于研究的认知性义务，研究观点的主张不被研究者的主观立场、情感、偏见等所影响。一项研究提出的主张，不能建立在“一切都是在主观之上”的信念基础上，因为，如果是这样，就等于把研究的结论建立在自己的神秘感觉之上，或者是建立在神秘的启示之上。我们论证我们的主张时，不能说这是我的梦境告诉我的，因此是我的感觉，而我不能怀疑我的感觉，因此我的观点是正确的；不能说我们不能怀疑这个主张，因为这是神的启示。

教育研究不像物理学研究那样面对着铁一般的事实世界，研究对象的人文性质可能使研究者觉得自己的情绪、态度、偏好与研究的对象及其过程密切相关，所以把自己的认知偏见看作是对研究对象的必要参与，看作是研究过程的可能性条件。实际上，这恰恰是把自己的主观因素掺进了研究过程，研究的结论或主张不过是自己所意愿和期盼的，而不是研究证据所支持的客观结论。

学术研究的过程是否是客观的，这是能否取得客观性认识的关键。一项学术研究是客观的，就是指研究过程排除了操作性偏见，把观点建立在客观的证据上面，建立在融通的普遍道理上面，避免形成评价观点、信念、证据的特殊态度或情感。因为，只有免除这些主观因素，学术研究的认知、论证过程才是有效的和有意义的。在这个意义上，学术研究的客观性是保证研究结果的真实性和融通性的基础。这一客观性主张与建构主义大大不同。建构主义和相对主义都把研究主题的特殊偏见看作是难以去除的，甚至是必要的，因此主张研究所得出的任何观点都是基于个人立场的；而主张研究的客观性则意味着认为个人主观的偏见因素会阻碍研究达成真的认识，所以研究过程的客观性就是要公正地免除主观偏见因素。

相对主义和建构主义认同主观主义态度的原因之一，是认为任何学术探究的认识都是基于某种理论框架或思想方法。我认为这混淆了干扰研究过程的个人偏好、态度、情绪或认知偏见与分析研究对象的理论思想，混淆了援引个人的认知偏见与使用理论框架。理论框架和思想立场只有与研究对象具有相干性，才能够成为分析研究对象的框架；离开了相干性，硬套用某种框架，就是犯了不相干性的逻辑错误。而个人偏好、态度指向、认知偏见与学术研究的对象不具有本质相干性，反而是干扰认识的偶然因素，或者说它们不是认识研究对象的分析框架；如果把它们作为参与认识过程的必要因素，恰恰会遮蔽问题与对象。而且，一个理论框架或思想方法，之所以构成分析问题的方式，恰恰在于它的客观性和真实性；如果它是虚假的或主观的，那么它还能够正确地分析吗？

我们可以把实在分为客观实在（objective reality）和主观实在（subjective reality）。教育研究可能也研究主观实在。客观实在独立于任何意向，如物理世界的存在独立于人们的感觉、思想等。主观实在依赖于感觉意识和经验等，如声音、色彩只在感觉状态中存在，情感也是一种主观实在，如儿童当下的快乐只有在他们感觉到的情况下才存在。对于人的主观实在的研究，其实也是客观的，因为研究是把他人的心理、情感、思想、精神、道德、行动意向等看作是客观存在，因为这些主观实在其实是与研究者相对的“客观世界”的组成部分。

人们对物质世界的客观性的怀疑可能是比较少的。人们怀疑的是价值世界的客观性，人们可能更怀疑的是知识的客观性以及价值判断的客观性。因为教育研究必然会涉及价值以及价值判断，价值的客观性和价值判断的客观性关涉教育中的价值研究的客观性。在教育的规范研究中，教育研究的过程以及规范性主张是客观的还是主观的？按照建构主义所谓的任何实在都是建构的说法，价值更是人的需要所建构的，价值判断不可能是客观的。规范研究关于好与坏的价值判断，仅仅是提出一种出于主观立场的愿望或信念，而不可能具有客观性。主观主义可能把规范探究所包括的价值评价或判断看作是研究者的某种偏爱、喜恶，看作是个人的反应，或者是某个具有一定一致性的群体的特定类型的反应。实际上，主观主义忽视了价值判断、规范判断其实也是一种经验知识的形式，并不能因为规范领域和事实领域彻底不同，就说我们关于价值的经验陈述类型及其意义是主观的。（参见刘易斯，2007）[241]规范研究意味着我们通过研究判断客观实在具有某种价值属性，或者行动具有某种价值规范或目的。这意味着价值判断本身是对客观事物的价值属性的判断，即“价值”是归于客体、事件、事态、行动等存在的实在。而关于价值的判断，无论是道德价值的判断，还是目的、原则和规范的判断，或者是效用的判断，都具有客观性。

规范研究就是对教育中有助于实现好的教育实践的事物、方式、品格、道德规范、行动原则等的规定或评价。就如前文所说，这样的规定或评价基于普遍的道理或客观的标准。规范研究的客观性在于研究进行的判断都是基于客观世界的“客观属性”（objectiveness or objective property），而且价值判断也是可检验的，它不是纯粹的、个人内在的、不可检验的主观感觉。在这种意义上，规范研究或价值研究都是发现“价值”，而不是根据自己的需要和偏好赋予价值。“有价值的”“好”“应当”“正当”，不是研究者赋予教育中的事物、事件、行动方式的，而是它们的本质属性，是客观的。如果我们想实现教育的意义，使教育行动变得更好，我们就离不开那些构成好的教育的价值、规范、原则、行动方式等。只有它们存在，教育行动才是更好的。这就意味着，仅仅以主观的愿望或偏好来确定教育行动的正当、好、价值，其实是把教育行动置于偶然性与任意性之中。这样一来，教育及其行动就失去了内在的价值属性，教育实践也就无从评价好坏了。

研究的客观性是判断一项研究是否真实的标准之一。教育研究的任何方面都表明了客观性的努力。不论是事实验证还是逻辑证明，或者是规范性的先验论证，研究都力图提供客观理由或事实证据，或者是提出普遍理据，或者是从必然性入手进行推理。这些都表明研究者力图把自己的研究结论或主张放置在坚实的客观性基础上，都是对客观性的追求。可以说，一项研究，其进行方式和结论主张越是有客观性的基础，其可靠性就越高。研究主张不是出自自己的态度或偏好，不是出自自己的主观臆断，不是把结论的证据放置在偶然性因素之上。因为，如果是这样，那么与研究无关的主观因素就会影响研究结论的客观性，这样的研究及其主张就是站不住脚的。

5

谬误的无理

一旦我们被利己思想所控制，它自然而然地进行自欺，并相信它的立场是唯一正当的立场，它认为自己所经历的是真理，不管它所描绘的情景是多么不准确。如此娴熟的自欺行为使得理性思想无法纠正被歪曲了的思想。我们自欺的程度越高，认识到自己非理性的可能性就越小，就越不可能考虑那些被利己性所封锁的相关信息，就越缺乏形成真正理性的信念和观点的动机。

——理查德·保罗，琳达·埃尔德：

《理性思考的力量》

5.1 谬误是什么?

与日常生活中的言说或交流一样，学术文章或著作可能也存在谬误。研究虽然力求为真，但是研究也会出错。教育研究也是如此。教育研究的结论可能是错误的，研究论证的形式可能是错误的，运用语言的方式也可能会出错；不仅会犯认知上的错误，也会犯逻辑上的错误。学术研究不可缺少的组成部分，就是对学术知识和探究领域中的错误或谬误提出疑问，进行修正。这种修正既包括知识上的修正，也包括避免逻辑上的错误。因此，对于学术研究而言，我们有必要辨清研究有可能发生的错误或谬误。

我们研究中存在的一类错误是，研究提出的结论所依赖的前提（内容）是错误的，也就是说研究结论的错误来自前提的错误，即结论不是从真实的前提推理出来的，作为理据的前提本身在知识上是错误的。对于一项研究来说，运用错误的证据、理据，就无法证明、推导、支持研究所提出的结论。

另一类错误是逻辑谬误（logical fallacy），指的是有缺陷的论证，这种有缺陷的论证容易误导人们。因为，谬误具有隐蔽性和误导性，它看似正确，但经过严格的检验之后，我们能发现其错误。逻辑谬误所依赖的证据、理由、前提并不蕴含结论，即没有相干性。虽然前提是真实的，但是结论并不与此相关，因此结论的正确性就是无保证的。

谬误在认知意义上是糟糕的论证，或者就是推理错误，即不正确的论证方式。谬误并不特指那些错误或不真实的主张，而是指错误的论证方式，指破坏论证的错误。不过，逻辑上的谬误不仅仅限于论证，而是还有逻辑思维上的错误。（参见陈强立，2007）逻辑思维上的错误范畴更大，它把形式逻辑谬误、非形式逻辑谬误、语用逻辑谬误都包含进来了。这里仅就研究中常犯的非形式逻辑谬误进行一些分析。

包含逻辑谬误的论证不是一个好的论证，而好的论证（sound argument）肯定不包含谬误。一个好的研究，要求研究的所有论证都是好的论证，否则，研究提出的观点或结论就是有错误的。一个论证是好的，必须同时满足下列三个条件：（1）所有前提都必须是真实的、可辩护的、具有合理性的。（2）前提与结论必须是相干的。违背这条规则的谬误统称为不相干谬误。（3）所有前提加起来必须给结论提供充分支持。这里的充分支持主要有两种：一是演绎支持，二是归纳支持。前者用演绎有效性标准来评价，后者用归纳强度标准来评价。按照中山大学逻辑与认知研究所熊明辉教授的观点，这三个条件实际上就是判定论证好坏的标准。不满足上述三个条件中的任一条件，论证就包含了逻辑谬误。(参见熊明辉，2013)

逻辑上的谬误，仅指在论证过程中违反论证规律的不合逻辑的推论。一项研究要得出真实的结论，一是必须在具体的学科范围内考查所运用的理据、前提的真实性，从而保证前提内容的正确性和真实性，这是就学术意义而言的；二是必须保证从其前提能够合乎逻辑地推出结论，即保证前提和结论之间的逻辑关系的有效性，避免在前提和结论的逻辑关系上出现谬误，这是就逻辑意义而言的。

所谓形式谬误，就是指逻辑上无效的推理、论证形式，即推理形式错误的谬误。无效是因为使用了错误的逻辑步骤或形式，违反了推理的逻辑规则而导致无效论证，因此叫作形式谬误。形式谬误包含归纳谬误和演绎谬误。如，命题逻辑中充分条件假言推理的肯定后件的谬误和否定前件的谬误，三段论推理中的中项不周延的谬误，等等。所谓非形式谬误，就是那些与推理的内容、实质、立场、语用等有关的谬误，其结论通常不是依据某种推理、论证的形式从前提中得出的，而是依赖心理、语言等方面的因素从前提中得到的，其谬误是有关推论的内容和实质的。非形式谬误的种类很多，很难对其进行全面而准确的分类。逻辑学大体上把非形式谬误分为含混谬误、相干谬误和预设谬误。(参见柯匹，科恩，2007)[197]

一个好的论证必须有效且健全，无效的论证是无意义的。在日常生活中，我们说话、交流、辩理，为了达到可接受性，我们可能理性地诉诸事实和逻辑，但也可能诉诸感情、情绪、态度、偏好等主观心理因素，以增加论证的可信性，人们一般也能够理解。但是在研究中，由于研究力求为真，所以不仅要避免知识谬误，也要避免逻辑谬误。在研究的逻辑里，如果诉至感情、偏好、态度等主观因素，那就是犯了非形式的逻辑不相干谬误。在认知范围内，这些主观心理因素在逻辑上与认知不相干。

5.2 相干谬误

相干谬误（fallacy of relevance）其实是指前提（理由或论据）与结论之间毫无逻辑关联的不当推理方式，也叫作不相干谬误。相干谬误的结果是论证无效。一个好的论证的前提与结论必须是相干的。当一个论证所依据的前提与其结论不相干，或者结论与前提不相干因而不可能确立结论之真时，其所犯的错误就是相干谬误。相干谬误是论证的论据与论题在心理上相关，而不是在逻辑上相关。熊明辉把相干谬误总体上分为两种：不相干前提谬误和不相干结论谬误。（参见熊明辉，2007）前者对应的是“诉诸无知谬误”“诉诸不当权威谬误”“人身攻击谬误”“诉诸情感谬误”“诉诸传统谬误”“诉诸公众谬误”，等等。后者对应的谬误是：（1）转移论题；（2）偷换论题［有时按字面翻译成红鲱谬误（red herring）］；（3）稻草人谬误（straw man）；等等。不相干前提谬误是指论证者提出来证明其结论的前提或理由与其结论是不相干的，不相干结论谬误是指论证者提出的结论及其论证与前提是不相干的。正确的论证应该立足于论据与论题的逻辑相关，即论据在逻辑上支持论题，由论据可逻辑地导出论题为真。在相干谬误中，论证者利用语言表达情感的功能，以言辞来激起人们心理上的恐惧、敌意、怜悯或热情，引诱人们接受其论题。相关谬误主要表现为诉诸权力、人身、权威、无知、怜悯、众人等。

5.2.1 诉诸人身的谬误

在学术争论与商榷中，有时候会发生诉诸人身的谬误，这其实就是学术争论中的人身攻击（personal attack；name-calling）。这是指在学术争论中，通过攻击、批评对方个人因素如人格、动机、态度、地位、处境、学识水平等，而形成以此为论据或基础的推论或结论，以反驳对方的观点。事实上，个人因素与观点是无关的，所以这种论证方式犯了不相干谬误。研究者常犯的诉诸人身的谬误，包括负面道德上的人身攻击、依照个人背景的人身攻击、带有偏见的人身攻击，等等。

在一个学术交流不理性的环境里，有些不理性的研究者在批评一个人的观点、主张和信念时，往往把观点持有者的背景、行为、道德等方面的因素作为评价其观点成问题的理由。在学术争论中，如果批评的焦点是观点持有者的品质、品性、学养上的缺陷，通过质疑其知识水平、道德品质、行为瑕疵等而批评其观点主张，或者挖掘观点持有者个人的生活背景，试图发现与其主张不一致的地方，然后进行攻击，等等，那么就是典型的人身攻击谬误。实际上，这种谬误把论证某个人的观点的正确与否，建立在攻击提出这个观点的人身上，其论证是诉诸人身的，而不是对观点本身的检验。如，有人在批评卢梭的教育思想时，以卢梭放弃承担身为父亲的教育责任作为例证，实际上，这二者没有根本的逻辑相关性。这种人身攻击看似有力，但不是辩理，所以根本无法证明一个观点正确与否，因此是不相干谬误。

5.2.2 起源谬误

如果一项研究在对某个观点进行反驳时，不是从命题本身的内容、理据前提、判断去反驳，而是把命题归属于某个背景、某个起源或某个派别，不是针对该论述本身来辩理，那就是犯了起源谬误（genetic fallacy）。例如，因为这个观点是某个人、某个意识形态、某个主义的，或者是某个立场的，因此是不对的。“文革”期间就是把某个人先归类为某个阶级，然后以此来批判他的观念。在教育研究中，这样的谬误也是很多的：如果把一种观念归属为古典的，那它可能就是无用的；如果把一种理论归属于西方的，那它可能就是不合国情的；如果把一种观点归属于理想的，那它可能就是不现实的。这不仅预设了某种立场的不正确性，也预设了自己立场的正确性，同时把不相干的因素作为判断一个观点或主张的根据。作为学术研究，论证或辩理一定是基于事情本身的，而不是站在一个立场上去反对另一个立场，不是用一种态度去反对另外一种态度，这样才能避免封闭、僵化、狭隘，避免思想的专制。

就学术研究而言，人与人之间在知识真理上发生的争论或争议好解决，通过探究事实、辩明道理、发展知识，就可以相互理解。但是，在立场态度上的争论或冲突，常常难以通过辩理来达到相互理解。因为，学术研究中，立场、态度、情感属于先入为主的偏见，与要探究的真理并无关联。一个人若是出于自己的立场、利益、情感或态度，而决定自己对于某件事情的观点或主张，那就是处于蒙蔽之中，是不理性的。有人说，学术研究的认识无法摆脱个人的价值意向、主观愿望、文化偏好、立场，从而所有的学术研究必然如此。（参见吴康宁，2005）虽然这种断言可能揭示了某些人的研究方式，但是却忽视了正确合理的思维所需要的无偏见，也忽视了批判性思维所批评的那些认知意义上的逻辑谬误。任何研究都要尽量除去那些遮蔽真实的思想的个人偏见和立场。孔子所说的“毋意，毋必，毋固，毋我”，就认知意义而言，恰恰是告诫人们别犯主观主义的谬误。（《论语·子罕》第九）

5.2.3 诉诸情感或诉诸公众的谬误

在有些研究论文中，我们可能会发觉，研究的结论或者语言陈述的方式都试图引发某些听众或读者的情绪，或者迎合听众或读者的偏好，干扰或影响听众正常的理性判断。这实际上是操纵听众或读者的信念或判断的倾向。有些论文写作的方式也具有哗众取宠的倾向，研究提出的主张或语言表达形式是为了符合、激发某种情绪，或者是基于某种情绪或情感而提出某种主张。学术研究不是烹饪，不能迎合读者的口味或口欲，而是探究真理。

诉诸个人情感（appeal to emotion）或诉诸公众情感（appeal to the majority）的谬误存在多种形式，如诉诸个人愤怒、同情、偏爱等。这种谬误或者把情感上的倾向性作为论证或表达自己主张的某种根据或依据，从而使得情感因素干扰判断或推理，或者使用大量的情感语汇预设自己的某种价值倾向性。这两个方面都干扰了正常论证或论辩的因素。当然，对于人文社会科学的研究来说，一定的情感表现在论著和口头交流中是正常的，研究者或表达者的情感表现是自然存在的。但是，这并不意味着把论证诉诸自己、他人或公众的情感、情绪，也不意味着用情感语言预设自己的某种价值倾向性。学术研究的目的是求真，情感负荷过重可能导致表达失真。（参见柯匹，科恩，2007）[112] 任何形式的对论证判断的客观性的情感干扰，都是研究不理性或不公正的表现。

5.2.4 诉诸无知的谬误

在学术研究中，我们常常可能会把论证建立在尚不能确知的现象或者还没有证明的命题基础上。诉诸无知的谬误（the argument from ignorance）是这样的：它声称一个命题是真的，其依据仅仅是该命题还没有被证明为假，或者辩称一个命题是假的，仅仅是因为该命题并没有被证明为真。从还没有确知的东西推出其结论，这就是源于无知的谬误。如，有的教育研究者认为，教育本质是不存在的，因此不是一个值得研究的问题，解释教育本质的研究显然是一种虚假的研究。这个论证把“教育本质的研究是虚假的”这一判断建立在“研究者们认为教育本质是不存在的”这一命题之上，但是教育本质的研究是否值得，与研究者们认为教育本质不存在是无关的。在科学领域中，许多人认为不存在的现象不值得研究，最后执着的科学家还是发现了新的现象，建构了新的理论知识。又如，有人说“我们现在无法看到一个心灵实体的存在，所以心灵是不存在的”，这一说法的论证首先假定心灵必须是看得见的实体，然后以无法证明心灵的实体存在，而推理出心灵不存在这一结论，其实这一判断犯了诉诸无知的谬误。

5.2.5 不相干结论谬误

当研究者把研究的具体结论的确证，放在了一个与之不同的结论目标之上，就是犯了不相干结论谬误（irrelevant conclusion）。由于不相干，于是不得要领。我们在研究中常常可能会犯这样的错误：为了突出我们的议题，并凸显我们的结论的重要性，我们往往会超越具体、直接的论证目标，而把一个更宏大的、更一般性的目标作为论证的指向。这样做似乎是把结论放置在更宏大、更宽广的目标之上，从而使结论更令人瞩目、更具有合理性，但其实是忘记或遗漏了论证能够直接达到的目标。把不相干或者相干性不强的目标作为论证目标，忽略具体问题的具体结论，或者以更普遍的大问题来掩盖具体问题，忽略问题的关键，就构成了不相干谬误。

5.2.6 稻草人谬误

在教育研究中，离不开对他人观点或主张的分析和批判。有时在学术争论、商榷的过程中，也可能反驳对方的观点或主张。正常的学术研究活动，离不开这样的学术辩理。没有争论，没有观点多样的学术议题，没有辩理，那么学术环境就是不正常的。同样，如果相互背离学术理性，以学术争论进行人身攻击，那么学术环境更是不正常的。我们在分析他人的观点和思想的时候，是否从他人的思想本身出发进行辩理，寻求思想本身的意义和价值，这是我们进行有效思想的根本基础。稻草人谬误是讨论或批评别人的观点时经常犯的一种谬误，尽管它不像人身攻击谬误那样直指人身，但仍是以不相干性来建立自己的论证或提出自己的结论。

稻草人谬误是通过故意曲解对方的观点，或者把某种错误的、荒谬的观点强加给对方，从而削弱对方的观点，把对方的观点变成一个容易推翻的版本，然后进行反驳，就好像先在真人面前竖起一个稻草人靶子，再对这个靶子进行攻击一样。由于这个靶子容易被打倒，所以稻草人谬误就是避开了真实的观点，而把不相干的事情作为反驳的对象。稻草人谬误的手法有夸张、引申、简化、虚构、片面化等，目的是把对方驳倒，而不是辩理。虽然稻草人谬误具有很强的隐蔽性，但是这种论证并非真正有效，因为其中存在逻辑谬误。

5.2.7 诉诸不当权威的谬误

学术研究建立在知识传统之上，因此研究必定会进行文献分析，会引用文献，而专业领域的权威文献更是我们必须参照的资料。尽管如此，我们对于权威及其意见，当然要在反思批判的基础上进行辩理，以真理为上。

在研究中，我们可能存在诉诸不当权威的谬误（appeal to authority）。这是指我们可能以一个对专业并不了解的权威意见作为我们论证的依据。如，如果用一个养猪场管理方面的权威的意见，来支持我们关于学校管理的主张，那就是诉诸了不当权威。

我们还可能过度诉诸权威，或者是滥用权威。如果只是举出某个人物的大名，或者诉诸某一号称权威但却难说是名副其实的专家，就期望能够影响读者，那也是犯下了诉诸不当权威的逻辑谬误。如果我们提出废除学校考试的观点，理由是某某权威人士如此说，或者某某领导这样说，那我们就犯了这样的谬误。

在研究中，当试图论证一个观点时，我们可能通过引用专家或权威的观点来支持我们的观点，但却没有从论点本身的逻辑关系等方面来加深或继续论证，结果我们提出的观点只不过是对已存的权威观点的重复而已。我们在引用权威文献的时候，应当以论证为基础，把权威观点仅仅作为我们研究的背景或者提出新问题的背景，仅仅作为我们观点的一种间接的印证性支持，而不是直接理由，因为权威意见与我们试图证明的命题的相干性是间接的。此外，我们还应该充分批判性地检审权威意见的正确性和真实性。

5.2.8 过度概括的谬误

研究经常会出现过度概括（over generalization）的现象。过度概括是过度简单化。这是一种思维的错误。“所有的人都是自私的，人的一切活动都是出于自私”，但是自私的人相对于无私的人、自私相对于无私，二者的差别客观存在，而且，在得出这种结论的时候，是否经验性地分析了所有人？可见，这一概括是过度的。当有人得出的观点是“所有的思想都是出自思想者的个人偏见，出自利益的考量”，他是否提出了坚实的论据？泛泛得出的结论，可能表面上是对的，但是经不住理性的进一步追问。

我们常常使用概括，如，哲学用“物质”概括一切物质实在或物质现象，也用“精神”概括一切心灵、情感、意志、观念等。但是，道理或者研究发现道理，不是来自概括的。陈嘉映说，哲学和科学理论都不来自概括。他举例说，物理学中的“力”，不是对马力、动力、想象力的概括。（陈嘉映，2011a）[152]他是对的。道理不是概括出来的，我们可以考察1000所优秀学校，也许我们通过概括或抽象可以得出这1000所优秀学校的共同点，但是，我们还是很难据此说出好学校的标准，即很难得出一个评价现实世界和可能世界中的所有学校好与坏的标准。

5.2.9 仓促概括的谬误

在事实研究中，由于数据采集的样本不足或过小，会造成仓促概括的谬误（hasty generalization）。仓促概括是基于不足的样本所做的概括推理，它过高地估计了基于小样本的论证的强度，过高地估计了代表性。在教育调查或访谈中，基于部分人或几个人的数据而概括出这个群体的一般状况，无疑就是犯了仓促概括的谬误。与样本过小造成的仓促概括一样，片面的样本也可能造成以偏概全的谬误（biased generalizing）。片面的样本是不具有代表性的样本，以偏概全的谬误就是过高地估计了样本的代表性。

在仓促概括谬误中，还有一种“传闻证据”，这种传闻证据在研究论文中常常可以看到，如“研究证明……”。当论文如此表述而又不提供任何的参考文献的时候，这样的传闻证据是不足为信的。任何研究都不应当采用传闻证据。

仓促概括或以偏概全的逻辑错误不仅仅发生在定量的事实研究中，也可能发生在质性的事实研究中。质性研究从收集的第一手材料中总结出结论，有可能收集的材料是不全面的，但却得出了一个整体性的结论，这就会存在以偏概全的推理谬误。在教育研究中，有些研究文章往往以偏概全，但却以深刻、尖锐等面目出现，其思想的偏狭往往受到忽视，甚至还被当作有思想的表现。

5.2.10 错置实境

怀特海用“错置实境”（misplace the real situation）来指称我们常犯的一种错误，这是指我们往往把他人对某一事情的叙述或看法，把自己对某一事情的叙述或看法，当作是事情或事实本身。这就等于忽略了事情本身的存在，把他人或自己的叙述当作是真实的事情本身。这时我们仅仅关注事情是怎么被说的，而不关心真实的事实本身。错置实境往往会扭曲事情本身。

在质性研究中，由于研究者“在场”收集材料，进行编码，综合或总结出某种结论，所以，研究者常常把自己所看到的、所记录的，当作是事情本身。有的质性研究论文以一种不容置疑的语气，把自己的说法当作是事情本身。其实，一个质性研究者无法把握事情的全部，他只看到自己能够看到、愿意看到的，他只选取自己愿意选取的材料。他如何能言之凿凿地说“这就是事情、事实本身”？实际上，他只能说“我看到的是这样的”。

5.3 论据不足谬误

研究的论证必须符合“充足理由律”。论据必须真实和充足，必须与主张之间具有一致性。论据不足的谬误（fallacy of insufficiency; fallacy of insufficient evidence）是指作为前提的论据强度不够或者不充分，以致不能充足地支持结论或主张。这类逻辑谬误也是研究中常常存在的。

5.3.1 自相反驳的谬误

我们在研究或论文写作中往往会犯“自相反驳”（self-conflict; self-contradiction）的错误，有时候使用的论据是相互矛盾的，提出的观点或主张可能是自相反驳的（self-disproving），或者是自我矛盾的。如“一切都是相对的”这个命题就包含着自相反驳：“一切都是相对的”如果是真的，那这个命题就是假的。“我不存在”这个命题也是自我矛盾的，因为如果这是我所想到的，是我的想法，那么，我想、我说本身就说明我存在着。

自相反驳的谬误，意味着研究者在建立理由时使用了不能同时为真或者不能同时成立的论据，或者是研究者提出的观点本身包含自我冲突，是可以自我推翻的，抑或是在研究著作的结构中包含着相互冲突的结论。这样，就意味着研究本身具有可击败性。因此，在研究使用各种论据的过程中，尤其要注意论据之间的关系，如果论据、论点、主张之间不一致、彼此冲突、自相矛盾，那么论证就失去了意义。如果论据自身具有矛盾，那么论证推出的结论以及论证的过程就是值得怀疑的。

当我们使用全称判断的时候，尤其要注意它所包含的意思，如果其中可能表达着某种假，那么它就是自我反驳的。彻底的相对主义是自相矛盾的，因为它主张一切都是相对的，但是它的命题本身又蕴含着它的主张是绝对的。

5.3.2 片面真理的谬误

只有作为论据的理由是全面的，才能得出正确的结论。在研究中，我们有时候为了突出某种信念或观点，往往只选取某一个方面或者某一个属性作为论据或理由，这样就选取了事情的片面而不是全面，得出的结论因此也是有问题的，属于片面真理的谬误（one-sided argument; argument by half truth）。如，在考察“教育权力”的过程中，研究就可能仅仅选取“权力”的部分“控制性”或“压制性”事实，作为批判“教育权力”的理由或论据。这样无疑忽视了权力的规范性属性，忽视了权力对于组织公共生活秩序的意义，由此得出的结论就是片面的。所以，研究不能仅仅选取事情的某一种事实或意义作为论据，而是应该避免“偏颇选取”。

5.3.3 绝对判断的谬误

前面在论述论证的理由时提出，理由是普遍的，具有客观性，这样，我们才能基于理由的关联而得出正确的结论。但是，如果无视条件本身是否充要，把从一般道理推理出的某些结论绝对化，就会产生“绝对化”的谬误。如：“通过公民教育，提高公民的素质，公共生活就能繁盛。”公民的素质仅仅是公共生活繁盛的一个必要条件，而不是充要条件，所以这个判断过于绝对化了。教育研究中这样的绝对判断的谬误举不胜举，我自己就犯过不少。

5.3.4 滑坡谬误

滑坡谬误（slippery slope）是指使用连串的因果推论，却夸大了每个环节的因果强度，而得到不合理的结论。下面这段话反映了滑坡论证："如果孩子上不了好的幼儿园，输在了起跑线上，之后就考不上好初中，就考不进好大学，接着会找不到好工作，最后成为一个无用的人！"不难看出，这是一个虚假的因果链，实际上这些因素之间并没有必然的因果关系。

滑坡谬误的问题在于，每个"坡"的因果强度不一，有些因果关系只是可能而非必然，有些因果关系相当微弱，有些因果关系甚至是未知或缺乏证据的，因而即使 A 发生，也无法一路滑到 Z，Z 并非必然（或极可能）发生。

我自己在研究和写作中也常常犯滑坡谬误。如："教育推行课程、教材、学校、培养目标的统一化和标准化，虽然迎合了大工业的高效率，但却把受教育者放入教育生产的流水线而加工制作，把儿童的整体生成仅仅变成行为功能的增加，使儿童只能进行机械性的输入输出的过程，这种教育把人的生长变成了呆板的机械性变化，从而抑制了学生的全面发展，剥夺了学生的自主精神和创造性。儿童完全沦为学校和教育的附属品，学生是属于学校的，是属于课程的，教师成为学生的监护人，把学生包裹起来，与日常的生活世界隔离开来，并决定他们的学习和生长，学生从而全面地依赖于学校、课程和教学，反而养成了学生的依赖性和惰性。"（金生鈜，1997）这段文字表面上看具有批判性，似乎有道理，其实认真分析就会发现其中存在滑坡谬误。

5.3.5 从实然到应然的谬误

自从休谟提出从"is"推不出"ought to"的观点之后，思想学术界对实然与应然之间的区分就非常明朗了。"事实是什么"无法作为合适的理由根据，推出“应当是什么”的结论。在教育实践领域中，无法从“教育事实上怎样”推出“教育应当怎样”的实践指向。这个基本的共识其实也是学术研究的共识。

在社会人文领域中，虽然事实研究与规范研究共存，但事实研究与规范研究不同，事实研究的描述性判断，仅仅是就现象事实领域的事件、事情进行描述，这种描述并不像自然科学那样，对社会人文的未来过程、可能状态等进行确定性的预测。而且社会人文领域的价值判断和规范探究，也只能提出实践行动的合理性的目的、原则和理由，并不能决定人们的实践行动的选择。事实性的教育研究无法判断教育实践行动的未来可能性，更无法规定价值应然可能性。这是因为教育现实活动是人的行动所给予的，具有偶然性，同时，现实的事实现象的认识与价值上的应然并不具有关联，价值上应然的合理性只能来自行动的正当性，而不是来自现象现实的既存性。教育现实不论提供多少案例，都无法说明教育实践应该怎样。

在教育研究的领域内，从实然到应然的谬误（from-is-to-ought fallacy）混淆了实然与应然。这种混淆既表现在事实研究领域，也表现在价值研究领域。在事实研究领域，有些研究把教育中的行为事实看作如自然世界中的事实一样，以为通过对某个事实的确认就可以推出相关的行为。如，从一些个案事实中推出人是追求自我利益的，推出所有人的所有行动都是追求自我利益的，并以此来判断人的所有的未来行动，来判断、分析和规定教育改革。这不仅犯了“以偏概全”或“逆偶性”的假定谬误，也犯了证据或理由不足的谬误。

在价值研究领域，试图从事实上如此推出价值上应当如此的谬误也是存在的。如，关于教师应当持有什么样的教育价值观的研究，是一项规范研究，而不是事实研究。但是有的研究方式可能通过选择教师样本来对教师实际持有的价值观进行研究，从而得出教师应当具有的价值观。这种研究貌似合理，其实教师实际持有的价值观不具有充分的理由来支持教师应当具有的价值观。又如，在品德教育研究中，为了弄清楚学生应当发展什么样的品德，我们的研究通过访谈、调查的方式得出一些被人看重的具体品德，从而提出学生应当发展这些品德的结论。这项研究就犯了从实然到应然的谬误。尽管依据人们看重某些品德项目似乎可以说明学生应当发展这些品德，但人应当具有的品德本身不能够从现实中人们所看重的品德内容中推理出来，而只能从人性本身的价值去规定人应当具有什么品德。虽然现实中人们的观点可能会提供某种佐证，但它们不能构成充分的理由来支持人应当具有什么样的品德的价值规定。

5.4 预设谬误或不当默认

人的认识与实践可能存在一些正确的基本预设，如自明的真理或数学中的公理。逻辑学中的三大定律就是不证自明的公理。我们是在逻辑学的基本定律，如矛盾律基础上进行思维的。正如亚里士多德和康德所说，我们也是在基本范畴关系所提供的认识可能性中认识世界的。不论是实践还是认识，都离不开人具有认识世界的心智的预设，也离不开世界是存在的事实的预设，离不开一些本身就是预设的概念。学术研究离不开基本预设，但不是说所有的预设都是适当的，或者是正确的。我们必须正确地区分正确的预设与不当的预设（fallacies of inappropriate presumption）。在学术研究和写作中，我们可能存在许多不当预设或不当默认，即预设谬误。预设谬误或不当默认谬误是把不真实、不确定、似是而非的理由、原因等，作为提出结论的前提或根据。

5.4.1 窃取论题谬误

窃取论题（begging the question）是在论证时把不该视为理所当然的命题默认为理所当然的，这是一种不当默认或预设的非形式谬误，也称为乞题。“乞题”一词最早出自亚里士多德的《前分析篇》第二卷

第十六章。亚里士多德所谓的窃取论点应理解为“默认前提”“默认论点”或“默认结论”，即把还没有证成的结论默认为前提，作为理由。因此，乞题可以理解为“请求前提”，即请求认同已经预设或默认的前提，而前提却没有经过确证。如：“我们人乃是自私人，自私人是人的一种恒常状态，人离不开自私，摆不脱自私，人的世界是一个自私的世界，人在自私的世界中生存。”这段话中的推论默认了不确定的前提，犯了窃取论题的错误。从自私人是人的一种常态推出人乃是自私人，但“自私是人的恒常状态”不仅本身是值得怀疑的，而且与“人乃是自私人”的结论是同一的。“人的世界是一个自私的世界”与“人在自私的世界中生存”尽管表述方式有差异，其实是同一的，而且结论与前提是含糊的、不明的。是否人的世界全部都是自私的？人全部是以自私的方式存在的吗？所以，在这一论证过程中，存在着预设既定观点的问题，在陈述中掺杂的既定观点没有得到论证。

窃取论题常常使用不正当假设。研究者可能有意无意、潜在或显在地使用了假设，把假设作为前提或理由来支持结论。如：“不言而言，教师体罚学生是道德上不可接受的，因此，处罚应当在学校里禁止。”这个论证犯有乞题谬误，论者假定了处罚与体罚是一回事，也假定了处罚在道德上是不可接受的。事实上学校里的有些处罚是正当的，也是必要的，是具有教育意义的。又如：“理想作为一种奋斗目标来说，是被合理化的，是明确的。当我们为之奋斗时，我们可以任劳任怨，可以百折不回。在这个意义上，理想又是理性的。”这段话的结论是“理想是理性的”，它假定“被合理化的”以及“任劳任怨”等是“理性的”，做出了“理想是理性的”的推理。然而，“理性的”就是“被合理化的”吗？对目标的“任劳任怨”“百折不回”就是“理性的”吗？不认真推敲，可能难以发现其中的窃取论题的谬误。

窃取论题有时候表现为“循环论证”（circular argument）。研究中显而易见的循环论证比较少，这种谬误比较隐蔽，往往不为研究者所觉察。循环论证是用自身证明自身，即结论出现在前提中，论点的真确性最终由自身来支持。这种推理方式默认原始论点，亦即乞题。循环论证的结论与前提是相同的，不仅不能带来新知识，也不能带来新理解、新道理。在进行描述性论证时，如果结论建立在前提设定的范围内，那就是循环论证。如，先预设某个结论，再设计以形成结论为主导的问卷或访谈，就是以循环论证的方式窃取论题。在规范性或价值性论证中，如果理由就是结论，那就是循环论证。这种循环论证的窃取论题违反了逻辑论证的前提、理由与结论命题的相异律。相异律是指提供的理由和想支持的命题必须是不同的命题，这是因为作为结论的命题自己证明自己将无法扩展认知，论证也无意义。主张与理由的不同乃是论证存在的先决条件。与观点相同的“理由”不是论证所要求的理由。

5.4.2 复杂问句谬误

学术研究提出问题（question）。学术文章也常常发问。不过在有些发问中已经包含了或隐藏了一些预设。如果一个问句中包含着虚假的预设，则这样的问句就隐含着某种取向或意图。这种问句就是复杂问句谬误（complex question）。学术研究中不乏这样的问句，而且有可能出现在研究题目或主题中。复杂问句的谬误，以掩藏在问句中的某些断言为真作为预设，让他人接受，其实这个断言并没有经过严格的检验。

请看以下两个问句：

（1）“社会精英是否有能力提出其他人应当认同，也应持有的教育理想?”

（2）“为什么私立学校的教学质量比公立学校高?”

第一个问句隐含了一个预设的事实，那就是教育理想是社会精英提出来的，因此质疑他们是否有能力。第二个问句预设了私立学校的教育质量比公立学校高。如果不是建立在事实证明的基础上，那么提出这样的问句就犯了复杂问句的谬误。

5.4.3 虚假原因谬误

原因与结果之间是否存在客观性的、本质性的因果关系（causal relationship），是经验研究的中心问题。但是在教育研究及其表达中，我们可能把不是某个结果或状态的原因当作是某种结果原因，也可能设定或假设并不真实的因果联系，以突出我们的主张，我们所犯的这种错误就是虚假原因谬误（false cause）。如："学校把学生的成绩与教师的报酬联系起来是错误的。这将会导致教师强迫或驱赶学生去学习，使得教师严苛地惩罚学生。"又如："教师的教学技能提高了，学生的学习成绩就会提高，教师的教学技能的培训和发展，将会大面积地提高学生的学业成绩。"这两句话就犯了虚假原因谬误。虽然把学生的学业成绩与教师的报酬联系起来是不对的，但这一做法可能不是教师强迫学生学习的原因，即它并不直接或必然导致教师强迫学生学习或惩罚学生的行为。当然，"根据学生的学业成绩而给予教师报酬"这一政策本身也包含着虚假原因的预设，即教师的行动可以直接导致学生学业成绩上升或下降。实际上，教师的行动既不是学生学业成绩上升或下降的必要条件，也不是充分条件，只是一种相关条件。

5.4.4 预设立场的谬误

预设立场的谬误是指在研究中预设了一种特殊的、实质性的立场，以这样的立场所设定的特殊取向来看待研究对象，看待学术观点。意识形态的立场预设、利益取向的立场预设、主观偏好的立场预设、情感立场的预设，等等，都是给自己或对方先贴上某种标签，再进行所谓的研究，这就是犯了预设立场的谬误。预设立场谬误就像戴了有色眼镜一样，会扭曲我们看待、研究问题的方式，也会扭曲我们表达问题的方式。“它们将塑造你评价问题的态度和习惯，并产生让你的思想偏执的预期。而且，你甚至可能没有意识到它们的存在，除非你评价自己的思维模式。”（鲁吉罗，2010）

预设立场的谬误在学术研究中并不罕见。在“文革”时期，所谓的“学术研究”首先要求知识分子站队，“站好立场”。这种立场与真理无关，只是与意识形态有关。当代学术研究中虽然极端狭隘的意识形态立场预设越来越少见，但可能还存在其他形式的预设立场谬误。如，唯批判主义的立场预设就是不管事情本身如何，先设立批判的框架与态度，设立批判的对象，把除自己的观点之外的一切都置于批判之中。出于特殊的利益取向、主观意志或偏好的研究及其主张也是存在的，这种预设会导致从主观意志出发，设定研究过程并提出研究结论。

学术研究作为探究真理、知识的过程，应当是无立场的，即不是在任何阶级、主义、信念、利益、偏好的立场上认识事情、事物本身，而是只具有一个立场，那就是热爱真理的辩理立场。人类思想史中的思想家们并不否认每个人都具有自己的信念、利益、偏好、态度等，但是，就认知意义而言，良好的思想和正确认识的过程在于尽力摒除这些因素。我们很难说科学家是带着某种个人偏见去揭示自然的某个奥秘的，我们同样也很难说康德是站在某个阶级的立场上来论证道德的绝对命令的。正是由于这些因素有可能遮蔽认识，因此任何学科的方法论本身都会强调“去蔽”的必要性。后现代主义者宣称发现了人的认识的处境性，把立场、利益、偏好等作为认识无法去除的因素，甚至宣称这些是认识的某种必要条件，从而在认知意义上强调立场预设。如果认识的立场预设是对的，那我们就有必要把阶级群体和个人的偏好、情感、态度、利益、欲望都带进认识中来，构成认识的框架。这样一来，任何认识，包括学术研究的认识探究，都不过是主观主义者随意进行主张或断言的过程了。主观主义者在认识论上是个人专制主义者，因为在主观主义者看来，每个人自己的主张是终极的，是无法评判的。这实质上与意识形态的专制主义是一样的。

5.4.5 价值观预设的谬误

教育研究在选择研究问题时不可能没有价值取向，提出的学术主张不可能不包含价值。教育实践行动本身的价值承载使得研究本身离不开价值判断，教育研究在人类的普遍价值框架中进行，而且有些研究范式本身就是价值研究，研究中的结论也包含着价值诉求。当然，这种价值诉求是对人类共同价值的诉求，只有诉求共同价值，研究结论的主张才是经得住价值考查的。然而，这并不意味着学术研究一定是在某种特殊的价值观预设下进行的。价值观预设特指那些对学术研究具有干扰性的不合理的价值观框架，它可能是研究者的一种特殊的价值立场或态度，也可能是某种习惯性的信念或观念。这种价值预设不基于普遍性的人类价值，而是依据一种特殊的价值观偏好。价值观预设所指的特殊价值观一般是没有经过严格慎思或没有明确表述的价值取向。

价值观预设是指研究者在研究主张中隐含或认同某种没有明确表述的价值观。价值观预设的特点是：（1）作者认同；（2）预设或隐藏在研究假设或研究结论之中；（3）影响作者的判断，从而影响结论的提出；（4）具有一定的欺骗性。

预设一种特定的价值观，就会否定与此价值观不同的价值观，就会把与此价值观不同的观点看作是异端而加以排斥。与预设立场的谬误一样，价值观预设也是把某种特殊的价值取向作为研究立论的基础，或者是形成判断的框架。价值观预设既可能影响选择问题的视野，也可能限制对论据、证据或理由的选择，还可能扭曲结论的提出。研究者所偏爱的某种特定的价值观，在学术文章中常常没有明确表述出来，尽管如此，这种价值观偏向却是影响研究产生什么结论以及选择什么方式来为自己的主张辩护的主要因素。

作为研究者，我们不仅要分辨其他研究者在研究验证或论证中的价值观预设，更重要的是分析、辨别、判断自己的价值观预设。在认知意义上，必须摒弃那些干扰形成客观认识的特定的、偏狭的价值观预设。

5.5 含混谬误

含混谬误（fallacy of ambiguity）也叫作歧义谬误，是一种言辞表达上的谬误。

5.5.1 空洞谬误

不少学术著述都可能存在言辞空洞空泛、缺乏具体意义的现象，这其实可以看作是言辞空洞或言辞空废的谬误。虽然言辞空洞好像不是非形式谬误，但是对于学术研究而言，言辞空洞、无意义无疑是一种错误。学术论著的空洞与其他文本形式的空洞不一样，学术见解以追求真理为基准（旨在求真），因此语言的意义明确、清晰、具体、有认知内容是其重要的本质特征，学术最忌扯淡。法兰克福在谈到这一点时说："当我们称一个人'讲空话'时，我们的意思是他嘴上所喷出的只不过是股热风，他的言辞是空洞的，没有实质内容，也就是说，他使用语言不是为了要达成言谈内容该达成的目的。"（参见法兰克福，2008）在学术研究中，空话不能用来表达真实的有认知意义的命题，因此达不到追求真理的目的。它不能用来交流，在学术语境下无用，且缺乏认知内容。空洞的语句就是表达上的谬误。

含糊其辞、无价值、琐碎、缺乏认知意义的陈述谬误，表现为多种形式，有时候命题可能为真，但是缺乏知识或认知价值，对于增进理解、知识或认知毫无意义，因此也是空洞的或空废的。有人花费了巨大的精力，访谈了不少人，积累了不少资料，结果论述了人人都知道的一个琐碎的常识，根本不能拓宽人们的认知理解，这样的学术研究是没有意义的。

之所以说空洞废话是一种言辞谬误，主要是其听上去有道理，但其实造成误导，将无内容的废话当作有内容的话，并产生相关的不当推理，可算是思维上犯了谬误。

5.5.2 定义谬误

博士学位论文、硕士学位论文的关键词，常常需要定义。定义谬误泛指一系列因定义不当造成的推理问题。定义不当可能会引起歧义、模糊、含混等问题。定义应使用通俗的语言，以让人容易理解，过于模糊、晦涩、抽象的定义通常是不恰当的。探讨定义，尤其是词法定义时，必须考虑其是否恰当。恰当的词法定义，其被定义项与定义项必须等值。

定义谬误的一种形式是循环定义。循环定义是指用于定义某词语的词语最终需用某词语本身来定义的情形。如果被定义项出现在定义项中，那就意味着循环，这种循环其实没有对被定义项提出更准确、更恰当的本质意义，没有加深、限定或拓展对被定义项的理解。循环定义是没有意义的。

定义谬误的另一种形式，可能是用有歧义、晦涩的语词或语句进行定义。有歧义的语词或语句会引起意义混乱，它当然不能起到对被定义项进行解释的作用。在人文学科和社会科学的研究中，我们使用的是日常语言，而晦涩的语言脱离了语言使用的语境与语义，缺乏语力，不能达到解释被定义项的目的。在科学研究中，为了达到精确定义，有必要使用科学语言。可能对于日常语言的使用者来说，科学语言是晦涩的，但这种科学语言的使用在科学研究上是必要的。

我们在学术研究过程中，为了表示研究具有新意，往往试图对一些常用概念或语词进行新的定义。这当然是进行理论定义的一种必要的方法，但是也可能存在篡改定义的谬误。篡改定义是指刻意违反概念或语词的一般用法，违背概念或语词的约定定义，或者违背概念在知识传统中的定义。这种使用词语或概念的方式其实是不可取的，因为它忽视了概念的公共性，也忽视了概念的内涵与外延，只是私己地赋予一个词语自己想要的某种意义。这会造成误解。概念的定义或解释，也需要在这个概念或语词本身的意义范围内拓展，而不是随意篡改概念的内涵与外延。

在教育研究的论文中，我们常常可以看到以比喻、隐喻等方式定义概念或解释概念的现象。然而，这种比喻式的定义虽然可以表达某种情感，可能具有生动性，但是却缺乏解释力，不能清楚地说明或解释意义。对于严肃的学术研究而言，比喻性的定义方式或解释方式，即便是作为学术论文的一般表达方式，也是不当的。

6

在语言中辩理

《热带的忧郁》是我们这个世纪最伟大的著作之一。它生动、细腻，思想大胆。它写得美。此外，正如一切伟大的著作一样，它带有显明的个人印记。它以人的声音说话。

——桑塔格：《作为英雄的人类学家》

文辞，犹金石也；志识，其炉锤也。

——章学诚：《文史通义·说林》

6.1 定义概念

研究和论文写作中，不可避免地要使用概念。我们运用概念指称对象，如我们用概念形成观念，形成命题，进行论证，表达我们所证成的信念；我们也用概念进行分析，并形成和发展我们用以解释教育问题的理论。研究运用、创造概念及其组合，形成分析框架，进行解释、说明、推理。① 不论是在事实研究中，还是在规范研究中，概念都承担着陈述、解释、表明、交流的功能。如陈嘉映所说，研究使用的概念是说理词，即包含一般道理的词。（参见陈嘉映，2011a）[62]我们可能研究的是教育中非常具体的事物或事情，但是我们运用的概念可能是抽象的、意义丰富的。就拿“教育”来说，这个概念包含的一般道理不是很容易说得清的，我们用这个概念可以说明人文教化上很深刻的道理。“培养”“学习”“教”，“心灵”“人格”“发展”“品格”，等等，都是论理词。教育研究中，专门论理的词是非常多的；有些日常生活中运用的概念，也可以作为论理词使用，如“培育”“生成”，还有“唤醒”，等等，举不胜举。

论理词的意义都很丰富，其中包含的道理很深邃、很抽象，或者说不容易简单说明或解释。这意味着研究在使用这些概念的过程中需要清晰、明了和准确，不能似是而非或模棱两可，那样就达不到表达和交流的目的，因为容易造成混乱、错误和误解。对于研究来说，对概念的语义分析是必要的，因为论证的审慎、细致和正确也表现在概念的清晰上。概念混乱和语义上的不一致将导致研究文本非常糟糕。

在研究中，我们可能使用同一个概念，但在对于这个概念内涵的理解上却有不同，这往往造成思想的混乱和冲突。很多人想当然地认

---

① 德勒兹认为，哲学是形成、发明和制造概念的艺术，哲学是概念的教育学（pedagogie du concept）。（参见德勒兹，迦塔利，2007）我觉得，理论都存在概念化的过程，因此理论其实也是一种概念艺术，当然，不同领域的理论的概念创造和运用是不同的。

为，研究者使用某个概念仅仅是在他个人意义上自己定义的，这其实是一种错误的看法。如果我们不共享概念的意谓，那我们就无法进行交流，因为我们可以根据自己对概念的既定理解，而拒绝对同一个概念的共同用法，这样很容易造成对共同语言中的一个共享概念的随意定义，从而不仅造成交流困难，也容易造成知识上的相对主义。人不可以根据自己的需要而随意地定义概念。

概念与对概念的理解不同。一个概念（concept）的指称是客观的，其意谓也是共同的，即是我们共同拥有的。我们对一个概念具有基本的理解，共同分享概念的意义，否则，我们将无法交流和行动。这就是说，概念是在我们主体间有效的。这里的共同拥有是指所有分享语言理性的人共同使用。这一点可以从语词和概念的区分上看得清清楚楚。一个语词可能是某种特殊语言所独有的，但是一个概念却是所有特殊语言所共有的。作为一个语词，汉语中的“教育”在英语中是“education”，两者是不同的，但是作为概念的“教育”在汉语和英语中的内涵与外延是一致的。汉语的“教育”与英语的“education”，两个语词形式不同，概念却相同。当然，汉语的“教育”和英语的“education”在语源上的意义可能是不同的，但是二者均包含了这个概念最为基本的一些共同点，如，“教和学”“培养人”，等等。

一个人对一个概念的理解，只能是在共享概念的基础上进行的，而不能随意界定一个概念。“教育”这个概念指谓人类一种独特的实践与形式，这个概念所表现的意义与实在，对于使用不同语言的人们是一样的，我们不能说某个民族的人会把“动物训练”作为“教育”这个概念所指称的行动。当然，人们关于一个概念的理解或认识可能是不同的，也就是说我们可能针对一个概念（concept），具有自己的理解或认识（conception）。如，对于“教育”这个概念，我们都是在其基本的共同意义上使用的，但是，在这个概念更具体的用法上，我们却有着自己的理解，有时甚至有很大的差异。这意味着我们共同使用“教育”这个概念，知道我们共享某些意义，有着某种共同的基础，从而能够明白我们所谈论的事情。但是在此之上，我们给这个概念加上了不同的理解，也就是说，我们对这个概念有具体、特殊的理解，可以称之为“conception”。所以，一个“concept”，可能具有多个“conceptions”。

人类的这一理解概念的方式是非常有意义的。我们对抽象概念的理解往往是这种方式，如我们不会对“石头”“头巾”等实体概念有不同的理解，因为它们具有约定俗成的强固定性，而抽象概念包含着一般意义和道理，我们的理解就可能不同。如，对“培养”“道德”“知识”等，我们的理解就可能具有较大的差异。尽管具有差异，但还是在这个概念意谓的谱系上，不会偏离这一基本的意义和原则。我们不会随意给这个概念加上我们想加的内容，不可能随意地把某个意义赋予一个概念。这一区分让我们明白，当我们说不同的人对“教育”有不同的看法时，我们其实是在说人们对于“教育”这个概念（concept）有不同的理解（conception），而不是说我们用“教育”来指代完全不同的事情。实际上，人们对抽象概念所可能具有的不同理解，对于拓展对概念的理解往往是有益的，对于扩大人们的认识是有意义的。这种方式意味着对一个抽象概念的理解具有开放性，这种开放性避免了相对主义，也防止了封闭性。

说理概念的意义虽然是客观的和共同的，但不是说一个概念的意义是绝对给定的。我们有时候会扩展地使用一个概念，在一个新的意谓上使用这个概念。如“教育”这个概念，它所指称的实践形式是客观的，但是针对这个概念，我们可能特指“使人的灵魂完善的培育实践”。这一概念化的过程拓展了“培养人”的内涵，也把那种败坏心灵的活动方式排除在“教育”概念之外。但是，这一拓展的内涵还是在“教育”一词基本的意义和使用原则或范围之内的。在一个概念的基本意义上，可能有谱系性的拓展。所以，在研究中我们常常对概念进行重新解释，拓展我们的理解，从而把更丰富的意义或道理表达出来，这一过程就是概念化（conceptualization）和再概念化（reconceptualization）。

概念的定义在研究中有时是很必要的，特别是在使用说理概念的时候。运用概念必须为概念正名。名不正，则言不顺；言不顺，则行不遂。为概念正名，就是为概念及其指称寻求本源的意义，从而使其不被扭曲。一旦一个概念的意义被扭曲，那概念的指称就不准确，说理概念就无法指明道理，那种与行动或实践相关的概念所召唤的行动也就不可能本真地进行。如果“教育”这个概念的意义混乱、晦暗、扭曲，那么这个概念就可能无法指明“教育”之为“教育”的道理，教育的现实就可能是混乱而扭曲的。

我们不要简单地看待词语或概念，它们不只是我们描述世界的方式，也是告诉我们如何在世界中行动的方式。我们用于研究教育的词汇不只是在描述教育，其实也是在展示新的教育可能性。一个词语和概念所表达的新意义可能包含着新的可能性，指向新的行动，所以，我们如何表述或界定“教育”概念，也可能预示着我们言说教育、进行教育行动的方式。我们解释或言说教育的方式，影响着我们解决教育问题的方式，即我们行动的方式。正名意味着行动的开始，如果没有正名，也许我们根本就不会想到与这个概念相关的行动，因此，概念表述也许是一种邀请、一种呼吁。我们用这个概念所解释的教育可能性，将昭示我们做出符合这种可能性的行动。

正名就是考察和厘定概念的语义，或者说正确地命名概念，厘定概念的内涵与外延。这与概念分析不尽相同，尽管有时候二者很难区分开。概念分析是依据语言的逻辑来说概念所指称的实在本身的道理，这是对一个概念的用法和意谓的考察，而不是简单地对一个概念作为术语或语词的词义上的考察。这里所说的正名，就是指考察一个概念在日常使用中的基本词义和基本用法，也就是说，我们是在什么意义上使用这个概念的。

概念的定义对于研究是重要的。定义是基于概念的独特性质及与其他相近概念的关系，准确地赋予概念意义，或者说，定义是揭示或解释概念的内涵。定义的好处是引导我们从概念的意义出发，知道使用这一概念的意义（内涵），我们当然还要对概念的外延进行界限分析或划分，从而揭示概念的外延。我们在什么内涵上使用概念，在哪些范围界限内使用概念，对于研究是十分重要的。特别是抽象概念，由于其意义的模糊性以及人们使用它们的多义性，一定要在研究中清晰地定义它们。

研究定义概念，不是简单地把词典定义拿过来就可以的，因为词典定义是常见的定义，如果只是在词典定义范围内使用概念，就没有必要定义。所以，研究如果要定义一个概念，那一定是按照概念内在的意义发掘更深的内涵。所谓深层的意义，是指概念的如此用法表达了我们更深的理解，或者说，我们如此使用概念，因为这样的理解更能够体现概念的真正意义。我们对概念的运用基于对概念的理解，我们也会追问概念的本义或真义，我们只能沿着概念的意义指向而更深刻地理解概念，使用概念。

在研究中，由于试图赋予概念新的意义，我们运用规定定义给概念以新的解释。这种定义方式有时候是在研究之前的工作内容，有时候是研究本身的工作内容。我们的研究有时也会对一些概念进行理论定义，也就是在理论上对概念进行充分的解释。理论定义是拓展思想、发展理论的一种重要方式，因为理论定义的目的是构建一种理论，对相关问题进行更深入的理解。理论定义是学术探究或讨论的重要内容之一，在这种探究或讨论的基础上，对概念的理论理解不断加深，所以一种理论定义可以被更合理的理论定义所取代。理论定义的更新建立在对理论更充分的解释基础上，这本身是知识或理论的进步。

概念的定义不是随心所欲的。在教育研究中，有些人随意地定义概念，给概念一个它所不能包含的意义。我们共享语义，尽管有时候有歧义，尽管我们的理解可能有差异，但是语词的基本含义是共享的。我们只能根据我们所直观理解的概念的本质属性来定义概念，所以，从根本上说，定义就是揭示事物的本质。我们定义一个概念，其实就是凭借我们的知识而界定概念的本质意义。

许多人往往不会定义研究所使用的概念，定义概念是二合一的过程：第一步，找出与概念最相近的概念类别，将概念置于其中；第二步，分析出概念的独特意义，因为只有与相近的概念相比较，才能凸显这个概念的意义。维特根斯坦说过，概念的意义表达在概念的使用中，即只有在日常生活中使用概念，才会使概念具有意义。所以，定义概念用的是常理。如，定义“学习”，我们可能需要找出能够将“学习”放置进去的最为相近的概念类别——“活动”或“行动”，再进一步分析“学习”作为一种“活动”的独特含义。又如，定义“判断能力”，我们可以把它放置在“理智”或“智慧”的类别中，分析“判断”与后者的关系，再确认“判断”的独特含义。

研究使用的语词，一方面需要定义，另一方面需要明确用法。有些具有具体、明确的固定意义的词，或者用法非常明确的词，在研究中并不需要定义。我们常常看到学位论文中对“农村学校”“学生”等词进行概念界定，这些词虽然很难定义，但是用法很清楚。然而，“教育公平”“儿童的幸福”“教育权威”等，对这些概念人们不仅有不同的理解，而且定义很多样，因此需要我们进行概念解释。

在运用概念的过程中，研究者需要明白哪些论理词是用来进行解释的，即用来思考教育问题的，哪些是需要解释的。研究使用的概念或语词可能仅仅是解释的对象，即被研究的对象，而不是用于思考的概念。陈嘉映说，我们用来思考问题的概念，或者用来进行诠释的概念是更重要的。(参见陈嘉映，2011a)[122]我们去解释或思考有关问题的论理词，这是对问题或思考对象的进一步把握，如果不使用这样的词语，我们就无法进一步分析道理。当我们用“培养”“成人”等词汇解释“教育”的目的的时候，我们已经在进一步认识或规定教育了。“知识”是一个总名，进一步解释它，我们可能要运用认识、看法、理解、知道、认知等语词。所以，我们有必要理解概念之间的这种亲近关系。

我们可能运用汉语传统中的概念或语词来思考和表达教育问题，我们也可能运用移植词（从其他语言中移植过来的概念或词语）来思考我们的问题。我们不要轻易以汉语传统来排斥移植词，而是要看概念所具有的解释力，如果移植词具有更强的解释力和针对性，那就需要使用移植词。有一些词语或概念具有非常强的解释力，就研究而言，运用更具有解释力的词语会带来研究的新观点。

另外，与进行解释的概念一样，我们在研究中必须明白我们所讨论的概念或语词，如“教育”“教师”等。我们讨论一个概念，是要看其中包含的道理。我们可能运用一些概念来讨论一个概念，这是研究常常使用的办法。讨论“权威”可能会运用“权力”，对“自由”的讨论可能会使用“纪律”，等等，这些具有相关性的概念可以进行相互解释。“童年”是一个需要讨论的语词或概念，我们可以运用“童稚”“童心”“童真”等概念来对其进行解释；“时间”可以用“现在”“过去”等进行解释。

有些概念具有较强的理论负载，如“教育民主化”这个概念本身负有理论，“生活德育”背后也具有理论，“课堂教学”由于所指明确，理论的负载就不一定那么多了，而“有效教学”或者“有意义学习”可能就负载着非常复杂的理论。

学术研究中新的论理概念很多。新的语词的使用意味着新的现象、新的现实、新的问题，需要新的解释系统，新的解释系统可能需要新的概念。但是，新概念、新词语可能使得理解产生困难。尽管有困难，但有时是必要的。当然，有些研究故意滥造语词，运用的词汇拗口难懂，故意显示某种“理论深度”，这是不可取的。因此，从另外一方面来说，日常语言也有深刻的道理。研究本身应当尽量使用普通语言中的常用概念，许多常用概念可以用于研究，可以用来解释概念，可以概念化。如，汉语中的“教益”一词，就是一个非常好的教育学词汇。

研究应当尽量使用语言传统和知识传统中的平常概念，尽量少用难懂的深奥词汇，尽可能避免自己生造概念，不要把话说得古怪。以简单的语言，讲述深刻的道理，这才是运用概念、运用语言说理的高明之处。

6.2 概念分析

> 人们不应当把形成概念、类、形式、目的、法则等的这种需要，理解为似乎我们能够用这些东西来确定真实的世界，而应当认为这是为我们建立一个能使我们的生存成为可能的世界的需要，我们就此创造一个对我们来说可以测度的、简化了的和可理解的世界。
>
> ——尼采

按照哲学词典的解释，概念分析就是运用逻辑方法以澄清概念意义的活动。它力图发现组成一个概念的要素和这些要素是怎样相互联系的。它也陈述概念之间的某些关系，以及给定概念之运用的充分必要条件。概念分析因此不是分析词义，而是澄清概念的意义，不是考察某个词的含义或用法，而是考察我们如何理解概念，如何理解世界。(参见陈嘉映，2011a)[63-65]

陈嘉映把概念考察或概念分析看作是论证的一种重要形式，而且是强论证，而不是像类比那样的弱论证。这是因为语言本身蕴含着重要的常理，向我们显示了世界是怎样被理解的。我们使用“教育”这个概念时，总是在这个概念中注入我们对教育的理解。所以，当我们问“教育是什么”的时候，我们其实是问“教育”整个概念凝结在语言中的道理与意义，即我们是如何理解“教育”这个概念的。我们不是通过研究教育现实中的事质而说明教育，我们是在概念上理解教育，即在概念层面上理解、考察作为道理的教育，也就是在道理上（*de jure*）说教育是什么。

研究用概念进行认识、论证，在道理上说意味着讲这个概念或这个事情的纯粹道理，可以不顾现实的现象是怎么回事。如，我们根据现实中发生的各种各样具体的学校活动而说道理，与我们根据纯粹的“教育”这个概念而说道理是不同的：前者可能是根据事实的现象引申出某些道理，而后者是根据概念所包含的意义进行必然性推理，分析这个概念的必然道理。概念是语言交流共同体中指陈实在对象的意义形式。我们用概念指陈实在，并形成一种理解概念的相互性，形成关于这个概念的道理的共通性，即我们共有概念，分享意义，分享道理。一个概念总是具有我们共享的贯通一致的道理，如“教育”这个概念，我们不可能把训练动物看作是教育，也不可能把教唆看作是教育。这就意味着就“教育”这个概念，我们人具有一定的、共享的一致义理。没有概念的这种公共性，没有概念所蕴含的道理和意义，我们就无法相互理解，也无法理解实在。概念使得我们的清晰思考和明确表达成为可能；使得我们把认识世界的经验组织起来，形成意义系统；使得我们那些产生多重分歧的意见具有了以概念为共同基础的交流或理解的可能。没有概念，我们就无法理解世界，无法交流，无法形成经验，更无法开展深度的研究，也就没有办法形成思想。教育研究要运思、要判断、要分析、要表达，都得使用概念、发展概念，在概念的层面上分析、想象教育现实或教育实在。

概念是意义形式。我们用概念去说我们的关于世界和自我的经验，或者说，我们用概念去理解经验中的世界与自我。任何一种模式的教育研究，都是运用概念来组织研究的，都是用概念或概念框架来分析研究问题与实在的。研究也可能发展一套独特的概念框架，去分析、阐明、表达研究的问题。这样独特的概念体系往往构成独特的研究框架，形成看问题的独特视野，并且也建构出研究者独特的研究结论。如，批判教育学用“意识形态”“权力”“阶层”“控制”“霸权”“解构”等概念形成的概念框架，分析教育现实，提出了独特而富有意义的见解。

石中英在《教育学研究中的概念分析》一文中提到了概念的日常

用法分析，如定义分析、隐喻分析、条件分析、词源学分析、跨文化分析等。（参见石中英，2009）这些分析方法都是可取的，都是针对概念本身进行的。陈嘉映所称的概念考察，通过区分事质研究与概念研究而说明哲学的独特的研究方式。他所谓的概念考察，是运用语言的逻辑来说道理，或者说是在概念上说，在道理上说，即运用概念来说道理。所以概念分析或概念考察，其实就是把一个概念看作是主题，通过考察其意义关系而说明概念能够说明的道理，从而说明我们是在这个道理上理解概念的。“进行概念分析的目的是找回（retrieve）、确定（determine）或获取（capture）概念的内容；怀着这些希望，我们这样将能学习到概念所指事物的本质方面有意义的、重要的或本质的东西。”（科尔曼，2006）[227]

从研究进行辩理的角度而言，对概念进行分析的基础而简单的方式，就是指出概念的适用条件，比如充分条件或必要条件，等等。这可以是概念的条件分析。任何一个概念，不论是具体的还是抽象的，均有其适用条件，或者说，概念是在某种适合的条件下使用的。这些适用条件反映出概念所表达的现实的相关情况。

在研究中，我们所用的概念不是孤立的。我们必须寻找概念之间的关系。① 有一些概念必须在相互对照的二元关系中进行分析，因为这些概念只有在对照中才显示其意义，如，“教”与“学”，“物质”与“精神”，等等。这些概念的存在本身意味着对照方的存在，如，因为精神的存在，物质才显现其意义。我们也需要在概念的参考关系中明确概念的意义，如，研究“教育公平”的概念，就必须研究“教育平等”，还会研究“正义”，如果我们不做这样的关联性分析，一个概念的含义或道理就是无法确定的。我们也需要在对立的概念关系中研究概念的意义，如研究民主的教育，就需要分析专制的教育。

---

① 我们不能以同义词来对概念进行定义，用同义词来解释一个概念，属于同义反复，也就是循环定义，不能达到解释概念的目的。

概念可能具有家族相似性，可以相互说明。我们运用日常语言中具有家族相似性的概念来对大概念的意义进行理解，如，在理解“教育”这个概念时，我们试图通过“培养”“培育”“唤醒”“启发”“启蒙”“提升”等来说明，从而显明“教育”一词不同层面的意义。这些具有家族相似性的概念包含着常理，我们运用这些概念中的常理，说明“教育”一词所包含的丰富道理。我们甚至用“灌输”“洗脑”“教唆”等来说明“教育”概念的否定或反面意义。

用概念关联的方式来进行概念分析，相关的概念就构成了一个分析的网络。我们通过冲突、对比、强化的方式把我们所使用的概念与其他一些概念联系起来，从而发现意义上的差异或道理上的差异。这样的分析方法在研究中是常见的，如研究“教育自由”，必然要通过与之冲突的概念“教育强制”来进行分析，我们也可以对“教育权力”与“教育权威”进行区分并做对比性的分析。又如，要理解“心灵”，我们可能就得理解“身体”这一概念。

功能分析也是概念分析的一种重要的理论化方式。功能分析是指我们为什么需要这个概念，这个概念是为什么服务的。概念的功能分析主要是看概念能够占有的逻辑或意义空间。如，我们在教育研究中可能使用“教育均衡发展”的概念，这一概念所表示的对象是教育投入、学校发展的均衡现象。但是，如果我们要研究教育中的教育公正、教育平等问题，“教育均衡发展”就可能不适用，而“教育公平”“教育平等”等概念能更好地为我们分析这个问题服务，或者说，我们用“教育公平”“教育平等”来分析教育中的人际教育平等的问题更合理。指望用“教育均衡发展”来指陈“教育平等”，就可能遗漏教育平等所涉及的阶层性、控制性的歧视问题，也可能掩盖“教育平等”所包含的“身份和道德的平等”等内涵，这样，用“教育均衡发展”的概念来分析教育不平等的问题，明显是适用性不足的。

在研究中，如果要具有独特的视野，我们就需要构建一套概念框架或者是概念体系，来帮助我们理解问题，帮助我们分析、论证和表现问题或提出观点。运用不同的概念框架，我们发现的问题和提出的观点就不同。需要说明的是，我们并不是任意地建构概念框架，事实上，当我们建立分析框架的时候，我们已经具有了概念框架与分析对象之间相关性的理解；我们也不是把不相干的概念放在一起形成概念框架，而是根据对象及概念之间的关联性而建立分析框架。当然，我们也常常分析我们自己的概念框架的合理性，这是我们的研究必须做的。

框架概念和概念框架是不同的，针对某个领域或某个问题，框架概念是相对固定的，相当于范畴，即我们不得不用这个框架概念去研究某个问题，否则我们就无法针对问题。而概念框架是我们建构的一组独特的分析某个问题或实在、现象的概念工具，针对这一问题域，不同的研究者可能运用不同的概念框架，从而研究的视野与提出的观点会不同。使用概念框架往往是在框架概念背景下的，也是在问题背景下的，我们不是随意地使用某些概念构成框架来分析问题的。如，我们要研究“作为微观社会的班级中学生的人际交往模式”，针对这一问题域，我们可能必须运用社会学的基本框架概念来分析，如果不用，我们就无法触及这一社会学问题。在此基础上，我们可以运用一些特殊的概念框架来进行研究。我们可以用“阶层”构成概念框架，可以用“权力”构成概念框架，当然也可以用其他的概念框架。

我们必须明确一个学科的框架概念，即一个学科的范畴体系，也必须明确研究一个问题所需要的框架概念，即概念的适用性。可见，概念具有针对性。以研究“学前儿童的学习活动”为例，我们必须在哪些框架概念的范围内进行研究？这是我们必须考虑的问题。一个具体的研究议题有其特殊的相关框架概念，我们只能运用具有针对性的框架概念才能真正地触及和深入问题的实质。就“儿童的学习活动”这一研究域来说，我们一定要在儿童期的“学习”这个框架中建立概念框架，如“模仿”“想象”“游戏”等，以此来分析儿童的学习活动。所以，研究最为重要的是找对问题域的框架概念。

对于一项研究而言，掌握框架概念是基本的学术素养，而针对问题的独特性而建构独特的概念框架是更高的学术水平，往往反映了独特的思想方式，是研究者具有创造性的表现。从一定意义上说，概念框架反映了独特的分析和论证范式，或者就是独特的研究范式。知识和思想领域的革命或进步，往往是基本的概念框架发生了转换，从而形成新的问题域、新的概念分析工具、新的思想观点，这其实就是范式的革命。当然，框架概念也是会发生变革的，那就意味着新的领域的产生，或者学科的拓展。

我们建立的概念框架往往是一套思想体系。我们是在人类的思想传统上思想的，是在思想的不同脉络中建立概念框架的。比如说，思考“教育的公共性”，我们是在社群主义还是在自由主义的思想脉络中，这往往是我们形成不同的概念框架的源头。又比如，研究“儿童的道德学习”，我们是在“义务论”的还是在“目的论”的框架中，或者是在“德性论”的框架中，所得出的研究结论是不同的。我认为，这超越了在某个意识形态的框架中思考问题。如果是在意识形态的框架中，那我们可能处于排斥其他立场的某个独断的立场，我们的思考和分析难免会遮蔽许多问题。建立概念框架是我们探究问题的组成部分，因为我们试图寻找表达和说明问题的恰当、合理的方式，使自己的思维过程及思想清晰化，并得到合理性的论证。在必要的时候，我们也修正、放弃分析某个问题的概念框架。这意味着我们并不是像信奉某个意识形态那样固守成规，概念框架只是我们解释或显明问题、道理、理由、意义的工具。

我们也可以研究不同的概念框架及其分析结果，因为尽管不同的概念分析框架的解释体系不同，得出的结论不同，但是，每一种分析框架可能都存在一定的盲区，比较和分析不同的框架，就可能看出我们的解释体系遗漏了什么、忽略了什么、过度解释了什么，这对我们改进概念分析框架具有重要的意义。

研究在运用概念或概念框架进行分析的时候，必须考虑它们的合用性问题。维特根斯坦在《哲学研究》中不仅提出了“家族相似”的思想，还提出了概念的合用性及合用度（limit of usability）问题。概念的合用性优先于其精确性，也就是说，真正合用的概念不是在绝对意义上多么清晰和精确的概念，而是相对于概念所生长于其中的语言游戏和生活形式而言足够精确、清晰的概念。一个概念的合用度是该概念处于合用状态时的最恰当的精确度，而非绝对意义上的最高精确度。如果一个概念具有最高的合用度，我们就认为它的清晰度或精确度正处于一个相对的最佳点。（参见陈常燊，2010）

6.3 教育研究的规范语句

教育作为实践面临着一个根本的问题，即它的状态与品质不是维持或恶化，就是创新或变革，不变革即恶化。所有实践都在人的观念与行动的品质中涨落，创新、向善意味着进步。这就意味着，教育实践的自觉性总是要创造可能的教育，否则就不得不维持现实的教育，甚至使现实的教育变得更糟。我们不仅负担着一个现实的教育，我们还要承担一个可能的教育。现实的教育的确是复杂的，但已经成为事实，可能的教育却是未知的、尚待实现的。现实的教育固然重要，但是对我们来说创造可能的教育尤为重要。现实的教育总是有缺陷的，我们希望克服这些缺陷，因此我们变革，期望可能更好的教育。教育研究因此具有一个特别重要的使命，那就是想象可能更好的教育，想象在一个可能更好的社会和可能更好的世界中的教育，甚至想象为了一个更好的社会和更好的世界的教育，为此，教育研究为可能更好的教育实践提供指示性的判断、规范和原则。教育研究不是仅仅认知和适合现实的教育，更重要的是为可能更好的教育提供思想服务。

假如我们期望创造一种更好的教育，而不是更坏的教育，那我们就需要对现实的教育进行价值判断，也需要对可能的教育进行价值判断，我们必须设想一个与现实世界不同的可能世界。可能世界可能是多重的，但是只有价值应然的好世界才是我们所期望的，我们期望实现的可能教育是应然的教育，我们期望一个更好的世界是应然的世界。“应然”不是来自哪个研究者上帝般的“你应当……”的话语，也不是来自哪个统治者的霸权话语的命令，而是来自真正好的教育本身，或者是来自教育本身的完善形式。教育研究的重要内容就是探究可能教育的“应然”及其正当性理由，分析可能的“应然教育”的理想、形式、原则，等等，这可以说是为教育实践立法。

有的人把不讲道理的独断话语与这种基于理性检审的规范性探究（价值判断）混为一谈，其言外之意似乎是教育研究不能够为现实的教育提出“应然”，觉得试图为实践立法是研究误区。（参见程天君，2007）我非常赞同对那些独断论的指令和话语的批判，但我不认为规范性研究都是犯了学究谬误，或者都是独断论的。我认为，关键是看教育研究怎样为实践立法，以及立的是怎样的法。一味地排除教育研究中的价值判断和价值立法，无疑也是独断的，也会扭曲教育研究本身。一味地否定应然，就会排除对本然好的可能教育的认识和理解。

教育研究具有规范性的一面，这是教育实践的价值性和意义性所决定的。事实性的教育研究也许仅仅说明或描述某个事实，得出的是描述性结论。但是规范研究不是以说明事实为目的的，它必须以规范性的方法来为应然提供理由，揭示理性真理（规范性真理）。规范性真理恰恰是针对实践的理想、本质形式、规范原则提出的必然性知识，如理想、目的、标准、原则都揭示了应然，即应当做到或实践的价值。规范性真理，毫无疑问，对于实践及实践者发出了召唤、启迪与邀请，要求实践按照理性真理所包含的理想、应当、规范去建构可能更好、更有理由去创造的教育。这不仅是研究必须承担的，也是研究可以去做的事情。

在实践活动中，应然是一个非常重要的道义概念，不仅指向实践目的的正当性，也指向对正当性的追求。由于目的、内容和方式等在价值上都是正当的，因此是“应该的”。应然是相对于正当而“应然”

的，因此应然是追求更完美的、更好的事情的行动。应该的行动具有向善、为善的倾向，应该的事情是正当的，是善的。应然给出了一个可能的行动，或者可能的状态、可能的世界，给出了追求应然的应当行动，对一个自由的行动者发出了依据正当的应然而行动的邀请或要求。

教育实践中以应然形式出现的规范（原则、准则和规则），也具有和标准、典范等一样的用法，也就是说，规范对所规导的行动具有评价意义。行动或行为的规范在一定意义上也是行动或行为的标准。一项制约和限制教师的行为的伦理规则，同时也是评价这个教师的行为的标准；教师人格的典范，作为教师专业发展的应然，同时也是评价一位具体教师的品格的根据。所以，教育实践的规范原则，实际上也是评价教育活动、行动和行为的参照体系。

教育实践的各种规范（原则、准则和规则）可以分为构成性规范和调节性规范。构成性规范对于行动具有构成性，或者说，一个行动之所以存在并进行，是由于其对构成性规范具有逻辑依赖性，没有遵循构成性规范，就意味着违背了行动的本质，所以构成性规范是行动不可或缺的，如，象棋游戏中的一些规则就是下棋行为存在并得以进行的构成性规范。构成性规范提供行动之基础。调节性规范独立于行动，只对行动产生调节作用，对调节性规范的违背不可能改变行动的本质。构成性规范是行动或行为的基础，而调节性规范是行动的调节。(参见米尔恩，1995)

教育研究必然涉及包含“应该”“允许”等规范原则的推理，或者说，教育研究必然包含国家、学校、教师等教育主体“应该怎么做”(ought to be done）的问题。这是因为教育是实践行动，必然包含着规范原则。换句话说，教育实践作为道德性实践之一，其根本标志就是由道德准则、原则或伦理规范所规导，是实践者通过规范推理而自我立法的，同时也是通过实践理性的判断在具体情境中根据原则而采取行动的，原则因此赋予行动合理性，赋予行动善的价值与意义。如果教育实践没有原则、准则或规则，或者实践者不相信教育实践存在任何形式的价值原则，那么，教育实践就是没有价值约束或没有道德评价的，教育实践及其具体的教育行动就可能是无根据的、不合理的。

规范和原则往往是以“应该”“必须”这样的词语表达的。价值应然、道德原则、行动规则等，都是以规范语词的形式表达的。虽然许多人可能不喜欢这样的语词，但是，教育的规范性研究必然包括这样的语汇。实际上，这些词都是模态词，表示可能性和必然性，它们是现实生活中人们作为行动主体为表示行动原则而使用的语词。“应当”构成的语句是价值语句，因为“应当”或“应然”的行动是正当的、好的、值得做的，包含或表达着价值。正因为是价值语句，所以其发出的命令或召唤对行动者来说是一种义务，正当的事情是有义务去做的事情。

价值语句，也就是道义语句或规范语句，它们在研究中是存在的。[①] 既然规范推理在教育研究中是存在的，也是有必要存在的[②]，那么，教育研究就不可避免地会使用价值语句（规范语句、道义语句）。这种语句的基本功能不是提供描述性信息，而是去规定、建议或指导，去提出指示性的规范，因此这种规范在它不传达任何描述信息的时候也有意义。（参见黑尔，1999）这种以“应当”形式表达的语句，其实也可以看作是真实的，或者说是可施与的。

既然教育实践事实上存在规范，那么教育研究就要研究规范的合理性以及规范的表达。可能在许多研究者的眼中，“应当”仅仅是一种态度或者一种权力的表达，是一种来自某种权威的“命令”，而不是教育实践本身所规定的，仅仅表示了某个人的情感或态度偏好。规范语

---

① 行动规范、伦理规范是以道义句形式表达的，道义句是一些道义词（如“应该”“务必”“必须”等）与关于行动或事态的描述结合而成的句子，如“教师应当尊重每个人的人格”。

② 道义逻辑是20世纪50年代兴起的逻辑学研究，主要以“应当”“允许”“禁止”“承诺”等表示义务的词进行规范表达的推理形式与结构为研究对象，检视法律、道德等日常生活领域中的规范推理的有效性。

句被看作是不承担真实判断的情感语句，价值判断、规范设定不过是人的偏好随意规定的。这样的观点把实践行动看作是非理性的，把经由对行动的慎思而提出的道德原则看作是情感意向的表达，把对行动本身的规范推理所得出的结论看作是不真实的。这种观念会导致人的实践行动成为没有普遍规范规导、由个人偏好所决定的草率行为。实际上，在语言事实中，我们常常进行伦理规范推理，而且这种规范推理也是基于行动本身的，具有正当性、真实性和普遍性。基于实践的充足理由律，我们有必要确定教育中的制度行为或实践行为是好的，或者是正当的，从而召唤实践者应然的行动。

当下的教育研究过分强调事实研究和实证研究。事质的实然研究的确是判断事实的重要依据，但是，就人类的实践行动而言，我们也需要对我们行动、生活、存在的价值性进行判断，对我们的价值取向进行判断。规范是评价我们的行动的普遍性准则，理想形式、价值、判断标准、伦理原则、道德命令是客观存在的。我们常常针对自我、人生、政治、教育等实践行动而形成理想、规范、判断标准等，它们是否是合理的，是否是正当的？一项道德命令对于人的行动如何是正当的？教育实践的原则如何是合理的？教师行动的“应当”或“禁止”的合理性何在？这些问题都是研究所要针对的，而事实研究对这些问题的回答是有限的，只有规范研究才能有效地回答这些问题。

原则、理性、标准、规范、规则的存在，并不说明符合规范、理想、价值标准的行为必然存在。人的行动和实践因为其自主性而具有偶然性，也就是说，人可能因为这样那样的原因没有践行他应当做的行动，没有遵守他应当遵守的规范。正是因为这种越轨和失范的可能性，提出规则、规范、原则、准则才是必要的。行动的主体确实拥有遵循或不遵循规则、准则（maxim）或原则（principle）的可能性，一项实践行动之所以由规则、准则或原则所规导、所评价，恰恰就在于存在这种可能性。（参见苏波特尼克，2003）[43]教育研究并不能因为行动主体不遵守某些规则而认为这些规则是不合理的，或者认为规则是没有意义的。规范说明行动的合理性，而不是说明行动者的行动原因。合理不合理是在规则本身的理由层面上说的，而不是在行动者采取行动的动机层面上说的。规范不是行动的原因，仅仅是行动的理由或标准。援引一项规则以说明行动的情形，实际上是以原则作为理由来说明行动的合理性。

规范研究包含着实践推理，或者说，规范研究是针对人的实践活动与存在的，因此是实践推理。实践推理旨在指导行动。实践推理为规范性命题寻求合理性基础，从而为正确的行动寻求正确的理由。实践行动包含着一种趋向，就是去适应实践推理的规范和标准，而不是让实践推理的结论去适应现实的事实现象。我们通过解释、分析和确定教育行动要达到的目的，分析教育实践的应然形式，确证教育行动的原则，等等。我们不单单是为了认识规范或价值，而且也是为了行动本身。我们对一个行动的价值判断，其实意涵着我们从事这项行动的理由；我们提出的一项行动的规范或原则，其实意涵着通过确定“应当”“允许”等表示规范或禁止、建议或警告的原则，来指导行动者进行正当的行动。这种规范指导仅仅来自规范性的合理性、正当性和真实性，而不是任何现实主体的主观臆想或偏好。

教育的规范性研究试图确立的是普遍的义务（道义），而不是局域性的道义。普遍的道义是面向所有的可能世界的，而局域性的道义规范仅仅是面向一定的现实世界的。普遍的道义论研究因此面向的是必然性的探究，必然性知识在所有的可能世界中为真，而经验性的偶然知识在现实的经验世界中为真。很多人不承认普遍的规范、原则和标准的存在，但实际上，普遍性，即面向所有人，恰恰是规范、原则的特征。按照维特根斯坦的说法，不存在私人规则那样的东西，一项行动的规则如果仅仅是某个人的，那就是没有规则。（参见维特根斯坦，2009）[120]

教育研究具有认识教育实践的各种规则、规范、原则的任务。这就意味着教育研究的语言必定会表达规范语句，或者说，教育实践的规范体系、价值体系和应然体系是教育研究所探究的对象和结果。当然，教育研究探究教育领域中的各种规范、原则、标准等，是以辩明道理的方式进行的，目的是显明各种规范、原则、标准之所以有道理的理由。它不是直接让读者掌握这些规范、原则等，而是通过显明道理让读者知道为什么是这些原则，它们的道理和意义何在，为什么教育行动在不同的范围内需要这些规范和原则的规导。在这个意义上，教育研究包含着规则、规范、标准、形式等的证成。这种证成的过程当然包括实践意图：被证成的原则、规范等，是真实而正当的，是值得遵循和实践的，也是应当遵循和实践的。所以，被证明为正当合理的规范，意味着对行动主体的召唤。经过证成的典范、标准、应然形式、原型、理想等，产生要求、责任、义务、权力等，它们是我们用来评价和指示实践行动的规范体系，没有这种体系，我们就根本无法进行实践行动。因此，规范性的教育研究所建构的这种规范性-评价性的标准体系，是我们从事教育实践必不可少的。

6.4 学术研究是公共交流

> 写作是发现的艺术，是一种发现自我和世界的方式。在写作中，我们体验着运用中的语言，体验着我们怎么用言辞的世界表达存在的世界。……这个言辞的世界不能精确地、完整地捕捉被研究的世界，但我们坚持不懈。
>
> ——理查德逊：《故事创作：表现人性》

学术是公器。这不仅是指学术研究为公共福祉和公众服务，也是指学术研究是一种公民交流各种真知灼见的方式（civil communication）。研究者因此是公言者，他的研究是为了求真，他的任何研究成果不是简单地为了发表，而是为了交流观点，辨清道理，促进对问题的认知或理解。学术研究的公共交流是为了在更大的范围内理性地检验研究的结果。这是学术研究追求真理不可分割的重要组成部分。

任何一个研究者，都不可能是全知的，也不可能是全对的。在某一领域中最资深的专家也可能犯错误，他的主张有可能是不合理性的。因此，研究为了求真，就必须交流思想、辨明真理、融通真知灼见，从而更新经验，拓宽理解与知识，改变不正确的观念与主张。这意味着研究本身需要研究者具有一种公共的、不偏不倚（impartiality）的求真品质，意味着研究者必须以理智的精神对待自己的论点，检验自己的研究主张，也以理性的态度检审公共交流中的任何观点和主张。

研究是在一个互动共同体中发生、进行和完成的。这个互动共同体不仅是指由研究者组成的学术共同体，也是指能够参与批判性论辩的每一个人所构成的交流共同体，以及一个使用语言、共享语义、共享真理的语言共同体。对于教育研究而言，思想着的每一个人都是可以参与批判性论辩的人。研究的有效性因此也是针对思想着的所有人的理性的。正是因为交往或解释共同体的存在，正是因为语言本身属于交往共同体共有的意义系统，研究成果及其结论主张的意义有效性才能够得到证明。合理性的论证、观点都是在这样的交往共同体中被理性地判断的。研究提出的思想、知识、观点是在与他人的交流和分享中，不断得以改进、丰富、反思和提升的，思想只有在这样的交流空间中才有可能产生。在交流空间中，人们理性地提出自己的研究观点，接受质疑，自我反思，传播影响，拓展可能性。这一点是研究者无法选择的，因为交往共同体是先在的，研究者无法站在语言之外，作为“一个论辩者，他总是隐含地承认了无限的批判性交往共同体这一前提”（阿佩尔，2005）。

研究发表成果意味着学术研究是公共性的对话，而不是简单地表达个人看法或态度，或者显示自己的学术成就。对话是为了检验研究成果的有效性，学术共同体是一个共同追求真理的对话交流的实践体。共同体的检审恰恰是为了拓展或加深对问题的认识。研究的客观性在于它具有主体间性，并为人们所共有。

从研究的公共性来看，研究的语言运用是研究过程的一部分。从一定意义上说，语言不是记录研究成果的方式，而是研究得以进行的方式；写作不是把研究成果写成文章出版发表，而是运用语言的公共性和普遍性意义，把证据、理据与主张联系起来，辩明关系和道理，从而使研究的结论建立在坚实的理由之上。研究语言的真实、理性、充分，说明或展示了研究主张的坚实、理性和充分，也说明了对实在的认识的可靠性。① 正如奥斯汀所主张的，我们语言的敏锐性提高我们对语言以外现象观察的敏锐性，尽管前者并不主宰或者建构后者。（参见苏波特尼克，2003）[7]

我们可能仅仅把语言作为一种必要的工具，认为它外在于研究过程，可以随意使用。其实不然，语言是内在于研究的，我们必须根据语言本身的存在使用语言。语言使用的方式不仅仅是研究所要求的，也是语言本身所要求的。一项研究要做得好，就必须把三个方面结合起来：一个是研究本身，一个是语言本身，再就是研究者本身。研究要按照研究事物本身选择合理的语言表达方式，按照语言本身的要求使用语言，把二者结合起来，再寻找带有研究者自己风格的最好的句子。

我们也常常认为语言是有限的，觉得它不能充分表达我们对世界的感知或领悟。语言可能隐藏了一部分意义，或者说语言总是遮盖着世界的一部分，不可能把世界完整地表现出来。实际上，语言不能充分表达我们对世界的感知，是因为我们对世界的感知方式是多种多样的，远远大于语言的显性表达。我们对世界的认识，远远小于世界本身的实在，所以，语言所能表达的世界的确非常有限。但是，因为研究的目的在于证明某个观点或主张是真实的、正确的，因此在研究使

① 语言凝结人类的基本道理，或者说，道理通过语言而显明。道理必须道明，必须说出来，即说理，也就是说，道理以论证的方式显明出来，贯通了。这不仅仅是说，我们共享语言，而是说，我们人能够在共享语言的道理的时候相互交流、相互理解，我们彼此能够相知，并且彼此能够辩理。（参见陈嘉映，2011a）[62]

用语言的过程中，研究者需要尽量清晰地表达自己的研究主张及其论证过程，避免语言使用过程中的含糊、空洞和肤浅，避免歧义谬误，语义要清晰、深刻、明确，以准确地表达观点和主张的意谓。因为研究语言承载着对新的认知、深刻的道理的表达，因此语言的准确性和意义的紧致性，成为研究使用语言的标准。

6.5 修辞是为了说理

如果你认真要说，
何必追求辞藻的雕琢？

——歌德：《浮士德》

科恩认为对于一个论证的好坏，要用逻辑标准、修辞标准和论辩标准来考查。（参见 Cohen，2001）论辩标准必然涉及思想、知识、道理的实质，而逻辑标准涉及论证的有效性。修辞标准作为一个不可分割的评价坐标，衡量着学术研究的交流语言。

文章的修辞不是运用华丽的语词、糊人或唬人的说法、动情的语气来打动人，或者来谄媚人。真正的修辞是说理的，因此是辩理的组成部分。亚里士多德说，辩证方法是找寻真理的要素，修辞方法是交流真理的要素。（参见亚里士多德，2005）修辞不仅仅是文学文本的事情，其实也是研究文本的事情。学术文章的法宝，就是逻辑与修辞。而修辞不是修饰或装饰文字，而是以正确的方式讲述正确合理的思想。正是借助修辞，我们才能理解人类的行动、思想，包括学术。我们阅读那些文字功夫扎实、说理技艺细致、思维境界深远的学者的文章，可能会感受到他们对论著的精雕细刻，感受到他们语言的语力。

学术研究的表达就是思想，我们只能以语言来探究、讨论、交流思想。语言的形式不是学术思想的外衣，而是身体本身，语言使得思想有血有肉，使得思想存在。伽达默尔继承了柏拉图的思想，认为修辞学是以善为目的的，是以辩理的方式显明什么是真正的善。与善无关的修辞，只是考虑怎么迎合别人的情绪和意见，或者说，仅仅表达意见而不表达真理的修辞，只能败坏人们说话的方式，只能说明语言的腐败。修辞是公共的，所使用的是共同的语言，处于共同的语境中，在良知的共通性中辩理。因此，修辞是为了思想的，或者是共同思想的必要方式，修辞学推进研究思想及其交流。（参见伽达默尔，1988）

修辞学当然与语言的美相关。语言的美不是简单地指辞藻华丽，而是指对思想的表达力，其实也是揭示和解释真、善、美的力量，即是一种显明力量，一种启明的力量。①研究文章的修辞就是把真正合理的观点以合理的方式显明出来，显示真理的力量。虽然研究的语言表达追求意义的具体、明确、确定，但这并不意味着语言一定是干涩的，风格一定是僵硬的。学术文章的美感与它的说理可以并行不悖。这就意味着学术文章的修辞是人文研究的功夫之一。

学术文章如何展现一种美和力量？这要看文章的境界和气象，没有境界和气象的文章没有美感。如果没有焕发思想的精致和学术的大气，没有透视现实的深度，没有把握自我和世界的理智穿透力，没有公正、审慎思考的理性，没有那种灵性闪现的智慧，没有那种彻底、准确、得体、合理的表现力度，没有旁征博引的知识修养，没有追求真理的理想境界，没有简明扼要、条理清晰的文风，文章是很难优美起来的。

文章要优美，要修辞，并不等于文字花里胡哨、拐弯抹角、故弄玄虚，花哨的词句往往是为了掩饰思想的贫乏。很多文章玩弄辞藻，好像有高深学问和复杂思想，其实是语言累赘，词不达意。那种“修辞”是对语言的伪饰或滥用，带来的是语言的贬值。阅读有些研究文献，丑陋、臃肿、不精确的语言接连不断，这其实也是产生错误的观

---

① 在这个意义上，修辞学与教育是分不开的。在希腊传统语言中，教育（*paideia*）指向自身的美，也就是使得自己美丽，这就意味着自我塑形。这一过程其实就是运用语言而分享美，使得自我塑造成为可能。

点与思想的一种表现。（参见利奇，1987）语言的扭曲反映的是错误的思想范式。那些辞藻华丽但意义空洞的学术文章，其实是粉饰语言，而不是运用良好的语词说理，并不是真正的修辞。

修辞是为了更好地辩理，而不是为了装饰文章。修辞学是健全、正确推理的技艺。柏拉图把辩证法和修辞学看作是招魂术，这是指修辞学是追求真理的，是辩理的，是求真的，而不是谄媚或媚俗的。这样的修辞学或论证的文字是个人的心灵对话，或者是与自己的对话，或者是与他人的对话。它就像是融洽的师生之间的对话，是一种依据共同理性而对心智的发展，是依据真理而对真理的追索。修辞学不是追求语言的华丽，从而迎合人们的口味，而是理性的绽放。它让对话者感受到理性的吸引和喜悦，感受到共同思想的飞跃和提升，让人能够看见理性的火光在对话中闪耀，使人的心灵被辩证法的理性和优美所照亮，让理性的秩序成为心灵和谐之魂的基础。修辞学是以真理之爱让心灵经历理性之光的沐浴，从而让理性成为心灵的指导。这就是招魂术——辩证法和修辞学的意义。

所以，修辞是讲究文德的。清代学者章学诚用“文德”一词说明文章的写作要有道德。研究的文章是对真假、是非、善恶、对错的表达，文德就是在这些方面要有光明磊落、正当合理的说法，是非界限分明，不可失理，不可失气，也不可失情。他说得极有理：“夫文非气不立，而气贵于平。人之气，燕居莫不平也。因事生感，而气失则宕，气失则激，气失则骄”，“文非情不深，而情贵于正。人之情，虚置无不正也。因事生感，而情失则流，情失则溺，情失则偏”。（《文史通义·史德》）文章写作要心平气和，客观地考虑问题，要是非分明，不能有偏见，不能有私心。如果文章有了私心和偏见，就难免偏激、虚骄、尖刻、造作；狭隘了，也就失理了，脱离了道理。周振甫说，有了私心，文章就气不平，情不正，这样的文章就离开了思想表达的正道了。（周振甫，1983）试图通过文字而取宠于人，或者流芳于世，都是写作者具有私心的表现。（参见朱高正，2010）

学术研究要讲究运用语言的艺术。这是因为，交流、表达、分享学术思想是学术研究的组成部分。学术语言深刻、细致、意义明确清晰，没有空洞笼统，没有片面偏激，才能显示学术思想的道理与意义。适当、准确、优美的语言更能够表达学术思想。这就意味着，学术论著的语言不能粗制滥造，不能扯淡。好的学术论著在运用语言的过程中不仅准确，而且很优美。但是，不少当代的著述者都习惯性地不认真对待自己的语言，不去关注语言的简洁、得体、优美、细致、深刻，不去关注言辞达意。有的文章生硬、僵化、刻板、粗糙，有的文章巧言取宠、伪饰、夸张、言之无物，这两种都不是真正的修辞。

做学问，就是要立言维谨，也就是说，深思、慎思、谨慎地言说，是思想的本然品格。学术研究虽然追求真理，但研究的表达往往具有个人风格，从而使思想表现出个人的精气神来。语言的修辞使求真的学术思想表达转化为一个人独特的、内在的学术气质，这是他人无法模仿的。学术文章寻找到自己独特的语言运用方式，才让人看到独特的思想方式和独特的精神内涵。

学术文章也是心灵的作品。① 真正的心灵作品是虔敬的心灵对实在的真实、有益、高尚、审慎的表达。一支唯利是图的笔下产生不出任何刚劲伟大的作品，写得多不代表写得好。只写良知与实在召唤自己去写的文字，这是研究者作为求真者寻求表达的方式。体会学术的庄严和高远，体会学术和人格的相合与砥砺，把自己的学术研究贯穿到心灵之中，从中可以看出灵魂的指向，这样的学术研究就是有血有肉的，就是有灵魂的。

6.6 运用奥卡姆剃刀

我常说“生活要简单，思想要复杂”，当然我指的是日常生活要简

---

① 学术论著其实也可以分为笔头作品和心灵作品。为名利而写、卖弄文字、炫耀才智、取宠读者都不是心灵作品的特征。

单，而学术思考要复杂，要把复杂的现象观察细致，要把论证做得缜密，做得有效周全。实际上，学术思想是在复杂的地方要复杂，不能把事情看得简单了，或者是把事情简单化；另外，在能简单的地方一定要简单，不能繁文缛节、唠唠叨叨，用复杂啰唆的方式说出简单的常识，其实大可不必。

学术研究及其论著如果要简明、清晰、深刻，就要运用奥卡姆剃刀，割去所有累赘的部分。奥卡姆剃刀定律（Occam's Razor）是由14世纪逻辑学家奥卡姆提出的。这个原理称为“如无必要，勿增实体”，即“简单有效原理”。放在科学研究活动中，就是对某一事物的解释或说明，如果不需要更多的假设条件，就不要用；要用简洁、明了、准确的方式，抓住本质，建构具有解释力的理论；对于那些不必要的假设、说明等，要果断地舍弃。

自然、简约、明了、朴实，是美而有效的。科学的认识并不需要繁文缛节，而应该以简单、明了、朴素的解释作为接近自然的方式。当然，自然是复杂的。实际上，科学概念也好，科学理论也好，都是以逻辑和思维的简单性形成对复杂的自然现象的简单认识，换句话说，科学思维和科学理论，那些数学模型、公式符号等，就是以科学的语言把复杂的自然现象进行理论的抽象化说明，从而简单地解释了自然现象。所以，科学理论是追求简单性的表现，科学理论是简约的。

爱因斯坦对科学理论解释的简单性原则十分赞同，他认为，一个科学理论内在的完备性首先要求其逻辑前提的简单性，科学概念要简单明了，原理解释要经济。（参见许良英，1982）爱因斯坦的科学理论的简单性思想，基于他对自然的统一性和规律性的理解。自然虽然是复杂的，但自然界的和谐和简单性是真实的，是可观察的事实，而不是人赋予自然的，理论的真实性和简单性不过是来自自然的简单性，真实的东西一定是简单的。

在哲学领域，人类的“思维的经济性”在认识意义上也是必要的。思维应当用最经济的方式来思考和表达客观世界，人类对语言的使用实际上是思维经济性的表现。语言表达世界，世界本身其实是丰富的、复杂的，但语言使世界简单、明了地呈现在人的意识和思想之中，所以语言的本质就是简洁明了。我们运用各种概念及概念框架，认识和说明事情、事物和事件，我们运用概念、命题进行判断，确立理由，辩明道理，其实都是试图运用清晰、简洁、真实的方法，把世界中的关系理出一条条线索来，从而让我们更清楚地认识世界和表达世界。

从奥卡姆剃刀所显示的思维的经济性原则或逻辑的简单性原则来看，教育研究所建构的理论应该是简明的，教育研究的表达应该是简单的。简单或简明并不意味着肤浅，肤浅是指没有说出深刻的道理，是思维的不深入、不缜密，是解释力不强和思想不深邃。深刻的道理是简单的、明确的，我们可以用简单的语言或简单的概念，清晰地表达深邃、真实的道理。这当然与研究者的语言功夫和研究能力是分不开的。

教育研究遵循逻辑的简单性原则，并不是说教育现象不复杂，也不是说教育研究可以随意地把思维和现象都扭曲性地简单化，简单性与真实性和准确性不应当是矛盾的。忽视现象、事情、事实的复杂性，以某种简化的方式进行解释或描述，结果形成了不真实、不准确的结论，这种简单化的认识扭曲了事实和现象，当然是不可取的。思维的经济性和逻辑的简单性，并不是忽略研究对象的整体性、复杂性和不确定性。

逻辑的简单性原理与复杂性思维也不是矛盾的。莫兰认为，世界是复杂的，不是绝对有序的，也不具有确定性，甚至包含着许多认识黑洞或盲洞，因此，建立在“有序”“分割”“线性因果”基础上的经典科学思维方式面临着挑战。他倡导复杂性的思维方式，即运用系统论、信息论、控制论以及自组织理论，运用“两重性逻辑”的原则、“全息”原则等思想工具，来应对世界的复杂性。莫兰提倡的复杂性思维，把整体与部分、系统与环境、复杂性与简单性整合起来，这实际上是按照事情本身的系统性来思考事情本身。莫兰的复杂性思维并不排斥也不违反逻辑的简单性原则。他说："复杂性思维并不是简化思维方式的对立面，它整合后者。它如同黑格尔所说实行简单性和复杂性的结合，并且在它所建立的元系统里面，呈现出自己的简单性。"（莫兰，2006）实际上，莫兰所反对的是那种线性的、分割式的、片面的简单化思维，而不是思维的经济性和逻辑的简单性原则。

我在这里之所以强调简单性原则，一方面是因为这是逻辑思维所需要的，另一方面是因为教育研究中常常存在一种语言冗赘的谬误，即用冗长复杂的表达、看似高深莫测的术语、拐弯抹角的语言风格，长篇大论地讲了一个肤浅、琐细的道理。这样的学术论文，不仅浪费作者的思维，而且不尊重读者的理智，浪费了大量的思想资源，印刷出来也消耗了自然生态资源。

6.7 准确性

在学术研究中，准确性（accuracy）是一项责任。（参见威廉斯，2013）[161]在学术研究的任何方面——收集资料、调查探究、写作表达——准确性都是必需的。在自然科学研究中，精确性是底线的要求；在人文研究或社会科学中，尽管存在模糊性，但是确保准确性是研究者的义务。任何学术研究，其本质是对真理的追求，因此准确性是研究在提出论点和论据、进行论证等各个方面都必须保证的。

伯纳德·威廉斯把准确性一方面看作是研究者追求真理的态度和愿望，是对自我欺骗和一厢情愿的思想的抵抗态度；另一方面看作是研究者使用方法的准确度，在研究方法这一层面，准确意味着有效研究，有效的研究需要准确的研究方法。在这两点之外，我觉得，准确性也是研究者使用语言正确表达意义所必需的。研究者需要准确地表达自己的观点或思想。

研究追求准确性，这是研究本身的行动和思想的性质所决定的。研究的目的是提出明证的主张或信念，如果含混不清，那就不是研究了，所以，准确性是研究的根本标准。这意味着正确地理解事情，依据事情本身去理解事情，按照事情本身理解事情所呈现的样子，而不是背离事情本身。也就是说，研究的论述、命题、描述、解释都要具有准确性。

从研究提出的信念论证上说，要想取得令人信服的观点，就必须进行研究的正确性检验，确认研究的准确度，道理本身需要清楚、明了和准确；从另一方面说，语言共同体的交流使研究得以进行与发展，研究语言的准确性也是研究得以共同交流的根本基础。

研究的准确性不高，就有可能被击败。研究的不可击败性原则（indefeasibility），要求研究不存在任何能够击败它的认识因素。这就意味着不仅结论必须建立在充足理由之上，而且研究结论的表达必须是准确的。虽然可击败性的意思是存在使论证无效的因素，这些因素可能击败原来论证的理由，从而使论证无效，但是在研究交流上，缺乏准确性的研究论文可能产生理解、表述、交流的困难，从而增加了理由可击败性，也增加了语言可击败性。

6.8 言说有度

思想是研究的结果，它是以说和写来进行表现和交流的。学术成果的表达是一种言说思想的方式，目的是交流和分享。从这个意义上说，学术成果的读者或听者，是对话者。既然是对话者，那就意味着他们的理性、心智参与到对话之中，他们能够质疑和辩理，能够以普遍理性的立场去分析思想中的道理，去分辨哪种结论有道理，哪种结论没有道理，分辨谬误与正确，从而不断地追寻道理。所以，研究者应当对于读者或听者的这种理智与心智具有尊重的态度，不是去说服他们，不是去控制他们的思想，也不是让他们信服或者佩服研究者的思想，成为研究者的粉丝。研究者是在表达经过确证的思想，也就是说，研究者应当力图使道理清晰而深刻地显示出来，研究中的一切文字和写作方式都是为了辩理的，而不是为了别的什么。

在学术交流中，演讲的言说形式，它的强烈的现场感，使得有些人尽可能地迎合听众，甚至哗众取宠。他们提出的观点或意见以揣摩、迎合某种心理特征为取向，试图给予听众享乐而不是思想。有些听众也不愿意让大脑流汗，去辩理、去思想，而是以为在听讲期间获得快乐就行，以好恶的情感去判断言说的价值。这样，那种煽情的词句、空洞的大话，半调子真理，就成为主宰我们教育观念的流行语，成为人人会说几句的口号式话语，成为没有人质疑的“真理”。这其实与那种来自意识形态的独断和教条没有两样。

思想必须无畏，言说必须节制。言说触动他人的灵魂，影响他人对于世界的理解，影响他人对生活的判断。既然如此，言说怎能不严肃呢？怎能不谨小慎微呢？所以，言说要有节制，要深思熟虑，要“慎言”。

在东西方，先哲们都认为，言辞是一种特殊的追求美好生活的实践。言辞重要的是得体，这个得体，不仅要适于具体的情境，而且要符合善。言辞不能随便说，而要得体，得体就是高雅、正派、有意义。言辞要说出真正的道理，才是优雅得体的言辞。像某些专家那样，在表达自己的意见时信口开河，一味地追求煽情，其实是不善言辞、不善表达。

善于言辞，那是一种怎样的说话风范呢？我的理解就是：语言要节制，也就是言说有度。面对浩瀚的宇宙和至深至秘的真理，我们的语言是那么贫乏，那么无奈和无能；面对人性的高度、广度和深度，面对我们生活的世界的复杂和不确定，我们的语言又是那么乏力和不智慧。但是，这个世界、这个宇宙、这个人生，都需要我们去思考，去发问，去言说。我们的言说，是它们对我们显现出意义的方式，因此，我们必须小心翼翼地说。我们的语言是不能尽道的，也不是完全达意的，如果我们在言辞上肆意妄为，信口开河，那在我们泛滥的讲话中，世界、生活和人性都会被严重扭曲。所以，词语破碎处，事物不存在。

一个世界如何言说才能显现其意义，这是非常严肃而重要的事情。一个人如何言辞，也表现了其自身之位格，表现了他自身是如何建构自己的观念以及对世界的态度的。就如阿伦特所说的，言辞表达了人如何爱这个世界。我们运用怎样的言辞去言说，这是个严肃的问题。我们怎样言说，世界就怎样出现在我们面前，并与我们形成某种关系，世界因此就具有了某种意义，我们也就有可能以与言辞相应的方式对待世界和我们自己。我们运用什么言辞，就以什么方式存在；我们如何言说，就如何生活。不是我们想把世界之事物说成这样或者那样，而是我们以虔敬、同理的方式选择合适的言辞以及合适的语气，以一种配得上我们所说之物的方式，严肃地言说事物。

运用言辞的能力或水平是一个人、一个时代或一个民族所能够达到的高度的表现。① 那些伟大的经典作家都是运用言辞的高手，如尼采，他的言辞水平使他的作品成为运用德语的典范。一个民族、一个时代或一个人都可能有丰富的言辞，都可能有表现独特的精神高度的方式。研究的写作，应当寻求这样的精神高度，通过运用言辞来扩展我们对世界和自我的理解，把人带到更高的精神境界。

言辞具有教化的意义。正是在言辞中，每个人获得对于生活中重大智慧的共同理解，形成对于生活中高贵事物的共同理解，形成对不同经验的共同分享，形成共通性，形成是非、美丑、善恶的共同判断。言辞因此承担着人文（人性的培育）的承诺，承担着对于生活的引导和对于美好事物的守护职责，使得人类精神历史中美好而恒久的价值得以传承，使得不朽的事物不朽，使得高贵的事物高贵，使得鄙俗的事物鄙俗。这是生活的要紧事。我们用言辞区分它们，为它们正名，给创造高贵事物的行动提供一种指导，给抵御鄙俗邪恶事物的行动提

---

① 诗歌（特别是史诗）与戏剧是言辞的典范，不管什么人都可以理解，它们担当着表达世界（包括超验世界）和诉说人类行动的使命，向人类的精神传达意义，从而扩大人类的视域，使精神存在超越了生活和肉身的事实性。所以孔子说：“不学诗，无以言。”

供一种力量。

高贵事物是生活的引导。没有对高贵事物的言说，也就没有理解世界和自我的更高的基础。高贵的、真实的事物也许是隐身的，是不可见的，只有言说它们才能显现它们，真理只有通过言辞才能说出。现代的教育让人们仅仅经验可感觉、可见的事物，仅仅培养人们占有可见事物的能力，而不培养人们灵魂的视力和言说真理的能力。所以，我们可能会说话，但是不善言辞。不善言辞，意味着我们不能真诚地以与事物相符的方式严肃地言说世界的实在。

教育的工具化不再把如何言说作为人文的修养。我们可能没有言辞的严肃，不是言辞贫乏，就是滥用言辞，失去了语言的丰富感，没有了语言的庄严感。我们用崇高的语言来指称鄙俗的事物，也用鄙俗的语言来指称高贵的事物，从而降低了高贵。这是语言的污染。我们在说鄙俗的语言的时刻，我们自己就鄙俗；当我们用庸俗的方式污染语言的时候，我们也就污染了我们自己。语言是存在的家，语言所崇敬的高度就是存在的高度，语言所伸展的广度就是精神的广度，语言所领悟的深度就是精神的深度。在当下，我们的精神现实可以由语言来印证。人们在言说中似乎是随意的，可以把勇敢说成刚愎，把尊严说成傲慢，甚至把鲁莽说成反对权力的勇敢，把审慎的迟疑说成无用的胆小鬼，把无德说成潇洒，把性格的粗陋说成素朴与真实，把贪婪说成理想。这其实反映了在我们的精神现实中，我们对于这些事物之间的界限已经失去了辨明，或者不再希望通过言辞和行动进行辨明。这意味着我们真正缺乏言辞所能到达的高度、深度或广度。言辞能力的贫瘠，使得我们无法言说我们自身，无法在语言中展现这个世界，伸展这个世界，无法在语言中拓展精神。这意味着我们与世界、与自己丧失了一种更为纯粹的、优雅的联系方式。

孔子说过："巧言令色，鲜仁矣。"花言巧语、大话空话，可能是有意扭曲言辞来掩饰某些行为的做法；粗俗、庸俗、不敬畏语言及语言所指、言辞空泛、故意歪曲，其实就是言辞不善。这是我们语言的病。

缺乏言辞的时代是一个思想贫乏的时代，也是一个没有理性及其论证的时代。不热爱言辞，意味着不爱思想；意味着没有言辞去言说生活中重大而深刻的问题，不能创造一个言说值得言说的事情的公共世界或公共空间；意味着我们时代的思想和语言浅薄，对于真理、真相、真实、真诚不再关心和关注，对于美好、崇高、卓越等不再上心。它们在我们的说话中不再有位置，也就是说，我们没有与它们相配的语言来安顿它们，无法建立起我们与它们的确切关系。缺乏高尚的言辞，我们就是没有文化的人，不是文明的人，而是“philistine”（野蛮的、平庸的、无精神追求的人）。我们也许能言善辩，目光锐利，但就是看不见真正存在的东西，因为没有可以触及真实事物的言辞。我们的灵魂因此是失明的，尽管我们满眼看到的是实在的物品。

现代的教育是缺乏言辞的教育，因为它没有诗意，没有言辞的真实。这可以说是一个严重的问题。诗意是指对于崇高和美好的勇敢而执着的追求，这意味着严肃地栖居在与崇高和美好的关联之中，让它们引导我们的自我生成。诗意的教育必须立于人性的高贵与优秀的教化，它应当把人们广阔、高贵、深沉的情感与理性表达出来。教育如果要有诗意，就必须关注教化，而不是知识或能力的训练。它必须把人类的情感与理性完美地结合起来，使得人类最优秀的部分展示出来，或者被引导出来。没有诗意就意味着庸俗和野蛮，庸俗是指没有对崇高事物的敬意和追求，野蛮是指那种仅仅训练人追求欲望满足的教育对精神的野蛮化。

高尚的言辞是教育的方式，也是教育的基础。教育必须通过言说美好事物而进行，或者说，教育通过人类对美善事物的言说经验来实现对于人心的养育、人性的完善和生活的引导。这意味着教育要运用言辞，通过说与听、想与写，触动人们心中对于善恶是非的共同辨别，对于美善事物的共同想象，对于美爱情感的领会和抒发，对于恶欲和放纵的节制。教育要用高贵的言辞激励每一个人的精神，使其活跃和扩展。

一个词语，一个句子——从密码中升起，
熟悉的生命，突兀的意义，
太阳驻留，天体沉默，
万物向着词语聚拢。

一个词语——是闪光、是飞絮、是火，
是火焰的溅射，是星球的轨迹——
然后又是硕大无朋的暗冥，
在虚空中环绕着世界和我。

（哥特弗里特·贝恩）

研究不能轻视言辞，也不能胡乱运用言辞。

参 考 文 献

文中参考文献

阿德勒 .1989. 六大观念：真、善、美、自由、平等、正义 [M]. 陈珠泉，等，译. 北京：团结出版社：67.

阿伦特 .1999. 人的条件 [M]. 竺乾威，译 . 上海：上海人民出版社：185.

阿伦特 .2006. 精神生活 · 思维 [M]. 姜志慧，译 . 南京：江苏教育出版社.

阿佩尔 .2005. 哲学的改造 [M] . 孙周兴，陆兴华，译 . 上海：上海译文出版社：152.

保罗 .2006. 思考的力量 [M]. 丁薇，译 . 上海：上海人民出版社：19.

波洛克 .2008. 当代知识论 [M]. 陈真，译 . 上海：复旦大学出版社：18.

布列钦卡 .2001. 教育科学的基本概念：分析、批判和建议 [M]. 胡劲松，译 . 上海：华东师范大学出版社：7.

陈常燊 .2010. 从反思平衡看维特根斯坦后期哲学 [J]. 哲学分析 (4).

陈嘉明 .2003. 知识与确证：当代知识论引论 [M]. 上海：上海人民出版社.

陈嘉明 .2009. 先验论证刍论 [J]. 哲学研究 (11).

陈嘉映 .2007. 西方大观念：第 1 卷 [M]. 北京：华夏出版社：584.

陈嘉映 .2008. 常识与理论 [M] //周宪，等 . 语境化中的人文学科话语 . 北京：北京大学出版社：190.

陈嘉映 .2011a. 说理 [M]. 北京：华夏出版社.

陈嘉映 .2011b. 谈谈维特根斯坦的“哲学语法”（续）[J]. 世界哲学 (4).

陈强立 .2007. 从思考方法学看谬误研究 [J]. 哲学研究 (增刊).

程炼 .2014. 真理作为信念规范 [J]. 世界哲学 (2).

程天君 . 2007. 学究谬误与上帝语式：教育理论研究中的另一类“原创”[J]. 教育科学论坛 (3).

德勒兹，迦塔利 . 2007. 什么是哲学 [M]. 张祖建，译 . 长沙：湖南文艺出版社.

邓金 . 2004. 解释性交往行动主义：个人经历的叙事、倾听与理解 [M]. 周勇，译. 重庆：重庆大学出版社：5.

法兰克福 . 2008. 论扯淡 [M]. 南方朔，译. 南京：译林出版社：58.

冯友兰 . 2007. 人生哲学之比较研究 [M] //理想人生：冯友兰随笔 . 北京：北京大学出版社：22.

富勒 . 2011. 智识生活社会学 [M]. 焦小婷，译. 北京：北京大学出版社：9.

伽达默尔 . 1988. 赞美理论：伽达默尔选集 [M]. 夏镇平，译. 上海：上海三联书店：156.

格根 . 2011. 社会建构的邀请 [M]. 许婧，译. 北京：北京大学出版社：15.

哈贝马斯 . 1999. 认识与兴趣 [M]. 郭官义，等，译. 北京：学林出版社.

哈贝马斯 . 2002. 论实践理性之实用的、伦理的、道德的应用 [M] //哈贝马斯在华演讲录 . 北京：人民出版社：47.

哈克 . 2004. 证据与探究：走向认识论的重构 [M]. 陈波，等，译. 北京：中国人民大学出版社：1.

哈耶克 . 2012. 科学的反革命：理性滥用之研究 [M]. 冯克利，译. 上海：译林出版社：33.

海德格尔 . 1999. 面对思的事情 [M]. 陈小文，孙周兴，译. 北京：商务印书馆.

黑尔 . 1999. 道德语言 [M]. 万俊人，译. 北京：商务印书馆：152.

黑尔德 . 1994. 导言//胡塞尔 . 1994. 现象学的方法 [M]. 倪梁康，译. 上海：上海译文出版社：8-19.

Hetherington. 2004. 知识之谜：知识论导引 [M]. 林逢祺，译. 台北：学富文化事业有限公司：155.

胡塞尔 . 1988a. 现象学与哲学的危机 [M]. 吕祥，译. 北京：国际文化出版公司.

胡塞尔 . 1988b. 欧洲科学的危机与超验现象学 [M]. 张庆熊，译. 北京：国际文化出版公司：17.

胡塞尔 . 1992. 纯粹现象学和现象学哲学的观念 [M]. 上海：商务印书馆.

胡塞尔 . 1994. 现象学的方法 [M]. 倪梁康，译. 上海：上海译文出版社.

怀特海 . 2003. 过程与实在［M］. 杨富斌，译. 北京：中国城市出版社：70.
黄甫全 . 2003. 关于教育研究中的问题意识［J］. 华南师范大学学报：社会科学版（4）.
霍奈尔，韦斯科特 . 2010. 什么是哲学［M］. 夏国军，等，译. 北京：中国人民大学出版社.
吉登斯 . 2012. 社会学［M］. 李康，译. 北京：北京大学出版社.
金生鈜 . 1997. 理解与教育［M］. 北京：教育科学出版社：25.
卡里尔 . 2014. 科学中的价值与客观性：价值负载性、多元主义和认知态度［J］. 哲学分析（3）.
柯匹，科恩 . 2007. 逻辑学导论［M］. 张建军，等，译. 北京：中国人民大学出版社.
科尔曼 . 2006. 原则的实践：为法律理论的实用主义方法辩护［M］. 丁海俊，译. 北京：法律出版社：227.
科斯 . 2012. 中国经济严重缺陷：没有一个思想市场［N］. 学习时报，2012-03-19（B23）.
拉吉罗 . 2013. 思考的艺术［M］. 金盛华，等，译. 北京：机械工业出版社：33.
劳尔 . 1988. 导言：胡塞尔的科学理想//胡塞尔 . 现象学与哲学的危机［M］. 吕祥，译. 北京：国际文化出版公司.
利科 . 2004. 历史与真理［M］. 姜志辉，译. 上海：上海译文出版社：37.
利奇 . 1987. 语义学［M］. 李瑞华，等，译. 上海：上海外语出版社：51.
林肯，等 . 2004. 自然主义研究：21 世纪社会科学研究范式［M］. 杨晓波，等，译. 北京：科学技术文献出版社：115.
刘畅 . 2011. 证明与印证［J］. 世界哲学（3）.
刘春杰，武宏志 . 1999. 论证的预设［J］. 内蒙古师范大学学报：哲学社会科学版（1）.
刘易斯 . 2007. 刘易斯文选［M］. 李国山，编 . 北京：社会科学文献出版社.
鲁吉罗 . 2010. 超越感觉：批判性思维指南［M］. 顾肃，董玉荣，译. 上海：复旦大学出版社：115.
罗尔斯 . 1988. 正义论［M］. 何怀宏，等，译. 北京：中国社会科学出版社.
米尔恩 . 1995. 人的权利与人的多样性［M］. 夏勇，张志铭，译. 北京：中国大百科全书出版社：16.
米尔斯 . 2001. 社会学的想象力 [M]. 陈强，张永强，译. 北京：生活·读书·新知三联书店：7.
莫兰 . 2006. 论复杂性思维 [J]. 江南大学学报：人文社会科学版（5）.
牟博，2007. 中文版译后记//戴维森 . 对真理与解释的探究 [M]. 牟博，等，译. 北京：中国人民大学出版社：363.
内格尔 . 2013. 理性的权威（The Last Word）[M]. 蔡仲，郑玮，译. 上海：上海译文出版社：5.
倪梁康 . 1995. 代序：何为现象学精神//中国现象学与哲学评论：第 1 辑 [M]. 上海：上海译文出版社.
倪梁康 . 2001. 学者、思者与贩者：学术思想领域中的三种人 [M] // 会意集 . 北京：东方出版社.
诺丁斯 . 2008. 教育哲学 [M]. 许立新，译. 北京：北京师范大学出版社：104.
诺齐克 . 2012. 合理性的本质 [M]. 葛四友，译. 上海：上海译文出版社.
诺齐克 . 2013. 苏格拉底的困惑 [M]. 郭建玲，等，译. 北京：北京大学出版社：2.
普特南 . 2005. 理性、真理与历史 [M]. 童世骏，等，译. 上海：上海译文出版社.
普特南 . 2008. 重建哲学 [M]. 杨玉成，译. 上海：上海译文出版社.
塞尔 . 2006. 心灵、语言与社会：实在世界中的哲学 [M]. 李步楼，译. 上海：上海译文出版社：23-24.
桑德尔 . 2013. 反对完美：科技与人性的正义之战 [M]. 黄慧慧，译. 北京：中信出版社：108.
施皮格伯格 . 2011. 现象学运动 [M]. 王炳文，等，译. 北京：商务印书馆.
施特劳斯 . 2003. 自然历史与权利 [M]. 彭钢，译. 北京：生活·读书·新知三联书店：21-23.
施特劳斯 . 2005. 什么是自由教育 [M] //刘小枫 . 古典传统和自由教育. 北京：华夏出版社：7.
施特劳斯 . 2011. 古典政治理性主义的重生：施特劳斯思想入门 [M]. 郭振华，等，译. 北京：华夏出版社.
施特劳斯 . 2014. 什么是政治哲学 [M]. 李世祥，等，译. 北京：华夏出版社.

石中英 . 2009. 教育学研究中的概念分析 [J]. 北京师范大学学报：社会科学版（3）.
斯泰宾 . 2008. 有效的思维 [M]. 吕叔湘，李广荣，译. 北京：商务印书馆.
苏波特尼克 . 2003. 言语行为哲学：语言的精神衬托与日常性 [M]. 史忠义，译. 天津：天津人民出版社.
汪丁丁 . 1997. 学术中心何处寻 [J]. 读书（7）.
威廉斯 . 2013. 真理与真诚：谱系论 [M]. 徐向东，译. 上海：上海译文出版社.
韦伯 . 1999. 社会科学方法论 [M]. 杨福斌，译. 北京：华夏出版社：48-153.
维特根斯坦 . 2009. 哲学研究 [M]. 蔡远，译. 北京：中国社会科学出版社.
维特根斯坦 . 2013. 逻辑哲学论 [M]. 贺绍甲，译. 北京：商务印书馆：105.
沃特斯 . 2011. 希望的敌人：不发表则灭亡如何导致了学术的衰落 [M]. 王小莹，译. 北京：商务印书馆：93.
吴康宁 . 2005. 关于“思想”的若干问题：一种社会学分析 [J]. 教育理论与实践（12）.
吴康宁 . 2002. 教育研究应研究什么样的“问题”：兼谈“真”问题的判断标准 [J]. 教育研究（11）.
吴康宁 . 2005. 在假设的世界中生存：关于人的一个假设 [J]. 高等教育研究（9）.
熊明辉 . 2013. 基于论证评价的谬误分类 [J]. 河南社会科学（5）.
许良英 . 1982. 爱因斯坦的唯理论思想与现代科学 [J]. 自然辩证法通讯（2）.
亚里士多德 . 2005. 修辞学 [M]. 罗念生，译. 上海：上海世纪出版集团.
张世英 . 2007. 现象学口号“面向事情本身”的源头：黑格尔的《精神现象学》：胡塞尔与黑格尔的一点对照 [J]. 江海学刊（2）.
赵汀阳 . 1998. 一个和所有问题 [M]. 南昌：江西教育出版社：2.
赵汀阳 . 2001. 长话短说 [M]. 北京：东方出版社.
周振甫 . 1983. 文章例话 [M]. 北京：中国青年出版社：82.
朱高正 . 2010. 近思录通解 [M]. 上海：华东师范大学出版社：9-10.
Biesta G J. 2010. Why “what works” still won’t work：from evidence-based education to value-based education [J]. Studies in Philosophy of Education，29：491-503.
Bronowski J，Mazlish B. 1960. Western intellectual tradition：from Leonardo to Hegel [M]. New York：Harbor Perennial.

Cohen H. 2001. Evaluating arguments and making meta-arguments [J]. Informal Logic, 21 (2): 73-84.

Dewey J. 1954. The public and its problems [M]. Athens: Ohio University Press.

Mejia A. 2010. The general in the particular [J]. Journal of Philosophy of Education, 44 (1): 93-107.

Nagel T. 1989. The view from nowhere [M]. Oxford: Oxford University Press.

Norzick R. 2001. Invariance: the structure of the objective world [M]. Cambridge, M. A.: The Belknap Press of Harvard University Press.

O'Keefe J. 1977. Two concepts of argument [J]. Journal of the American Forensic Association, 13: 121-128.

Raz J. 1999. Engaging reason: on the theory of values and actions [M]. Oxford: Oxford University Press.

Standish P. 2012. Stanley Cavell in conversation with Paul Standish [J]. Journal of Philosophy of Education, 46 (2): 155-176.

其他参考文献

艾伦 . 2010. 知识与文明 [M]. 刘梁剑, 译. 杭州: 浙江大学出版社.

爱默伦, 等 . 2002. 批评性论辩: 论辩的语用辩证法 [M]. 张树学, 译. 北京: 北京大学出版社.

保罗, 埃尔德 . 2006. 理性思考的力量 [M]. 丁薇, 译. 上海: 上海人民出版社.

毕文胜 . 2009. 科学说明与先验语用学 [M]. 上海: 上海人民出版社.

布鲁尔 . 2014. 知识和社会意象 [M]. 霍桂桓, 译. 北京: 中国人民大学出版社.

曹天予 . 1994. 社会建构论意味着什么?: 一个批判性的评论 [J]. 自然辩证法通讯 (4).

陈波 . 2005. 逻辑哲学 [M]. 北京: 北京大学出版社.

陈嘉映 . 2010. 看法与论证 [J]. 逻辑学研究 (2).

达米特 . 2013. 形而上学的逻辑基础 [M]. 任晓明, 李国山, 译. 北京: 中国人民大学出版社.

德兰蒂 . 2012. 现代性与后现代性: 知识、权力与自我 [M]. 李瑞华, 译. 北京: 商务印书馆.

德兰逖 . 2005. 社会科学：超越建构论和实在论 [M]. 张茂元，译. 长春：吉林人民出版社.

方红庆 . 2012. 先验论证研究 [M]. 上海：上海人民出版社.

格勃尔 . 2008. 哲学逻辑 [M]. 张清宇，陈慕泽，译. 北京：中国人民大学出版社.

格拉切 . 2011. 形而上学及其任务：关于知识的范畴基础研究 [M]. 陶秀璈，等，译. 济南：山东人民出版社.

格雷林 . 1992. 哲学逻辑导论 [M]. 邓生庆，译. 成都：四川人民出版社.

古德曼 . 2008. 构造世界的多种方式 [M]. 姬志闯，译. 上海：上海译文出版社.

哈贝马斯 . 2004. 在事实与规范之间：关于法律和民主治国的商谈理论 [M]. 童世骏，译. 北京：生活·读书·新知三联书店.

哈克 . 2006. 逻辑哲学 [M]. 罗毅，译. 北京：商务印书馆.

海德格尔 . 2008. 论真理的本质：柏拉图的洞喻和《泰阿泰德》讲疏 [M]. 赵卫国，译. 北京：华夏出版社.

怀特海 . 2013. 思维方式 [M]. 刘放桐，译. 北京：商务印书馆.

黄敏 . 2014. 知识之猫：从语境原则到语境主义知识论 [M]. 上海：华东师范大学出版社.

蒯因 . 2012. 语词与对象 [M]. 陈启伟，等，译. 北京：中国人民大学出版社.

莱肯 . 2011. 当代语言哲学 [M]. 陈波，冯艳，译. 北京：中国人民大学出版社.

罗蒂 . 2003. 真理与进步 [M]. 杨玉成，译. 北京：华夏出版社.

倪梁康 . 2009. 现象学的始基 [M]. 北京：中国人民大学出版社.

佩蒂特 . 2010. 人同此心：论心理、社会和政治 [M]. 应奇，等，译. 长春：吉林出版集团有限责任公司.

普林 . 2008. 教育研究的哲学 [M]. 李伟，译. 北京：北京师范大学出版社.

塞尔 . 2012. 心灵的再发现 [M]. 王巍，译. 北京：中国人民大学出版社.

万德勒 . 2008. 哲学中的语言学 [M]. 陈嘉映，译. 北京：华夏出版社.

王路 . 1983. 亚里士多德关于谬误的理论 [J]. 哲学研究 (6).

威廉姆森 . 2013. 知识及其限度 [M]. 刘占峰，陈丽，译. 北京：人民出版社.

希尔贝克 . 2007. 时代之思 [M]. 童世骏，郁振华，译. 上海：上海译文出版社.

余俊伟 . 2005. 道义逻辑研究 [M]. 北京：中国社会科学出版社.

郁振华 . 2012. 人类知识的默会维度 [M]. 北京：北京大学出版社.

张立英. 2011. 基础主义确证论的批判与重构 [M]. 上海：上海人民出版社.
张莉敏. 2011. 道义逻辑：基于分支融合的视角 [M]. 北京：中国社会科学出版社.
周桢祥. 2004. 事实命题、价值命题、规范命题及其逻辑 [J]. 华南师范大学学报：社会科学版 (3).
Armstrong M. 1973. Belief, truth and knowledge [M]. Cambridge: Cambridge University Press.
Baehr J. 2011. The inquiring mind: on intellectual virtues and virtue epistemology [M]. New York: OUP.
Davidson D. 1984. Inquiry into truth and interpretation [M]. Oxford: Clarendon Press.
Eemeren H, et al. 1996. Fundamentals of argumentation theory [M]. New Jersey: Lawrence Erlbaum.
Oderberg D S. 2007. Real essentialism [M]. New York: Routledge.
Robert R, Wood J. 2007. Intellectual virtues: an essay in regulative epistemology [M]. Oxford: Clarendon Press.
Tolksdorf S. 2012. Conceptions of knowledge [M]. Berlin: Walter de Gruyter.
Walton D N. 2004. Relevance in argumentation [M]. New Jersey: Lawrence Erlbaum.
Walton D N. 1987. Informal fallacies [M]. Amsterdam, Philadelphia, P. A.: John Benjamins.
Walton D N. 1989. Informal logic: a handbook for critical argumentation [M]. Cambridge: Cambridge University Press.

索　　引

A

B

C

D

M

N

P

Z

出 版 人　所广一
责任编辑　何　艺
版式设计　杨玲玲
责任校对　贾静芳
责任印制　叶小峰

图书在版编目（CIP）数据

教育研究的逻辑／金生鈜著. —北京：教育科学出版社，2015.12（2023.9 重印）
ISBN 978-7-5041-9717-7

Ⅰ.①教…　Ⅱ.①金…　Ⅲ.①教育研究　Ⅳ.①G40-03

中国版本图书馆 CIP 数据核字（2015）第 221004 号

教育研究的逻辑
JIAOYU YANJIU DE LUOJI

出版发行	教育科学出版社		
社　　址	北京·朝阳区安慧北里安园甲 9 号	**市场部电话**	010-64989009
邮　　编	100101	**编辑部电话**	010-64981167
传　　真	010-64891796	**网　　址**	http://www.esph.com.cn
经　　销	各地新华书店		
制　　作	北京金奥都图文制作中心		
印　　刷	唐山玺诚印务有限公司		
开　　本	720 毫米×1020 毫米　1/16	**版　　次**	2015 年 12 月第 1 版
印　　张	19.25	**印　　次**	2023 年 9 月第 6 次印刷
字　　数	235 千	**定　　价**	67.00 元